GB/T 18894-2016

电子文件归档与电子档案管理规范解读

dianzi wenjian

Gui dang

dianzi wenjian
guidang yu dianzi dangan
guanli guifan jiedu

国家档案局 编

中国文史出版社

图书在版编目（CIP）数据

《电子文件归档与电子档案管理规范》解读 / 国家档案局编. —北京：中国文史出版社，2020. 1(2022. 2重印)

ISBN 978-7-5205-2584-8

Ⅰ. ①电… Ⅱ. ①国… Ⅲ. ①电子档案-档案管理-管理规范-研究-中国 Ⅳ. ①G275. 7

中国版本图书馆CIP数据核字(2021)第250310号

责任编辑：詹红旗　戴小璇

出版发行：**中国文史出版社**
社　　址：北京市海淀区西八里庄路 69 号　　邮编：100412
电　　话：010-81136606　81136602　81136603（发行部）
传　　真：010-81136655
印　　装：廊坊市海涛印刷有限公司
经　　销：全国新华书店
开　　本：710 毫米×1000 毫米　1/16
印　　张：16. 75
字　　数：190 千字
版　　次：2021 年 1 月北京第 1 版
印　　次：2023 年 3 月第 3 次印刷
定　　价：56. 00 元

《档案专业人员培训多媒体教材》编审委员会

GB/T18894—2016

《电子文件归档与电子档案管理规范》解读

编写委员会

主　任：方维华

副主任：谭向文　谭荣鹏　毛海帆

编　委：毛海帆　邓东燕　傅培超　李鹏达　罗贤明
　　　　黄贤婷　王艳萍　陈健健　黄良忆

出版说明

加强档案专业人员培训是提升档案工作水平和能力的基础。为进一步规范档案专业人员培训工作，提高档案专业人员培训质量，国家档案局组织编写制作了《档案专业人员培训多媒体教材》（以下简称《教材》）。

《教材》以党和国家有关档案工作的政策、法律法规规章以及档案工作的有关标准、规范为依据，将档案管理基本原则和技术要求有机结合，充分体现科学严谨、指导规范、立足实际、面向一线。

《教材》采用纸质载体教材和多媒体教学演示光盘相结合的形式，二者各自独立又互为补充。纸质载体教材包括该科目所涉及的档案工作的相关依据、技术要求、规范程序、质量标准及必要的图示说明等内容，重点在于培养学习者具备档案基础理论知识和实际操作技能。多媒体教学演示光盘按照有关档案工作任务的步骤和流程，详细介绍并演示每个工作环节的规范与要求等，指导学习者准确掌握该项工作的基本技能。

《〈电子文件归档与电子档案管理规范〉解读》是《教材》系列之一。该教材对国家标准 GB/T 18894—2016 进行逐章逐条解读，说明其背景、含义和运用方法，方便各类组织机构人员根据工作需要参照学习，规范开展电子文件归档与电子档案管理工作。

因时间和水平有限，《教材》难免会有疏漏和不完善之处，敬请使用者批评指正（电话：010-55605241）。

国家档案局《档案专业人员培训多媒体教材》

编审委员会办公室

2021 年 1 月

目　录

第一章　引　　言

2002年，国家标准化管理委员会批准、发布了国家标准GB/T 18894—2002《电子文件归档与管理规范》（以下简称GB/T 18894—2002），2003年5月1日实施。GB/T 18894—2002实施七年后，为适应电子政务快速发展对电子文件、电子档案管理提出的新要求，解决电子文件归档与电子档案管理工作中遇到的新问题，经国家标准化管理委员会批准，国家档案局于2010年开始组织GB/T 18894—2002的修订工作，并于2016年正式发布GB/T 18894—2016《电子文件归档与电子档案管理规范》。

第一节　标准修订背景

1. GB/T 18894—2002编制背景

20世纪90年代后期，我国部分政府部门、高校和企事业单位开始在工作中使用办公自动化系统、计算机辅助设计系统等以提高办公、履职效率，普遍使用数码相机记录公务活动，由此产生了大量文本、数字图像、图形等各种类型的电子文件，电子文件管理逐渐进入档案学界和档案工作者的视野。一方面，我国档案界积极将国际档案理事会（ICA）、欧美、澳大利亚等有关国家研究成果介绍给国内，档案专业刊物上逐步登载了若干具有代表性的研究或编译文章，例如，《电子文件研究的框架》[1]《电子文件与纸质文件观念：后保管及后现代主义社会里信息与档案管理中面临的一场革命》[2]《档案学领域的电子文件管理指南——国际档案会议电子文件委员会》《英国公共档案馆的电子文件管理工作》[3]《美国国家档案馆的电子文件》[4]《电子证据——当代机构文件管理战略》[5]，等等。另一方面，一些档案学者结合我国档案工作实际开展了深入的研究和实践，形成一批重要研究成果，其中，产生较大影响的是中国人民大学档案学院冯惠玲教授1997年的博士毕业论文《拥有新记忆——电子文件管理研究》，1998年《档案学通讯》以摘要形式，分别以认识电子文件、无纸收藏、电子文件的双重鉴定、保证电子文件的长久、电子文件利用的障碍与对策、电子文件时代新思维等六个主题连续刊登该论文的主要内容。

基于上述时代背景，为加强我国电子文件归档与电子档案管理，国家档案局适时组织专门工作组对国际电子文件管理实践与研究成果，以及我国电子文件的形成、归档和管理实际需求进行深入调研和研究，同时着手相关标准的立项和编制工作，最终发布了GB/T 18894—2002。该标准代表了那个时期我国电子文件归档与电子档案管理理论研究和应用实践的先进水平，其最大贡献是将理论与实际相结合，明确了电子文件归档与电子档案管理的主要内容和基本要求，推动各级各类档案部门将该项工作提上议事日程并逐步实施，对我国电子文件归档与电子档案管理具有里程碑意义。此后，我国档案界对电子文件归档与电子档案管理进行了更加深入的研究、实践，逐渐形成了一大批有质量的研究成果、标准规范与实践案例。

---

1 ［美］马格丽特. 赫德斯托姆，电子文件研究的框架，丁华东、张斌编译，辽宁档案，1994—08—10

2 ［加拿大］特里. 库克，电子文件与纸质文件观念：后保管及后现代主义社会里信息与档案管理中面临的一场革命，刘越男编译，山西档案，1997—04—30

3 王良城，英国公共档案馆的电子文件管理工作，中国档案，1998—01—20

4 刘家真，美国国家档案馆的电子文件，上海档案，1998—04—15

5 ［美］戴维. 比尔曼，电子证据——当代机构文件管理战略，王健等译，中国人民大学出版社，2000年10月

2. GB/T 18894—2002 简介

（1）GB/T 18894—2002 的结构与适用范围等

GB/T 18894—2002 共设置九章，包括：范围，规范性引用文件，术语和定义，总则，电子文件的真实性、完整性和有效性保证，电子文件的收集与积累，电子文件的归档，归档电子文件的整理，归档电子文件的移交、接收与保管。该标准主要适用于党政机关在公务活动中产生的、具有保存价值的电子文件的归档与管理，规定了电子文件形成、积累、归档、保管、利用和统计的一般方法，定义了与电子文件管理相关的 11 个重要术语，其中，归档电子文件、背景信息、元数据、真实性、完整性、有效性、捕获和迁移等术语在国内属首次提出。

（2）电子文件凭证性保障等要求

GB/T 18894—2002 第四章提出要从制度与技术两个方面对电子文件实行全程管理和监控，明确电子文件形成、管理的技术环境，及其数据类型、计算机文件格式等。专设第五章集中明确电子文件真实性、完整性和有效性保障要求，规定要登记并管理电子文件产生、处理过程，通过管理和信息技术应用保障电子文件的有效性，采取安全防护技术保证电子文件的真实性，采集电子文件的背景信息和元数据，按照国家安全保密规定开展电子文件的安全防范工作。

（3）电子文件归档与电子档案管理基础业务要求

GB/T 18894—2002 第六章至第九章主要明确了电子文件归档与电子档案管理的基础业务及要求，包括电子文件的收集、积累、归档、整理、移交、接收和保管，其中，许多基础业务及要求与纸质等传统载体文件管理有显著不同之处。例如，收集电子文件时要同时收集、记录软件环境、软件版本、参数等，将电子文件的背景信息和元数据纳入归档范围，归档时要对电子文件的技术条件进行检测，移交、接收时要对归档电子文件的存储载体、病毒、真实性、完整性、有效性、背景信息进行检验等。

（4）GB/T 18894—2002 的局限性

综合 2010 年前后最新研究成果以及 GB/T 18894—2002 实施情况，

因受时代大背景限制，使该标准存在一定的历史局限性，主要表现在相互关联的两个方面：

第一，对电子文件形成、归档与管理的信息化环境和自动化管理等未提出明确要求，包括：网络环境，形成和管理电子文件的应用系统的功能要求，网络环境中的归档与管理方式、途径、程序，归档电子文件命名和有序存储要求等。由此，也使 GB/T 18894—2002 带有一定的传统载体文件、档案管理痕迹，例如，明确将与纸质公文相对应的电子文档（即用于制作纸质公文并无电子印章等要素的 DOC 或 WPS 文档）收集归档，要求归档时对只有电子签章的电子文件要附加有法律效力的非电子签章，电子文件的物理归档、归档电子文件的保管、移交等都是以离线存储介质为载体和管理对象等。这使得一些单位在电子文件归档与电子档案管理工作中出现误区，例如：把日常办公用台式计算机中形成的电子文档或办公自动化系统存储器中的电子文档拷贝出来，以一张存有电子文档及相应目录数据的光盘交给档案室保存作为完成归档的标志性操作，之后档案室只是对归档的光盘进行管理。

第二，安全防控要求简单且不具备可操作性。GB/T 18894—2002 研制和发布之时，档案部门局域网建设处于初期发展阶段，互联网远未得到广泛应用，各单位档案部门处在利用档案管理系统辅助管理实体档案阶段，传统载体档案数字副本与电子文件的总量极小，且大部分都存储在单机中，网络安全和档案信息安全问题并不十分突出，国家自 2004 年才开始实行信息安全等级保护制度，因此，该标准对网络与信息安全的要求着笔不多。随着网络和信息技术应用快速发展，GB/T 18894—2002 已经很难满足电子文件归档与电子档案管理的安全防范要求，在指导实践中存在短板。

3. 相关研究和实践成果推动了 GB/T 18894—2002 修订工作

截至 GB/T 18894—2002 修订完成，国内外形成许多有关电子文件归档与电子档案管理的法规、理论、标准、科研成果和实践经验，为启动该标准修订奠定了较好基础，发挥了积极作用。

下面略举几例。

（1）文件构成三要素理论

1997 年，国际档案理事会电子文件委员会发布《电子文件管理指南》，提出了文件构成三要素理论，即文件是由内容、背景和结构这三个要素组成，将三要素的齐全完整作为文件具备凭证性的必要条件之一。该理论被我国档案界全面接受和采纳，被称为“当代档案学理论的奠基石和开路先锋”。文件构成三要素理论的确立，对电子文件归档与电子档案管理提出了一系列新要求，其中就包括关于电子文件、元数据的定义与采集要求，电子文件全程管理与前端控制要求等。

（2）电子文件与元数据术语定义

《电子文件管理指南》将文件定义为“文件是机构或个人在其活动的开始、进行和结束过程中所产生或接收的记录信息，该记录信息由足以为其活动提供凭证的内容、背景和结构所组成，而不管记录的形式和载体如何。”[6] 该定义还把文件定位在一个更大的概念范畴之中，即文件是信息的一部分。2001 年，国际标准化组织发布的国际标准 ISO 15489—1：2001《信息与文献 文件管理 第 1 部分：通则》对元数据的定义是：“描述文件的背景、内容、结构及其管理过程的数据。”国家档案局于 2014 年发布的档案行业标准 DA/T 58—2014《电子档案管理基本术语》，对电子文件、元数据、背景等重要术语的定义，也是以文件构成三要素理论为核心内涵。因此，GB/T 18894—2002 关于电子文件、元数据的定义有必要作出修改与完善。

（3）相关法规与标准

在国际档案界，各国档案工作者协同研究、编制发布了一系列重要的电子文件管理标准，包括：国际档案理事会电子文件委员会于 1997 年发布的《电子文件管理指南》，ISO 15489—1：2001《信息与文献 文件管理 第 1 部分：通则》等 3 项标准，ISO 23081—1：2006《信息与文献 文件管理过程 文件元数据 第 1 部分：原则》等 3 项标准，ISO 13008：2010《数字文件转换和迁移流程》，ISO 16175—1：2010《信息与文献 电子办公环境中文件管理原则与功能要求 第 1 部分：概述与原

---

6 国际档案理事会电子文件委员会，《电子文件管理指南》，第 7 页，1997 年。

则综述》等3项标准，ISO 30300：2011《信息与文献文件管理体系：基础与术语》等4项标准。

在我国，经过国家档案局、中国人民大学档案学院（现为中国人民大学信息资源管理学院）等有关单位的共同努力，2009年12月，中共中央办公厅、国务院办公厅印发《电子文件管理暂行办法》，建立了国家电子文件管理部际联席会议制度，成立了由中共中央办公厅牵头，国务院办公厅、国家档案局等9部委为成员单位的国家电子文件管理部际联席会议办公室，将电子文件管理上升为国家战略。之后，我国先后发布了一系列重要电子文件管理标准，包括：DA/T 46—2009《文书类电子文件元数据方案》，DA/T 47—2009《版式电子文件长期保存格式需求》，DA/T 48—2009《基于XML的电子文件封装规范》，DA/T 50—2014《数码照片归档与管理规范》，DA/T 54—2014《照片类电子档案元数据方案》，DA/T 58—2014《电子档案管理基本术语》，DA/T 63—2017《录音录像类电子档案元数据方案》，《数字档案室建设指南》，GB/T 29194—2012《电子文件管理系统通用功能要求》，等等。

随着电子政务快速发展、信息化与各行各业加速融合，我国电子文件归档和电子档案管理工作面临许多亟待解决的新问题、新要求，GB/T 18894—2002已经难以满足新时期电子文件管理需要，有必要对电子文件归档与电子档案管理的术语定义、职责与分工、业务流程、技术支撑和安全管理等方面作进一步修改和完善，以适应新时期电子文件归档与电子档案管理的要求。基于上述情况，国家电子文件管理部际联席会议办公室印发《关于下达电子文件管理相关课题研究工作的函》（国电联办函〔2010〕3号），国家标准化管理委员会就相关工作进行了部署，将GB/T 18894—2002的修订列入2010年制修订国家标准项目计划（项目编号：20100029—T—241），修订工作由国家档案局承担。

第二节　标准修订思路

在电子文件归档与电子档案管理标准体系中，本标准（即GB/T

18894—2016《电子文件归档与电子档案管理规范》，以下同）处于较高层级，是重要的基础性标准。本标准内容涉及制度建设、档案管理基础业务和信息技术等诸多方面，带有较强的信息技术专业性，在遵循相关理论、标准的基础上，还要指导电子文件归档与电子档案管理的具体实践。鉴于这些特点和要求，在本标准修订过程中主要遵循以下思路：

1. 以电子文件管理基础理论为支撑。本标准的修订以来源原则、全程管理原则、电子文件构成三要素等档案学基础理论为指导，修改有关术语与定义，明确电子文件整理、价值鉴定、编目和档号编制等要求。在此基础上，提出业务系统电子文件归档功能、元数据采集等要求，确保业务系统能够自动记录、维护电子文件来源信息，按规范要求自动形成、收集、整理、标识、命名、关联、存储和归档电子文件，建立并保持电子文件之间、电子文件及其元数据之间的有机联系，实现对电子文件的前端控制与全程管理。

2. 继续执行已有的且适用于电子文件、电子档案管理的档案基础业务法规。属于同一门类的电子文件、纸质等传统载体文件的归档与管理，在归档范围、保管期限划分、整理等基础业务方面的要求基本相同。数十年来，我国研制、发布了一系列档案管理基础业务标准，例如，GB/T 11821—2002《照片档案整理规范》、GB/T 11822—2008《科学技术档案案卷构成一般要求》、DA/T 1—2000《档案工作基本术语》、DA/T 13—1994《档号编制规则》、DA/T 22—2015《归档文件整理规则》、《机关文件材料归档范围和文书档案保管期限规定》（国家档案局令第 8 号）等。虽然这些规章、标准不是针对电子文件归档与电子档案管理而专门编制的，其中有关归档范围、分类方案、保管期限鉴定、档号编制等要求同样适用于电子文件归档与电子档案管理，因此，本标准修订时继续遵循这部分法规。

为控制本标准的内容篇幅，在书写相关章节时，采用了直接指向相应标准的方法，例如“6. 1. 2 文书类电子文件归档范围按照《机关文件材料归档范围和文书档案保管期限规定》《企业文件材料归档范围和档案保管期限规定》等执行。”而要遵循的具体要求，读者要直接阅读该标准。

3. 以档案门类为线条明确相关管理要求以增强可操作性。在档案管理实践中，档案工作者熟悉的是按照门类管理档案，许多业务标准也是针对相应的档案门类编制并提出相关管理要求。在信息化环境中，按照门类划分、管理电子档案，也便于对电子档案有序存储、编制档号并做唯一标识。为此，本标准采用 DA/T 1—2000《档案工作基本术语》对档案门类的划分，即对文书、科技、专业、音像等档案门类分别明确业务管理要求，对网页、社交媒体等新型电子文件、电子档案的分门别类，标准规范有明确规定的可从其规定，暂时未明确的可参照文书类相关规定或由本标准实施者自行决定。

4. 根据电子文件归档与电子档案管理要求设置本标准的章。主要按照落实前端控制、全程管理原则，以及强化组织保障、技术支撑和业务流程的思路设置各章内容：

（1）在第 4 章总则中明确电子文件归档与电子档案管理各方职责、业务流程，强调有关职能部门的协同推进，主要涉及档案部门、文秘与业务部门、信息化部门和保密部门等。电子文件、电子档案管理离不开信息技术的支撑和保障，《电子文件管理暂行办法》要求各单位信息化部门应负责为电子文件管理提供信息化支持，要负责建设符合电子文件归档要求的业务系统，并在网络基础设施、电子档案管理系统建设与安全防护等方面为档案部门提供信息化支持；对于涉密电子文件、电子档案，保密部门除了要督导国家保密法规、管理制度的贯彻落实，还要负责落实涉密业务系统、电子档案管理系统的安全分级保护工作，这些职责分工是明显不同于纸质等传统载体文件材料归档与管理之处。然而，时至今日这一要求都远没有达到深入人心、全面贯彻的程度，例如，许多单位信息化部门在建设办公自动化等业务系统时，完全没有意识到需要设计、实现电子文件归档功能，也不向单位档案部门征求功能需求，致使办公自动化等业务系统大都缺失电子文件归档功能。为进一步强调有关职能部门对电子文件归档与电子档案管理应负的责任，在本标准总则中专用一条明确电子文件归档与电子档案管理职责分工要求。

（2）专设第 5 章业务系统与电子档案管理系统，明确这两类计算机信息系统在电子文件、电子档案管理工作中的首要地位和重要性。《电子文件管理指南》明确将业务系统设计阶段加入到电子文件生命周期的最前端，要求在设计阶段落实业务系统电子文件归档功能。业务系统生成的电子文件及其元数据是否符合归档要求，能否归档、怎样归档，以什么样的计算机文件格式归档，等等，首先由业务系统电子文件归档功能决定，手工是无法实现的；即便通过手工方式勉强将电子数据拷贝到了档案室，也是不符合档案管理要求的，必须遵循前端控制原则在业务系统需求调研、设计开发阶段落实电子文件归档功能，为电子文件形成、收集、整理与归档提供符合规范要求的技术环境与技术支撑。正如实体档案原件的安全有效保管要依靠符合标准要求的档案库房、档案装具和管理措施来实现，归档后的电子文件及其元数据的保存、管理则通常要基于符合标准要求的电子档案管理系统、备份系统、安全防护系统，以及一整套行之有效的管理措施来完成，如此才能为保证电子档案的真实、完整、可用和安全提供重要保障。因而，建设、配备业务系统电子文件归档功能、电子档案管理系统以及相应的网络基础设施、备份系统、安全防护系统，是开展电子文件归档与电子档案管理必不可少的条件和前提，有必要对此给予专门且着重的强调，以便提高各方对技术支撑重要性的认识，为该项工作建立组织、技术、人才和经费保障奠定基础。故此，在阐述电子文件归档与电子档案管理业务活动之前，单设此章阐述业务系统和电子档案管理系统建设要求。

在实践层面，当单位着手建设业务系统时，单位档案部门就要着手开展业务系统电子文件归档与电子档案管理工作，第一项任务便是和业务部门、信息化部门、保密部门协同开展业务系统电子文件归档功能的调研、设计和实施工作。完成该项任务后，文秘、业务和档案人员方能以自动和半自动化方式，基于业务系统完成其中的电子文件及其元数据的收集、整理和提交归档活动，基于电子档案管理系统完成电子文件接收归档以及电子档案管理活动。

（3）自第6章到第10章，按照电子文件归档与电子档案管理各项业务活动和流程设章设条。需规范的业务活动包括：电子文件归档范围，电子文件的收集与整理，电子文件归档与电子档案编目，电子档案的管理，电子档案的处置。其中，第9章电子档案的管理包括电子档案的保管（存储与备份）、利用、统计等管理要求，第10章电子档案的处置则包括电子档案鉴定、解密审查、转换、迁移、移交与销毁等业务活动要求。同时，根据电子文件归档、电子档案移交等不同阶段元数据采集要求，在收集、归档和移交业务节点分别明确业务系统、电子档案管理系统元数据采集要求，增强元数据标准实施的可理解性和可操作性。

第9章对电子档案及其元数据的部分管理活动提出要求，包括存储、备份、利用、统计和维护等，这种安排主要考虑了各章内容的相对平衡和业务活动间的关联等因素，显然，章标题中的“管理”内涵远大于该章涵盖的电子档案管理活动。根据DA/T 1—2000《档案工作基本术语》，档案管理是指“档案的收集、整理、保管、鉴定、统计和提供利用等活动”，其中的保管则是指“维护档案完整与安全的活动”[7]在信息化环境中，电子档案保管包括存储、备份和元数据维护等内容，其概念不能概括第9章全部内容，“保管”不适合作为章标题的关键词。因此，标准编写组选择上位概念“管理”作为第9章标题。

（4）将电子档案“四性”保障要求贯彻、落实在本标准始终。GB/T 18894—2002专设第5章阐述电子文件真实性、完整性和有效性保证要求，这在当时是十分必要的。电子文件、电子档案真实性、可靠性、完整性和可用性（以下简称“四性”）保障措施涉及诸多方面，包括管理制度、业务程序、应用系统功能、维护电子档案内在的有机联系、元数据采集与维护、计算机文件格式、安全防范等，且相互之间密切关联、融为一体，硬从中抽出组合成独立的一章，不利于保障措施的贯彻、落实，也增加了理解、实施标准的难度。由此，本标准没有专设一章用于明确电子文件、电子档案“四性”保障要求，而是将各项保障措施落实在相应的章、条之中。电子文件归档与电子档案管理相关的部门和个人只要按照本标准各章要求开展工作，“四性”保障措施便可基本落实到位。

---

[7] 国家档案局，DA/T 1—2000《档案工作基本术语》，2000—01—01

5. 以实现电子文件单套制管理为最终目标明确全程管理要求。当前，文件的形成、保管正处在由纸质等传统记录载体、记录形式到数字环境记录载体与记录形式的转换过程中。根据档案管理本质要求和现实需要，2003 年 7 月 28 日发布的《电子公文归档管理暂行办法》（国家档案局令第 6 号）第七条首次明确了电子文件管理“双套制”要求，即“电子公文形成单位必须将具有永久和长期保存价值的电子公文，制成纸质公文与原电子公文的存储载体一同归档，并使两者建立互联。”2009 年 12 月印发的《电子文件管理暂行办法》第十六条再次要求“具有永久保存价值或者其他重要价值的电子文件，应当转换为纸质文件或者缩微胶卷同时归档。”严格讲，业务系统形成的电子文件不符合归档要求时，根本无需实行“双套制”，只能以纸质文件归档。只有按照规范要求形成并归档保存的电子文件方能称之为电子档案，这是实行和研讨“双套制”的前提。“双套制”模式下形成的纸质文件或缩微胶卷只是电子文件的拷贝件或复制件。十余年来，“双套制”在电子文件归档工作中发挥了一定作用，面对虚拟的数字环境和专业要求，在电子文件归档时制作一套纸质或缩微胶卷复制件，让有关管理人员内心增加了底气。实行“双套制”时，一旦出现业务系统或电子档案管理系统崩溃，或电子文件、电子档案彻底损毁且无法还原的极端情况时，相应的纸质或缩微胶卷复制件可以用来提供利用，降低电子档案损毁带来的严重损失，但是并不能完全替代已经损毁的电子档案。另一方面，由于实行电子文件“双套制”管理，在一定程度上延缓了业务系统电子文件归档功能的完善，影响了电子文件管理前端控制和全程管理原则的贯彻落实，给组织机构及其文件、档案管理人员等增加了额外的工作责任和管理成本，与实行办公自动化初衷存在明显背离。近些年，国家档案局和北京、天津、上海、浙江等地档案部门、档案学界围绕电子文件归档“双套制”、单套制开展了许多有积极意义的实践、试点和研究工作，已经取得了一定进展。电子文件归档从“双套制”转到单套制，是信息时代档案工作的必然方向，需要一个较长的过渡期，必须从法律法规、标准规范和实践等各个方面建立支撑和保障体系。基于以上情况，为积极推进电子文件归档单套制工作，GB/T 18894—2016 没有明确提出实行电子文件归档“双套制”，并按单套制归档的高标准要求明确电子文件及其元数据的形成、收集、整理、归档，以及电子档案编目、存储、备份、元数据维护和处置等各项管理要求。

根据上述思路，GB/T 18894—2016《电子文件归档与电子档案管理规范》共设置了10章，分别是：第1章 范围；第2章 规范性引用文件；第3章 术语和定义；第4章 总则；第5章 业务系统与电子档案管理系统；第6章 电子文件归档范围；第7章 电子文件的收集与整理；第8章 电子文件归档与电子档案编目；第9章 电子档案的管理；第10章 电子档案的处置。

2018年以来，我国在电子文件归档与电子档案管理法律法规保障方面取得了重大突破，正式提出了以单套制管理电子文件和电子档案的要求。为了全面提升政务服务规范化、便利化水平，为企业和群众提供高效、便捷的政务服务，优化营商环境，国务院于2019年4月26日发布《国务院关于在线政务服务的若干规定》（中华人民共和国国务院令第716号），明确要求“政务服务机构应当对履行职责过程中形成的电子文件进行规范管理，按照档案管理要求及时以电子形式归档并向档案部门移交。除法律、行政法规另有规定外，电子文件不再以纸质形式归档和移交。”为贯彻落实全国深化“放管服”改革转变政府职能电视电话会议精神，加快推进全国一体化在线政务服务平台建设，国家档案局组织开展《电子公文归档管理暂行办法》（国家档案局令6号）的修改工作，并于2018年12月24日重新发布《电子公文归档管理暂行办法》（国家档案局令第14号），明确提出了电子公文单套制管理和真实性、完整性、可用性、安全性检查要求。2018年10月11日，国家档案局又印发《机关档案管理规定》（国家档案局令第13号），其第三十六条也对电子文件归档单套制作出了明确要求。更为重要的是，经2020年6月20日第十三届全国人民代表大会常务委员会第十九次会议修订并发布的《中华人民共和国档案法》第三十七条规定“电子档案与传统载体档案具有同等效力，可以以电子形式作为凭证使用。”这在法律层面为电子文件单套归档和电子档案单套管理提供了依据。

第三节　教材适用的读者群与编写体例

1. 教材适用的读者群与阅读重点

GB/T 18894—2016《电子文件归档与电子档案管理规范》主要用于指导各类组织机构开展电子文件归档与电子档案管理工作，涉及电子文件形成单位、档案主管部门、国家档案馆、电子政务网络建设与管理单位、相关信息系统应用软件开发商、其他相关机构等，其中，相关信息系统包括业务系统和电子档案管理系统。因此，本教材主要面向以下读者群：

（1）电子文件形成单位的读者，主要是：有关领导，人事与财务人员，保密监管人员，档案管理人员，电子文件拟办和业务办理人员，业务系统建设管理人员；

（2）档案主管部门与国家档案馆的读者，主要包括：业务指导人员，档案执法人员，档案信息化建设人员，标准规范编制人员，电子档案接收人员，档案教育培训人员等；

（3）电子政务网络建设与管理单位的读者，主要包括：有关领导，区域性、跨部门、行业性业务系统建设人员，电子政务网络建设与管理人员；

（4）相关信息系统应用软件开发商的读者，主要包括：技术总监，销售人员，需求分析人员，软件设计与开发人员；

（5）其他相关单位的读者，主要包括：高校相关专业教师，高校相关专业学生，其他机构有关人员，等等。

鉴于各类读者承担的职责和工作性质不同，在首次翻开本教材时，可重点阅读与本职工作密切相关的内容，如表 1-1 所建议的：

表 1-1　本教材不同读者群阅读重点

教材章序号	1	2	3	4	5	6	7	8	9	10
电子文件形成单位的读者										
有关领导，人事与财务人员	✓	✓	✓	✓	✓					
保密监管人员	✓	✓		✓	✓			✓	✓	✓
档案管理人员	✓	✓	✓	✓	✓	✓	✓	✓	✓	✓
电子文件拟办和业务办理人员	✓			✓		✓	✓			
办公与业务系统建设管理人员	✓	✓	✓	✓	✓	✓	✓	✓		
档案主管部门与国家档案馆的读者										
各类读者	✓	✓	✓	✓	✓	✓	✓	✓	✓	✓
电子政务网络建设与管理单位										
有关领导	✓	✓	✓		✓					
区域性、跨部门、行业性办公与业务系统建设人员	✓	✓	✓	✓	✓					
电子政务网络建设与管理人员	✓	✓	✓	✓	✓					✓
业务系统应用软件开发商的读者										
技术总监，需求分析人员，软件设计与开发人员	✓	✓	✓	✓	✓	✓	✓	✓		
销售人员	✓	✓	✓	✓	✓					
电子档案系统应用软件开发商的读者										
各类读者	✓	✓	✓	✓	✓	✓	✓	✓	✓	✓

正如本解读所述，纸质等传统载体文件材料的收集、归档、管理，通常以手工方式完成，例如，由业务部门相关人员将应归档纸质文件材料手工送到机关档案室归档，档案管理人员手工整理归档材料，手工将档案原件从档案库房中提出供查档者利用，等等。但是，电子文件归档、电子档案管理都是基于业务系统、电子档案管理系统、网络等信息化设施，以自动和半自动化方式进行，GB/T 18894—2016《电子文件

归档与电子档案管理规范》、本解读的阅读者，在阅读的同时，一定要始终记着这些场景，将电子文件归档与电子档案管理各项业务活动融入这个场景，才有助于本标准的理解和使用。

2. 教材编写体例

本解读主要任务是对 GB/T 18894—2016《电子文件归档与电子档案管理规范》进行逐章逐条解读，说明其背景、含义和运用方法等。为方便读者阅读教材，理解本标准各章、条内容，在教材内容的编排上采取本标准内容与解读内容先后陈述方式，即先罗列一条或连续多条标准内容，另起一行对该条或连续多条标准内容进行解读，两部分的文字采用不同字体、字号以示区别，本标准原文采用宋体加粗，解读内容采用仿宋体，如：

GB/T 2828.1—2012 计数抽样检验程序 第 1 部分：按接收质量限（AQL）检索的逐批检验抽样计划（ISO 2859—1：1999，IDT）

该标准代替 GB/T 2828.1—2003，于 2012 年 11 月 5 日发布，2013 年 2 月 15 日实施。其主要内容共 13 章，主要为：范围、规范性引用文件，术语和定义，不合格的表示，接收质量限（AQL），产品批的提交，接收与不接收，样本的抽取，正常、加严和放宽检验，抽样方案，接收性的判定，附加信息（抽样方案的统计特性），分数接收数一次抽样方案（供选择）。此外，该标准提供了 43 种用于抽样检验的表格工具，以及一个不固定抽样方案的示例。

为保持本解读各章内容的相对平衡，将 GB/T 18894—2016《电子文件归档与电子档案管理规范》的第 1 章、第 2 章解读内容合并为第二章，自第三章开始的各章与 GB/T 18894—2016《电子文件归档与电子档案管理规范》的第 3 章及后续各章的章序号、章标题和内容便一一对应，GB/T 18894—2016《电子文件归档与电子档案管理规范》第一层次的条均作为教材相应章的节序号、节标题，二者对应关系如表 1-2 所示。

表 1-2 教材章与本标准章对应关系表

本教材章序号与章标题	GB/T 18894—2016 章序号与章标题
第一章 概述	
第二章 范围与规范性引用文件	1 范围 2 规范性引用文件
第三章 术语和定义	3 术语和定义
第四章 总则	4 总则
第五章 业务系统与电子档案管理系统	5 业务系统与电子档案管理系统
第六章 电子文件归档范围	6 电子文件归档范围
第七章 电子文件的收集与整理	7 电子文件的收集与整理
第八章 电子文件归档与电子档案编目	8 电子文件归档与电子档案编目
第九章 电子档案的管理	9 电子档案的管理
第十章 电子档案的处置	10 电子档案的处置

为了最大限度地对电子文件归档与电子档案管理工作提供指导和参考，GB/T 18894—2016《电子文件归档与电子档案管理规范》以及本解读都以公开发布、出版的方式呈到标准使用者和本解读读者手中。根据我国有关涉密信息管理法律法规要求，对涉密电子文件归档、涉密电子档案管理，以及涉密网络、涉密电子档案管理系统建设的许多具体规定，都不能或不宜在公开出版物中予以说明，仅在本标准 4.3 d)、5.4.1、7.2.6、10.3.6 等章、条中提出总体要求。尽管如此，标准的其他大部分内容均可作为涉密电子文件归档与电子档案管理的最基础要求。本解读也按照这种思路编写。

第二章　范围和规范性引用文件

GB/T 18894—2016《电子文件归档与电子档案管理规范》的第 1 章界定了本标准的适用范围，不包括关于电子文件归档与电子档案管理的相关要求。第 2 章列出了在本标准条文中引用过的所有其他标准，明确了被引用标准的标准号、年号、标准名称，并按照国家标准、行业标准和国际标准的顺序排列。未在本标准中引用的其他标准，不在第 2 章中列举。

第一节　范　　围

GB/T 18894—2016《电子文件归档与电子档案管理规范》第 1 章从三个方面对本标准适用对象进行了界定，包括适用的电子文件、适用的组织机构、涵盖的电子文件归档与电子档案管理活动。

1 范围

本标准规定了在公务活动中产生的，具有保存价值的电子文件的收集、整理、归档与电子档案的编目、管理与处置的一般方法。

本标准适用于机关、团体、企事业单位和其他组织在处理公务过程中产生的电子文件归档与电子档案管理，其他活动中产生的电子文件归档与电子档案管理可参照执行。

（1）本标准所适用的电子文件

本标准从公务活动角度对适用的电子文件作了一个限定，仅各类组织机构处理公务时形成的电子文件才适用于本标准。公务活动是与私人活动相对应的活动，是指组织机构工作人员在职务许可范围内履行职责并处理某项公务的一个或系列事务，由此而构成的公务活动。

（2）本标准所适用的组织机构

GB/T 20091—2006《组织机构类型》对“组织机构”的定义是指“企业、事业单位、机关、社会团体及其他依法成立的单位的通称”，并将组织机构分为机关、社会团体、企业、事业单位、其他组织机构等五类，其中，仅能够依法履行职责、处理公务的组织机构才适用于本标准。以下是该标准明确的五类组织机构，供读者参考：

机关：中国共产党、国家权力机关法人、国家行政机关法人、国家司法机关法人、政协组织、民主党派、人民解放军、武警部队、其他机关，其他机关又含国家权力机关、国家行政机关、国家司法机关的分支机构和派出机构，以及其他依法成立的机关；

社会团体：由中央机构编制管理部门直接管理的群众团体，经民政部和地方民政部门核准登记并颁发相应证书的各类社会团体、社会团体分支机构或代表机构，以及其他依法成立的社会团体；

企业：公司，非公司制企业法人，企业分支机构，个人独资企业，合伙企业，其他企业；

事业单位：事业单位法人、事业单位分支机构或派出机构、其他事业单位；

其他组织机构：经国家、各级人民政府宗教事务部门、民政部和各级民政部门等批准、核准、登记的各类组织机构，如民办非企业单位、基金会、宗教活动场所、农村村民委员会、城市居民委员会、其他未列明的组织机构等。

（3）本标准涵盖的电子文件归档与电子档案管理活动

本标准明确了电子文件归档与电子档案管理活动及一般要求、实施方法，主要包括电子文件的收集、整理、归档和电子档案的编目、存储、备份、利用、统计与处置等。相对于传统载体档案管理，电子文件归档与电子档案管理的不同之处至少有以下四个方面：

①明确了电子档案存储、备份以及属于处置范畴的转换、迁移等管理要求，收集、整理、归档、编目、利用、统计等基础业务亦有新的内涵和要求；

②为保障电子档案的真实、可靠、完整和可用，在电子文件归档与电子档案管理全程或若干管理环节，要同步开展元数据采集与管理、生成固化信息或封装、真实性校验、跟踪与审计等管理活动，如果需要，还需实施计算机文件格式转换活动；

③电子文件整理活动设置在归档之前，借助业务系统高度自动化功能，由电子文件拟办或业务办理人员各自点击鼠标完成拟办对象的分类、保管期限划分，确保应归档电子文件被齐全完整地收集，实行信息化环境中的“文书处理部门立卷”制度；

④各项电子文件归档与电子档案管理活动均以半自动或全自动化方式实施。

第二节 规范性引用文件

规范性引用文件是指某标准在其条文中引用的其他标准，用于指导、明确相应事项应遵循的规范，而无需自行提出相关要求。被引用的标准则成为某标准整体不可分割的组成部分并有同等效力。

国家档案局于 2014 年下半年将 GB/T 18894—2016《电子文件归档与电子档案管理规范》的报批稿报国标委审批，直到 2016 年底发布。自本标准报批后，国标委、国家档案局又陆续新发布了部分新制定或修订的标准，其中包括本标准注日期引用的部分行业标准、国际标准等，例如本标准引用的 DA/T 28—2002《国家重大建设项目文件归档要求与档案整理规范》，经修订后于 2018 年正式发布为 DA/T 28—2018《建设项目档案管理规范》。鉴于这种情况，凡与本标准规范性引用文件有直接关系的，新制定或新修订的标准，只要适用于本标准的，将在本章中予以说明。其它与本标准的使用和电子文件归档、电子档案管理有密切关联的标准，会在本解读相关章、条中作进一步推荐和解释。读者可以到国家标准全文公开系统[8]查阅国家标准全文，前往国家档案局网站[9]法规标准栏目查阅档案行业标准全文。

2 规范性引用文件

下列文件对于本文件的应用是必不可少的。凡是注日期的引用文件，仅注日期的版本适用于本文件。凡是不注日期的引用文件，其最新版本（包括所有的修改单）适用于本文件。

上述这段文字是国家标准 GB/T 1.1—2009《标准化工作导则》的 6.2.3 规定的每项标准规范性引用文件清单引导语。在引导语的引导下，本标准第 2 章列出了在本标准条文中引用过的其他已经发布的 24 项标准，包括国家标准 10 项、档案行业标准 10 项和国际标准 4 项。其中，仅 DA/T 22《归档文件整理规则》、DA/T 31《纸质档案数字化技术规范》等两项行业标准以不注日期的方式引用，这表示今后修订形成的新版本或修改单都适用于本标准，而其他以注日期方式引用的标准，一般情况下仅当前版本适用于本标准。

GB/T 2828.1—2012 计数抽样检验程序 第 1 部分：按接收质量限（AQL）检索的逐批检验抽样计划（ISO 2859—1：1999，IDT）

该标准代替GB/T 2828.1—2003，于 2012 年 11 月 5 日发布，2013 年 2 月 15 日实施。其主要内容共 13 章，主要为：范围、规范性引用文件，术语和定义，不合格的表示，接收质量限（AQL），产品批的提交，接收与不接收，样本的抽取，正常、加严和放宽检验，抽样方案，接收性的判定，附加信息（抽样方案的统计特性），分数接收数一次抽样方案（供选择）。此外，该标准提供了 43 种用于抽样检验的表格工具，以及一个不固定抽样方案的示例。

GB/T 7156—2003 文献保密等级代码与标识

该标准发布于 2003 年 7 月，2003 年 12 月正式实施。该标准规定了

---

8 网址 http://www.gb688.cn/bzgk/gb/index

9 网址 http://www.saac.gov.cn

文献保密等级的确定、变更和解密的原则，规定了文献保密期限、文献保密等级代码和标识，保密等级分为 5 级，即："公开级""限制级""秘密级""机密级""绝密级"。此标准适用于对文献保密等级的标识，以促进文献信息的管理、交换和使用。其主要内容包括范围、术语和定义、文献保密等级的确定和变更、文献保密期限、文献保密等级代码、文献保密等级的标识等六个章节。

GB/T 9704—2012 党政机关公文格式

该标准于 2012 年 6 月发布，2012 年 7 月正式实施，主要适用于纸质公文格式。标准规定了党政机关公文通用的纸张要求、排版和印制装订要求、公文格式各要素的编排规则，并给出了公文的式样。本标准适用于各级党政机关制发的公文。其他机关和单位的公文可以参照执行。其主要内容包括：范围、规范性引用文件、术语和定义、公文用纸主要技术指标、公文用纸幅面尺寸及版面要求、印制装订要求、公文格式各要素编排规则、公文中的横排表格、公文中计量单位、标点符号和数字的用法、公文的特定格式和式样等十一个章节。

但是，在 GB/T 18894—2016《电子文件归档与电子档案管理规范》报批后，国家标准化管理委员会于 2016 年 12 月 30 日发布了 GB/T 33476.1—2016《党政机关电子公文格式规范　第 1 部分：公文结构》、GB/T 33476.2—2016《党政机关电子公文格式规范　第 2 部分：显现》等 3 项标准，2017 年 7 月 1 日正式实施。因此，在实施 GB/T 18894—2016《电子文件归档与电子档案管理规范》时，涉及电子公文结构、格式、呈现等要求时，应执行上述新发布的有关电子公文的标准。

GB/T 33476.1—2016《党政机关电子公文格式规范　第 1 部分：公文结构》的主要内容包括范围、规范性引用文件、术语和定义、缩略语、公文结构模型、公文结构描述和附录等 7 个部分。公文结构模型由公文体、版头、主体、版记等四方面构成，并在第 6 章采用 XML 格式对公文结构的电子公文、公文体进行描述，公文体则包括版头、主体、版记三个部分。附录部分列出两项规范性附录，即附录 A（规范性附录）电子公文结构 XML 模型、附录 B（规范性附录）公文二维条文的内容。

GB/T 33476.2—2016《党政机关电子公文格式规范 第2部分：显现》的主要内容包括范围、规范性引用文件、术语和定义、基本原则、字库、页面设置、公文要素显现规则、页码、公文的特定格式、公文域要求、附录等11个部分。

GB/T 11821—2002 照片档案整理规范

该标准于2002年12月发布，2003年5月正式实施。该标准规定了银盐感光材料照片档案的收集要求、整理程序和保管条件，适用于各级各类档案室、档案馆的照片档案管理，其主要内容包括：范围、规范性引用文件、术语和定义、照片档案的收集、照片档案的整理和照片档案的保管等六个章节。

GB/T 18894—2016《电子文件归档与电子档案管理规范》引用GB/T 11821—2002《照片档案整理规范》的目的是参照其第4章所述银盐感光材料照片的收集范围，用于指导照片、录音、录像类电子文件的收集工作。本标准报批后，国家档案局发布了档案行业标准DA/T 50—2014《数码照片归档与管理规范》，照片类电子文件的归档与管理可按照该标准执行。

GB/T 11822—2008 科学技术档案案卷构成的一般要求

该标准于2008年11月发布，2009年5月正式实施。该标准规定了科学技术档案案卷的组卷原则和方法、案卷和案卷内文件材料的排列、案卷的编目、案卷的装订、卷盒、表格规格及其制成材料的质量要求，适用于一般科学技术档案的案卷整理。专业性较强和非纸质载体科学技术档案的整理也可参照这个标准。其主要内容包括：范围、规范性引用文件、术语和定义、案卷组织、案卷和案卷内科技文件排列、案卷编目、案卷装订、卷盒、表格规格及其制作材料等八个章节。

GB/T 12628—2008 硬磁盘驱动器通用规范

该标准于2008年7月发布，2008年12月正式实施。这个标准规定了硬磁盘驱动器的技术、试验方法、检验规则、标志、包装、运输、贮存等要求，主要适用于2.5英寸和3.5英寸硬磁盘驱动器，是制定硬磁盘驱动器标准的依据，其他规格的可参照使用。其主要内容包括范围、规范性引用文件、术语和定义、要求、实验方法、检验规则以及标志、包装、运输、贮存等 7 章。本标准主要参照其第 7 章内容，用于指导电子档案离线备份、离线移交的硬磁盘类介质，如移动硬盘的管理。

GB/T 17678—1999 CAD 电子文件光盘存储、归档与档案管理要求

以 GB/T 17678—1999 为标准号、以“CAD 电子文件光盘存储、归档与档案管理要求”为标准名称共发布了两项国家标准，即 GB/T 17678. 1—1999《CAD 电子文件光盘存储、归档与档案管理要求 第一部分：电子文件归档与档案管理》、GB/T 17678. 2—1999《CAD 电子文件光盘存储、归档与档案管理要求 第二部分：光盘信息组织结构》，1999 年 2 月 26 日发布，于 1999 年 10 月 1 日正式实施。本标准主要参照执行其第二部分，用于指导光盘、硬磁盘等离线存储介质的信息存储结构。该标准主要内容包括范围、引用标准、定义、信息组织结构、文件格式和附录 A（提示的附录）等 6 个部分。其中，信息组织结构规定一张光盘的根目录下有说明文件、类目表、著录文件、CAD 电子文件子目录和其他文件子目录，附录 A 则用示例说明了一张光盘的文件格式及其组织结构。

GB/T 20988—2007 信息安全技术 信息系统灾难恢复规范

该标准于 2007 年 6 月发布，2007 年 11 月正式实施。其主要内容包括范围、规范性引用文件、术语和定义、灾难恢复概述、灾难恢复需求的确定、灾难恢复策略的制定、灾难恢复策略的实现等 7 章以及 3 个附录，其中，第 4 章至第 7 章对信息系统灾难恢复提出了框架性的规范要求，涉及信息系统灾难恢复组织机构与职责、工作任务与目标、策略与技术实施等相关方面。例如，根据灾难恢复概述一章所述，信息系统灾难恢复工作内容包括六个方面：灾难恢复规划，灾难备份中心的日常运行，关键业务功能在灾难备份中心的恢复和重续运行，主系统的灾后重建和回退，以及突发事件发生后的应急响应。信息系统灾难恢复组织机构一般设为灾难恢复领导小组、灾难恢复规划实施组和灾难恢复日常运行组，由管理、业务、技术和行政后勤等人员组成。

GB/T 26163.1—2010 信息与文献 文件管理过程 文件元数据 第1部分：原则（ISO 23081—1，IDT）

该标准是等同采用国际标准 ISO 23081—1：2006《信息与文献 文件管理过程 文件元数据 第1部分：原则》，于2011年1月发布，并于2011年6月正式实施。该标准规定了文件管理元数据创建、管理及应用的原则，其主要内容包括范围、规范性引用文件、术语和定义、文件管理元数据、文件管理元数据的意义与作用、职责、与其他元数据领域相关的文件管理元数据、元数据的管理、支持 GB/T 26162.1 所需的元数据类型等9章。

GB/T 29194—2012 电子文件管理系统通用功能要求

该标准于2012年12月31日发布，2013年6月1日实施。该标准以“大文件”观为基础，使用术语“电子文件”涵盖自电子文件创建、形成、归档直到销毁或长期保存全生命周期。其主要内容包括范围、规范性引用文件、术语和定义、总则、基本功能要求、可选功能要求等6章，但是，不包括系统设计和实施的具体要求，不规定实现系统功能的平台和具体技术，不规定详细的实施细则，也不规定系统测试相关事项。

电子文件管理系统的基本功能要求有文件管理配置、文件管理业务、安全管理、系统管理等四个方面，总计404项功能要求。可选功能要求则包括数字化文件的管理、多载体文件管理、离线利用、接口管理、工作流、性能要求等。

DA/T 13—1994 档号编制规则

该标准于1995年6月发布，1995年10月正式实施。该标准规定了档号的结构、编制原则和编制方法，包括主题内容与适用范围、术语、档号编制原则、档号的结构和档号的编制方法等5章。档号的结构一章明确了3种档号结构，即：全宗号-案卷目录号-案卷号-件、页（张）号，全宗号-类别号-案卷号-件、页（张）号，类别号-项目号-案卷号-件、页（张）号。

DA/T 15—1995 磁性载体档案管理与保护规范

该标准于 1996 年 3 月发布，1996 年 10 月正式实施。该标准规定了对磁性载体文件的积累、归档要求和磁性载体档案的管理、贮存与保护等诸环节的要求，主要包括范围、引用标准、定义、积累、磁性载体文件的的归档要求、磁性载体档案的管理、磁性载体档案贮存与保护等 7 章。

DA/T 18—1999 档案著录规则

该标准于 1999 年 5 月 31 日批准，1999 年 12 月 1 日实施，规定了单份或一组文件、一个或一组案卷的著录项目、著录格式、标识符号、著录用文字、著录信息源及著录项目细则，适用于各类档案的著录。对于某些内容和形式极其特殊的档案，也可遵照本标准制定细则。该标准不包括以全宗和类别为对象的著录，也不包括目录组织方法。

DA/T 22 归档文件整理规则

本标准对 DA/T 22《归档文件整理规则》是不注日期的引用，表示该标准最新修订版适用于本标准。2015 年 10 月 25 日，国家档案局发布了 DA/T 22—2015《归档文件整理规则》，2016 年 6 月 1 日正式实施，并代替 DA/T 22—2000《归档文件整理规则》，其主要内容有 7 章：范围，规范性引用文件，术语和定义，整理原则，一般要求，纸质归档文件的修整、装订、编页、装盒和排架，归档电子文件的整理要求。

与 DA/T 22—2000《归档文件整理规则》相比较，该标准增加了许多重要内容，提出了六方面新要求，包括：适用对象由纸质文件材料扩展为纸质和电子文件材料，调整了归档文件分类方法，增加了归档文件组件和纸质归档文件修整、装订、编页、排架要求，增加了归档文件档号结构和编制要求，将室编件号、馆编件号统一为件号，在附录中增加了归档章示例、直角装订方法。

DA/T 28—2002 国家重大建设项目文件归档要求与档案整理规范

2018 年 4 月 8 日，国家档案局正式发布 DA/T 28—2018《建设项目档案管理规范》，2018 年 10 月 1 日正式实施，并替代 DA/T 28—2002

《国家重大建设项目文件归档要求与档案整理规范》。在实际工作中，应执行 DA/T 28—2018《建设项目档案管理规范》。新修订标准共 10 章，分别是范围、规范性引用文件、术语和定义、总则、项目档案工作组织及职责任务、制度规范建设、项目文件管理、项目档案管理、项目电子文件归档与电子档案管理、项目档案移交；另有两个规范性附录，即附录 A（规范性附录）竣工图章、竣工图审核章样式，附录 B（规范性附录）建设项目文件归档范围和保管期限表。

与 DA/T 28—2002《国家重大建设项目文件归档要求与档案整理规范》相比，DA/T 28—2018《建设项目档案管理规范》增加了许多重要内容，其中之一是用两章专门强化项目档案的组织保障和制度保障，再单设第 9 章用于规范项目电子文件归档与电子档案管理，主要包括项目电子文件归档、项目电子档案管理、项目档案数字化等三个方面内容。

DA/T 31 纸质档案数字化技术规范

国家档案局于 2017 年 8 月 2 日发布了 DA/T 31—2017《纸质档案数字化规范》，2018 年 1 月 1 日正式实施，并代替 DA/T 31—2005《纸质档案数字化技术规范》。该标准主要内容包括范围、规范性引用文件、术语和定义、总则、组织与管理、档案出库、数字化前处理、目录数据库建立、档案扫描、图像处理、数据挂接、数字化成果验收与移交、档案归还入库等 13 章，并附有纸质档案数字化流程示意图、数字化管理登记表示例等两个资料性附录。

与 DA/T 31—2005《纸质档案数字化技术规范》相比，该标准增加了许多重要内容，明确了数字化工作的组织与管理、数字化前处理过程中档案实体保护与档案规范化管理、数字化过程中元数据采集等要求，对档案扫描部分参数要求、图像处理部分内容作了修改，更加强调纸质档案数字图像应保存档案原貌信息，同时，细化了数字化成果验收的内容，删除了原标准数据备份和数字化成果管理相关内容。

DA/T 32—2005 公务电子邮件归档与管理规则

该标准于 2005 年 4 月 30 日发布，2005 年 9 月 1 日正式实施，规定了公务电子邮件的撰写、传递、鉴定、归档、整理、移交与保管等规范化程序与管理规则，适用于公务电子邮件的归档与管理，在维护其真实性、完整性和长期可读性的基础上，为其安全保管和有效开发利用提供依据。该标准主要内容有范围、规范性引用文件、术语和定义、总则、公务电子邮件的撰写与传递、公务电子邮件的鉴定与归档、归档公务电子邮件的整理、公务电子邮件的移交与接收、公务电子邮件的保管等 9 章，并附有 5 个规范性附录，分别是公务电子邮件收发文登记表、公务电子邮件存储格式、公务电子邮件存储载体、公务电子邮件移交登记表、公务电子邮件移交检验登记表。

DA/T 38—2008 电子文件归档光盘技术要求和应用规范

该标准于 2008 年 4 月 23 日发布，同年 7 月 1 日实施，规定了电子文件归档用 CD-R/DVD±R 光盘的主要技术指标，首次定义了档案级光盘，明确了光盘管理的三级预警线。其主要内容包括 12 章：范围，规范性引用文件，术语和定义，电子文件归档所用 CD-R/DVD±R 光盘的主要技术指标，归档光盘的标签，光盘数据刻录，归档光盘的备份，归档前检测，归档光盘的保存、使用和维护，归档光盘保存、工作和检测的环境条件，归档光盘的三级预警和性能监测，归档光盘的数据迁移策略等。该标准附有附录 A 至附录 J 共 10 个附录，分别为 6 个规范性附录：档案级光盘生产的原材料选择、加工工艺和出厂质量检测，光盘检测设备的检测光路和光学头，档案级光盘的耐候性试验，光盘加速老化寿命试验，分析实验室用水规格，样本量字码表及正常检验一次抽样方案表；以及 4 个资料性附录：可录类光盘 CD-R 常规检测参数，可录类光盘 DVD+R/-R 常规检测参数，光盘数据刻录的写策略（Write Strategy），最佳写功率控制（OPC）。

DA/T 46—2009 文书类电子文件元数据方案

该标准于 2009 年 12 月 16 日发布，2010 年 6 月 1 日正式实施，其主要内容包括范围、规范性引用文件、术语和定义、元数据元素、结构及描述方法、文件实体元数据元素的描述、机构人员实体元数据元素的描述、业务实体元数据元素的描述、实体关系元数据元素的描述等 8 章。

该标准设置了文件实体、机构人员实体、业务实体和实体关系等共计 88 个元数据，覆盖文书类电子文件形成、交换、归档、移交、保管、利用等全过程，其中，必选元数据 20 个，条件选元数据 25 个，可选元数据 43 个。文件实体设置了 75 个元数据，主要作用是描述文书类电子文件的来源、标识符、内容、形式特征、管理权限等，如档案馆代码、立档单位名称、全宗号、档号、题名、责任者、文件编号、保管期限、密级等均包含在内。机构人员实体、业务实体和实体关系元数据则主要用于记录、保存文书类电子文件的管理过程，根据管理行为元数据（M81）的属性，在文书类电子文件生命周期中需记录的重要管理行为有 46 种，包括电子文件的拟制、办理过程，以及归档、移交、接收、划控、备份、平台迁移等。

DA/T 47—2009 版式电子文件长期保存格式需求

该标准于 2009 年 12 月 16 日发布，2010 年 6 月 1 日正式实施，其主要内容包括范围、规范性引用文件、术语和定义、版式电子文件长期保存格式应满足的需求、测试与评估等 5 章。该标准明确了 11 个方面的版式电子文件长期保存格式需求，包括格式开放、不绑定软硬件、文件自包含、格式自描述、显示一致性、持续可解释、稳健、可转换、利用存储、支持技术认证机制、易于利用等。

ISO 13008：2012 信息与文献 数字档案转换和迁移过程（Information and documentation —Digital records conversion and migration process）

该标准于 2012 年发布并实施，主要包括范围、规范性引用标准、组织和业务框架、管理需求、转换和迁移计划、转换和迁移程序、追踪等 8 章。该标准规定了数字档案在转换和迁移中的规划事项、要求和程序，以实现数字档案的真实性、可靠性、完整性和可用性，从而确保其在业务活动中的证据价值。

ISO/TR 13028：2010 信息与文献 档案数字化实施指南（information and documentation — implementation guidelines for digitization of records）

该标准于 2010 年发布并实施，“TR”代表“技术报告”（Technical

report)，主要内容包括范围、规范性引用标准、术语和定义、数字化收益和风险、前期准备、最佳实践指南等。该标准适用于业务流程中的文件数字化，以及以档案管理为目的的存量档案数字化。强调开展档案数字化工作应制定规范的政策与程序，明确采用的技术标准、质量控制程序，捕获有关数字图像和数字化过程元数据，以便记录数字化各环节的管理活动和图像处理操作，为业务流程中的文件数字化与存量档案数字化项目提供了最佳实践指南。

ISO 16175.2：2011 信息与文献　电子办公环境中档案管理原则和功能要求　第2部分：数字档案管理系统指南与功能要求(Information and documentation—Principles and functional requirements for records in electronic office environments—Part 2：Guidelines and functional requirements for digital records management systems)

该标准于2011年发布并实施，主要内容包括范围、规范性引用文件、术语和定义、指南、功能需求、附录等。其中，功能需求包括概述、生成、识别、分类、维护、混合文件管理、保管与处置、传播利用和实施管理等，总共275个功能需求点。该标准主要适用于规范电子档案管理系统类产品的开发、配置，包括市场销售的商业产品和定制产品，与GB/T 29194—2012《电子文件管理系统通用功能要求规范》的对象和作用一致。目前，我国已经完成了该标准的采标工作，形成了GB/T34840.2—2017《信息与文献　电子办公环境中文件管理原则与功能要求　第2部分：数字文件管理系统指南与功能要求》，2017年12月29日发布，2018年4月1日实施。

ISO 16175.3：2010 信息与文献　电子办公环境中档案管理原则和功能要求　第3部分：业务系统中档案管理指南与功能要求(Information and documentation—Principles and functional requirementsfor records in electronic office environments—Part 3：Guidelines and functional requirementsfor records in business systems)

该标准于2010年发布，主要内容包括简介、指南、功能需求、附录等。其中，指南一章包括6部分内容：概述，为机构保存业务流程与活动的证据，明确业务系统范畴与文件管理要求，确定业务系统中事件、事务处理及决策所需证据，要求的使用，实体关系模型；功能要求一章共计 125 个功能需求点，其主要内容有：概述，生成附有背景信息的文件，管理和维护文件，支持导入、导出和互操作，根据要求保存与处置文件；附录部分包括术语表、将所有文件管理要素融入整个系统开发生命周期等两项内容。目前，我国已经完成了该标准的采标工作，形成了 GB/T 34840.3—2017《信息与文献 电子办公环境中文件管理原则与功能要求 第 3 部分：业务系统中文件管理指南与功能要求》，2017 年 12 月 29 日发布，2018 年 4 月 1 日实施。

第三章 术语和定义

术语是某门学科的专门用语，定义则是对某术语内涵与外延的简要说明。通常，一项术语标准所定义的术语适用于它标明的整个领域或行业，例如，DA/T 1—2000《档案工作基本术语》、DA/T 58—2014《电子档案管理基本术语》等两项术语标准就都适用于档案行业、传统载体档案和电子档案管理领域，涵盖其涉及的各项管理活动。而一项关于某项特定工作或业务的标准，其定义的术语一般仅适用于该标准。本标准定义的或引用已经标准化的 16 个术语，其含义仅在本标准中使用，覆盖了本标准所涉及的重要概念。

3.1 电子文件 electronic document

国家机构、社会组织或个人在履行其法定职责或处理事务过程中，通过计算机等电子设备形成、办理、传输和存储的数字格式的各种信息记录。电子文件由内容、结构、背景组成。

根据定义，满足三个条件的信息记录可以称为电子文件：以数字格式形成、存储；由国家机构、社会组织或个人在履行其法定职责或处理事务过程中形成、办理、传输和存储的信息记录；该信息记录由内容、结构、背景组成。信息，通常泛指人类社会传播的一切内容；记录，则是指以某种手段或方法保存、描述所见所闻或事物而形成的材料信息。因此，信息记录是一个更广的概念，只有满足前述三个条件的信息记录方能称之为电子文件。根据电子文件构成三要素理论，为保证电子文件归档后具有凭证价值，指导电子文件归档与电子档案管理工作，本标准将电子文件内容、结构、背景作为该术语定义的重要内容，它们的基本含义如下：

（1）电子文件的内容是指以字符、图形、图像、音频、视频等形式表示的电子文件的主题信息，例如电子公文的发文字号、标题、主送机关、正文、责任者、时间等。

（2）电子文件的结构是指其内容信息的组织和存储方式，又可分为逻辑结构和物理结构。逻辑结构，也可称为版面格式，它关系到正确呈现电子文件的版面格式、色彩等，例如，一件电子公文标题、文件编号等在页面所处的居中位置、字体和字号，每段开头空两个字符等，这些都是电子公文的逻辑结构。物理结构则是指电子文件的计算机文件格式，以及在存储载体中的存储位置等，它决定了从存储系统找到电子文件的寻址方向与方法，从电子文件内部正确地读出电子文件内容、版面格式等信息的规则。因此，记录电子文件的结构是实现电子档案长期可用、安全的重要保障。

（3）电子文件的背景是指有关电子文件形成环境的信息。根据《电子文件管理指南》，一份电子文件至少有三类背景信息。第一，包含在电子文件内的背景信息，如单位负责人的签发意见、发文时间、受文单位、紧急程度等；第二，全宗内该电子文件与其他相关文件之间的有机联系，例如，关于同一业务活动或主题的电子文件之间的关联关系，关于同一事由的往来文件等；第三，创建电子文件的活动，包括电子文件得以形成的工作事项、业务活动，电子文件的拟制或办理过程，电子文件形成、管理的技术环境等。关于背景的定义，还可参见 DA/T 58—2014《电子档案管理基本术语》的定义 2.15，它将背景概括为行政背景、来源背景、业务流程背景以及技术背景等四个方面。在电子文件归档与电子档案管理过程中，背景信息具有重要作用，其中最主要的是为电子文件、电子档案的真实、可靠和完整提供证明。

本术语所称“国家机构、社会组织或个人”与本标准所适用的机关、团体、企事业单位和其他组织是相适应的。本标准和 DA/T 58—2014《电子档案管理基本术语》研制工作是同步开展的。为了保持术语定义的一致性，方便标准的使用与交流，本标准采用了 DA/T 58—

2014《电子档案管理基本术语》关于电子文件的定义。

3.2　电子档案 electronic records

具有凭证、查考和保存价值并归档保存的电子文件（3.1）。

本术语定义中的“（3.1）”用于说明“电子文件”的含义如本标准术语 3.1 所述，以下其它术语中有类似表述的，不再作出解释。根据电子文件的定义，电子档案也由内容、结构和背景组成。本术语表明，当拟归档的电子文件达到了质量和归档程序等两方面要求时，可以转化为电子档案：

第一，质量要求。电子文件具有凭证、查考和保存价值。当电子文件具有凭证、查考价值时，它具有保存价值。关键是怎样的电子文件具有凭证、查考价值？所谓电子文件的凭证和查考价值，是指电子文件内容所记录的事实，对之后的工作、生活中出现的事物、争执、疑问等可能起到的裁判与证明作用，或者在分析、查找、研究某个事件、事物过程中能够提供线索、发挥辅助考实、考究作用。具有凭证或查考价值的电子文件至少应满足以下质量要求：

（1）在组织机构履行职责过程中，基于可信的业务系统，按照规定的程序拟制或办理形成，或通过数字摄录设备拍摄、录制生成；

（2）电子文件及其组件齐全完整，其内容与制发时一致并没有被恶意篡改，电子文件之间的内在有机联系得到维护；

（3）电子文件具有国家法律法规规定的原件形式，例如，GB/T 33476.2—2016《党政机关电子公文格式规范 第 2 部分：显现》规定的电子公文的逻辑格式、红头、电子印章等；《中华人民共和国电子签名法》第五条明确了怎样的数据电文才能视为满足法律、法规规定的原件形式要求，包括：能够有效地表现所载内容并可供随时调取查用；能够可靠地保证自最终形成时起，内容保持完整、未被更改。但是，在数据电文上增加背书以及数据交换、储存和显示过程中发生的形式变化不影响数据电文的完整性。

（4）以规范的计算机文件格式存储、归档，如以 OFD、PDF 等版式格式存储、归档电子公文，脱离业务系统或数字摄录设备后，电子文件的内容与逻辑格式能正常、完整地呈现，支持向长期保存格式转换等；

（5）采集、保存了有关电子文件内容、背景、结构和管理过程的基本元数据，并通过计算机文件名建立了元数据与电子文件的稳定关联。

第二，归档程序要求。按照规范的程序将电子文件归档保存，规范、正确的归档程序能够为电子文件归档活动的合规性提供重要保障，为电子档案的真实性和可靠性建立证据链。根据本标准术语 3.12 的定义，归档是“将具有凭证、查考和保存价值且办理完毕、经系统整理的电子文件及其元数据的管理权限向档案部门提交的过程。”，管理权限交接过程的结束标志着符合质量要求的电子文件已经转化为电子档案。归档既是一个过程，也涉及到保管权限的交接，程序便是归档活动的题中之义。GB/T 19000—2016《质量管理体系 基础和术语》术语 3.4.5 对程序的定义是“为进行某项活动或过程所规定的途径。”按照 GB/T 18894—2016《电子文件归档与电子档案管理规范》第 8 章第 1 条明确的要求，电子文件归档程序主要包括清点、鉴定、登记、填写归档登记表等四个步骤。

3.3 元数据 metadata

描述电子文件和电子档案的内容、背景、结构及其管理过程的数据。

注：改写 GB/T 26162.1—2010，定义 3.12

本术语对 GB/T 26162.1—2010《信息与文献 文件管理 第 1 部分：通则（ISO 15489—1：2001，IDT）》定义的元数据术语进行了必要的改写。元数据主要用于描述、揭示和保存电子文件、电子档案的内容、结构、背景和管理过程。电子文件经归档转化为电子档案后，电子档案便继承了归档前形成的元数据，在归档后的管理、保存过程中，随着移交、格式转换、封装、迁移等管理活动的实施生成新的元数据，主要是结构元数据、背景元数据和管理过程元数据。元数据是一个新的档案管理术语，主要应用于信息技术环境中的电子文件归档与电子档案管理。档案管理人员熟悉的，由 DA/T 18—1999《档案著录规则》明确的纸质等传统载体档案著录项目，也就是通常所说的案卷级、文件级目录数据的字段项，包括档号、题名、责任者、文件编号、成文时间、保管期限、控制标识、密级等，都是重要的描述电子文件、电子档案内容、背景的元数据。只是，元数据的范畴大于传统载体档案著录项目，它还包含关于电子文件形成的技术环境、逻辑结构与物理结构，以及从电子文件形成、归档到电子档案管理、移交、长期保存期间的管理过程描述信息。根据本标准对真实性、可靠性、完整性和可用性等四个术语的定义，元数据可以作为判断电子文件、电子档案是否具有真实性、可靠性、完整性和可用性的重要依据，在确保电子文件、电子档案的证据力方面具有重要的作用。

电子文件、电子档案的内容及其版面格式、色彩等由计算机呈现为可视、可理解的状态，但是，背景信息、物理结构信息通常以不同的记录形式显性或隐性地记录在不同的地方和载体中。为保障电子文件、电子档案的凭证价值，实现高效检索和长期保存，要采取某种方法将电子文件、电子档案的内容、背景和结构等揭示出来并集中呈现、利用，元数据就是实现这一目的的载体和方法。此外，在电子文件、电子档案的长期保存过程中，要经历一系列的管理活动，尤其是格式转换、迁移、转换存储介质等管理活动会改变电子文件、电子档案的内在编码结构、存储的技术环境以及记录形式等，通过元数据集中记录、描述这些管理过程并与相应的电子文件、电子档案建立关联，能够回溯处于虚拟数字环境中的电子文件、电子档案的管理过程，例如，它在怎样的职能和技术环境中形成？曾经历了哪些管理过程？它的归档、移交、格式转换、系统迁移等管理活动的责任和程序是否符合规定？在什么情况下进行了格式转换、迁移等管理活动？元数据能对这些问题提供答案，为电子文件、电子档案的可信和证据力提供保障。

在术语电子文件解读部分已经对内容、结构和背景的含义作了解释，这里不再赘述。从广义说，电子文件管理过程信息是指电子文件拟办、业务办理、格式转换、归档等的责任信息，以及自电子文件归档开始的登记、生成固化信息、销毁、真实性校验、移交等电子档案管理活动信息。不同门类电子文件、电子档案元数据既有共性也存在差异，不同之处主要体现在结构元数据、技术背景元数据的设置上。具有共性的元数据主要包括：

内容元数据：题名，文件编号，责任者，时间，年度，人物，保管期限，控制标识，密级等；

物理结构元数据：格式信息，计算机文件大小，存储位置等结构元数据；

背景元数据：档号，全宗号，全宗名称，机构或问题，计算机文件名，信息系统描述，固化信息等；

管理过程元数据：在电子文件、电子档案管理领域，管理过程元数据由业务实体、机构人员实体、授权实体等三组元数据共同构成。业务实体元数据用于记录电子文件、电子档案管理活动的具体行为、行为时间，如归档登记、移交等。机构人员实体元数据则记录执行管理活动的责任信息，比如责任人姓名、证件编号等。授权实体元数据用于记录开展业务活动的依据或授权，比如电子文件归档的依据为《电子文件管理暂行办法》或《机关文件材料归档范围与文书档案保管期限规定》（国家档案局令第 8 号）。DA/T 46—2009《文书类电子文件元数据方案》、DA/T 54—2014《照片类电子档案元数据方案》、DA/T 63—2017《录音录像类电子档案元数据方案》等行业标准设置的管理过程元数据略有不同，但本质和用途是一致的，如表 3-1 所示。

表 3-1　三项行业元数据标准管理过程元数据列表

	机构人员实体	业务实体	实体关系	授权实体
DA/T 46—2009	机构人员类型 机构人员名称 组织机构代码 个人职位	业务状态 业务行为 行为时间 行为依据 行为描述	实体标识符 关系类型 关系 关系描述	
DA/T 54—2014 DA/T 63—2017	机构人员标识符 机构人员名称 机构人员类型 机构人员代码 机构人员隶属	管理活动标识符 管理行为 管理时间 关联实体标识符 管理活动描述		授权标识符 授权名称 授权类型 发布时间

3.4　组件 component

构成电子文件、电子档案且独立存在的一个比特流。

[ISO 16175.2—2011，3. 术语和定义]

独立的比特流是指存储在计算机硬磁盘等各类存储介质中的一个数字文件，如一张数码照片、一件 WPS 文档等。组件是计算机操作系统下文件系统中管理信息的基本单元，组件之间是相互独立的，它可以单独或与其他组件一起构成一件电子文件、电子档案。例如，一件已经归档的电子公文通常由定稿、文件处理单、修改稿等若干个组件组成，一个项目的申报文件包括电子公文、项目可行性研究报告、项目环境评估报告、项目节能评估报告、项目安全评估报告等。

一件公文类的纸质文书档案是由公文正本、文件处理单、定稿、草稿等组成，在整理过程中使用装订线将其装订成为一个整体，不易散落，便于管理。但是，电子文件的组件只能各自独立地存储，且可能采用不同的计算机文件格式，需要通过指定文件夹集中存储、按照预定规则命名组件等措施，将若干个组件组织、关联、呈现为一件电子文件，从而保证电子文件的完整。因此，在电子文件归档与电子档案管理工作中要明确组件概念及其管理要求。

3.5　真实性 authenticity

电子文件、电子档案的内容、逻辑结构和形成背景与形成时的原始状况相一致的性质。

在电子文件、电子档案保存期间的任意一个时间点，如果其内容信息未被篡改，其版面格式与色彩等与其形成时是一样的，职能背景与其形成时是一致的，都没有发生变化，可认定该电子文件具有真实性。自电子文件形成起，随着时间的推移，由于系统软硬件升级、更新等原因，必然要对电子文件或电子档案进行迁移；如果采用的计算机文件格式面临失效或淘汰，管理者会按照标准要求对电子文件或电子档案进行格式转换；这些处置活动都会导致物理结构的改变，但是，只要不篡改电子文件或电子档案的内容、逻辑结构和职能背景等，其真实性就不会发生变化。

3.6 可靠性 reliability

电子文件、电子档案的内容完全和正确地表达其所反映的事务、活动或事实的性质。

可靠性反映了电子文件、电子档案作为可靠证据的能力，是指它作为证据的权威性和可信度。一件可靠的电子文件，应在组织机构指定的业务系统中，由具有职责、权限的公务人员在公务活动开始或执行公务活动中拟制、办理形成，它的内容可信，可以充分、准确地反映、说明它记录或证明的事务、业务活动或事实，能够作为证据使用[10]。由此可以看出，一件具有真实性的电子文件，首先应是保持了原有可靠性的电子文件。将具有可靠性的电子文件归档，形成的电子档案才能具有可靠性。

3.7 完整性 integrity

电子文件、电子档案的内容、结构和背景信息齐全且没有破坏、变异或丢失的性质。

一件完整的电子文件、电子档案，其内容、结构和背景应是齐全完整的，且没有被篡改、破坏或丢失。这里有三层含义：

（1）电子文件、电子档案的组件齐全完整且未被篡改、破坏；

（2）在同一项业务活动中形成的电子文件、电子档案齐全完整且未被篡改、破坏；

（3）电子文件、电子档案元数据齐全完整且未被篡改、破坏。

3.8 可用性 useability

电子文件、电子档案可以被检索、呈现或理解的性质。

一件可用的电子文件、电子档案，应该能够被计算机或应用系统内

---

[10] 国际标准化组织，ISO 15489—1：2016 信息与文献 文件管理 第1部分：概念和原则，第4页，2016-04-15

置的字处理软件、阅读软件等正常打开，电子文件、电子档案的内容、逻辑格式等得到正确呈现，可通过元数据检索、定位并理解电子文件、电子档案的内容、制发目的及其相关背景信息。

3.9　业务系统 business system

形成或管理机构活动数据的计算机信息系统。

示例：办公自动化系统、电子商务系统、财务系统、人力资源系统、产品数据管理系统、网站系统、电子邮件系统等促进机构事务处理的应用系统。

本术语所述机构，是指本标准适用的各类组织机构。数据是形成、存储、传输在计算机信息系统的文字、符号、图表、音频、视频、图像等的总称，因此，电子文件属于数据的范畴，本术语定义适用于形成电子文件的业务系统。计算机信息系统是一个广义和上位的概念，是指"由计算机及其相关的和配套的设备、设施（含网络）构成的，按照一定的应用目标和规则对信息进行采集、加工、存储、传输、检索等处理的人机系统。"[11] 本标准所界定的业务系统是计算机信息系统的一个子集，专用于形成、存储和管理组织机构在执行公务活动中形成的电子文件及其元数据等。本术语示例中的办公自动化系统也是一种业务系统，是指用于集成办公活动的一类计算机信息系统，例如，电子公文系统、行政审批系统、数字化综合办公平台等。业务系统种类繁多，随着各单位电子政务建设不断向深度、广度发展，支撑不同业务活动的业务系统必然层出不穷，无法一一枚举，本术语示例所列举的仅为一斑。以下是四类常见的业务系统及其形成电子文件的过程：

第一类，电子文件拟办类。以电子文件拟制或办理为主要功能的业务系统，在拟制或办理完结时形成电子文件。主要是具有从拟稿到签发或定稿、从导入到办理完毕等过程的办公自动化系统，如电子公文系统、数字化综合办公系统等。当授权用户签发、办结或定稿电子文件

---

[11] 国家质量技术监督局，GB17859—1999 计算机信息系统安全保护等级划分准则，定义 3.1，1999-09-13

时，电子文件即形成，包括带印章或不带印章的电子公文、收文、工作总结与计划、领导讲话等。该类电子文件通常由若干个组件构成，例如，签发的电子公文组件至少包括：电子文件正本、文件处理单、修改稿或定稿。电子文件组件通常以不同的计算机文件格式存储在存储器中，如 OFD、PDF、WPS、DOC、JPG、HTML 等格式，打开其存储的磁盘，可直接查看。同时，在关系型数据库中形成了电子文件及其组件的题名、责任者、文件编号、成文时间、计算机文件名、格式信息、文件大小、拟办过程等元数据。根据数据库设计，这些元数据信息被存储在数据库内不同的网格容器中，打开其存储的磁盘，无法查看，只有执行数据库命令，深入数据库具体的表格中才能查看。许多办公自动化系统呈现在计算机屏幕上的文件处理单是有特定的版面格式，但是，一旦用户离开这个页面，便消失了，这是因为文件处理单中的拟制、办理责任信息也是分别存储在关系型数据库的若干个相互关联的网格容器中，文件处理单并不是独立存储在磁盘中的计算机文件，也没有任何版面格式，仅当要展现给用户查阅时，办公自动化系统才根据预先设计、配置的功能，将这些拟制、办理责任信息读出，并按已经设计、实现了的文件处理单的版面格式组合后再呈现出来。针对这样的文件处理单，本标准要求归档时要按照显示的版面格式将其转换为独立存储在磁盘中的计算机文件。

第二类，业务办理类。以业务办理为主要功能，在受理、审批、办结等环节分别形成电子文件的业务系统。主要包括重大建设项目并联审批系统、政务服务网、行政审批系统、公共资源交易系统、阳光信访平台、案件审理系统、海关申报系统，等等。申报者在业务系统中完成表单信息填写、申报材料上传，行权单位受理申报项目或事项，行权单位完成项目审批或事项办理，发布项目或事项办结信息，这些基于业务系统完成的诸多业务环节都会先后形成关于申报、审批、办结意见等的电子文件，以及相关元数据、办理过程信息等。它们的存储方式与第一类业务系统基本相同。当然，对于一些超大规模的电子商务平台、大数据平台，如淘宝、京东等，一般会使用文档数据库等非关系型数据库（NO Sql）存储元数据、拟制或办理信息等数据，其存储方式与关系型数据库有着显著的区别。

第三类，信息发布类。以信息发布或发送为主要功能的业务系统。主要包括公务电子邮件系统、官方网站、官方微信公众号等业务系统，不涉及电子文件的拟制、办理或审批过程，没有业务办理过程。当授权用户通过管理窗口将已经经过审批的信息，包括文本、图像、音频、音视频等类计算机文件发布到官方网站上，网页电子文件即形成。当用户写完邮件正文等信息，上传完附件，点击邮件发送按纽，邮件系统发出邮件，公务电子邮件即形成。这类业务系统形成的电子文件、元数据等的存储方式，与前两类大致相同。例如，网站信息的标题、正文内容等基本存储在数据库中，数码照片则可单独存储在文件系统中，也可以存储在数据库中；公务电子邮件的主题、收信人账号、邮件正文、邮件发送时间等存储在数据库中，公务电子邮件的附件可以存储在磁盘中，也可以写入数据库。

第四类，数据采集统计类。以数据库管理系统为主要存储容器，专门用于存储、计算、管理各类信息与数据的业务系统。该类业务系统形成的电子文件都记录、存储在数据库中，目前通常采用关系型数据库，如各种统计数据管理系统、人口统计管理系统、部分财务管理系统等。可以将整个数据表视为一件电子文件，或者，将若干个数据表或数据表中的一组数据视为一件电子文件，通常以手工录入、通过物联网络自动采集并写入、将外部数据表导入等方式生成电子文件。

3.10 电子档案管理系统 electronic records management system

对电子档案（3.2）进行采集（3.11）、归档（3.12）、编目、管理和处置的计算机信息系统。

电了档案管理系统存储、管理的对象是电子档案及其元数据，也就是具有凭证、查考和保存价值并归档保存的电子文件及其元数据。电子档案管理系统通常由档案部门参与建设并管理，应具备电子文件采集、归档与电子档案编目、利用、统计、存储、备份和处置等特定的业务功能。本术语含义与 GB/T 29194—2012《电子文件管理系统通用功能要求》所述的电子文件管理系统、《数字档案室建设指南》所述的数字档案室应用系统相同，它们所指的是同一种计算机信息系统。GB/T 29194—2012《电子文件管理系统通用功能要求》所述电子文件管理系统的定义[12]是以“大文件”概念为基础而建立的，由此形成了对相同种类计算机信息系统的不同名称。

3.11 采集 capture

对电子文件、电子档案及其元数据进行收集和存储的方法与过程。

本术语所界定的采集由收集和存储两个操作构成，将收集到的电子文件、电子档案存储到计算机存储器的指定地址中，采集才能落到实处，同时，采集是一个快速或异步的处理过程，有时只是一瞬间。此处的收集与存储不是两个截然分开的操作，可将收集理解为获取（读取）、传输的组合，而存储是紧随收集之后的写入操作，没有完成存储操作，收集也是悬在半空中的未完成的任务，在计算机环境中需要按照设定路径和规则存储电子文件、电子档案及其元数据，以便保证离开电子档案管理系统都可以迅速对其定位。鉴于此，在本术语中特别将存储纳入定义之中以示强调。本术语所称方法是指自动采集或是手工采集的方法，例如，业务系统按照业务规则要求在电子文件形成的瞬间将其自动收集并按指定路径、地址进行存储，电子档案管理系统经归档接口自动收集并存储归档的电子文件及其元数据，或者由文秘人员、档案管理人员将电子文件手工导入业务系统或电子档案管理系统。在电子文件归档和电子档案管理全程，存在至少 3 个采集操作点，即电子文件形成之时，需将电子文件及其元数据收集、存储到业务系统；之后，电子文件归档时，将电子文件及其元数据收集、存储到电子档案管理系统预归档库；档案室向档案馆移交电子档案时，将电子档案及其元数据收集、存储到数字档案馆应用系统。

在汉语中，采集和收集是同义词，收集是将物品、信息等聚集在一起，本术语中的“收集”便是此意，是指通过某种方法将电子文件、

---

[12] 国家电子文件管理部际联席会议办公室，中国人民大学信息资源管理学院，GB/T 29194—2012 电子文件管理系统通用功能要求，术语 3.17，2012-12-31。

电子档案及其元数据逐步聚集在一起，这与 DA/T 1—2000《档案工作基本术语》定义的“收集”[13] 有所不同。关于采集的英文名称 capture，档案学界以及 DA/T 58—2014《电子档案管理基本术语》等标准也将其译为捕获，其内涵与本标准定义的术语“采集”内涵相同。本标准使用“采集”一词与“capture”相匹配，更符合中文语境要求和我国档案管理实际。

3.12　归档 archiving

将具有凭证、查考和保存价值且办理完毕、经系统整理的电子文件（3.1）及其元数据（3.3）管理权限向档案部门提交的过程。

本标准定义的归档是将电子文件及其元数据的管理权限向档案部门提交的过程。根据本标准第 8 章规定，该过程由电子文件及其元数据的清点、鉴定、登记、填写电子文件归档登记表等四个程序步骤构成。

与传统载体档案管理不同的是，电子档案不是集中保存在档案室，而是集中存储在电子档案管理系统或具有电子档案管理功能的业务系统之中，二者一般都安装、部署在组织机构统一的中心机房，信息化部门拥有中心机房的全部管理权，也拥有部署其中的业务系统全部保管权、全部或部分管理权，以及电子档案管理系统的全部或部分保管权。档案部门完全拥有的是电子档案管理系统、业务系统存储的电子档案的管理权限，这是信息时代和电子政务发展给档案工作带来的不可逆转的变化。鉴于本标准仅适用于形成电子文件的各类组织机构，不包含国家综合档案馆的电子档案长期保存活动，在本术语定义中使用了电子文件及其元数据管理权限的表述。

本术语对应归档的电子文件进行了界定：

（1）具有凭证、查考和保存价值的电子文件；

（2）已经办理完毕的电子文件，这里的办理完毕是指电子文件的拟制或办理程序已经完成，例如，已经发出的电子公文、办理完毕的收文，已经歇业的、不再变化、更新的企业工商注册类电子文件；

---

[13] 国家档案局，DA/T 1—2000 档案工作基本术语，术语 3.1，2000-12-31。

（3）已经过系统整理的电子文件，这要求归档前应完成电子文件的整理工作。

3.13　移交 transfer

按照国家规定将电子档案（3.2）的保管权交给国家档案馆的过程。

本标准界定的移交活动发生在电子档案形成单位与国家档案馆之间。将电子档案保管权交给国家档案馆，同时，也移交了电子档案及其元数据。根据《电子档案移交与接收办法》，电子档案移交全过程包括组织和迁移转换电子档案数据、检验电子档案数据、移交电子档案数据等步骤，是在一段时间内由若干项事务和操作共同组成的一个业务过程。保管含有收藏、管理和保证的意思。电子文件形成单位将电子档案移交给国家档案馆，存储在由国家档案馆建设、管理的数字档案馆应用系统之中，电子档案的管理权相应地转交给国家档案馆，电子档案的收藏或保存地点也改为国家档案馆的中心机房、库房或异地备份库，因此，双方移交的是电子档案的保管权。目前，部分国家综合档案馆顺应时代发展潮流，根据国家档案局和同级政府的有关要求，本着充分共享电子政务建设成果、保障电子档案安全的原则，将数字档案馆应用系统安装、部署在同级电子政务应用托管机房，将电子档案离线存储介质送到签定协议的其他档案馆进行异地备份，此时，数字档案馆应用系统及存储其中的电子档案、异地备份的电子档案及其离线存储介质的保管权均归国家档案馆所有。因此，本术语强调的是电子档案保管权的移交。

3.14　登记 registration

电子档案进入电子档案管理系统（3.10）时赋予电子档案唯一标识符的行为。

注：改写 GB/T 26162.1—2010，3.18。

当电子档案管理系统采集到归档的电子文件及其元数据时，要自动通过计算机文件名元数据关联电子文件及其元数据，为电子文件赋予一个唯一标识符，并为唯一标识符元数据赋值，这个操作行为称为登记。

登记是电子文件被电子档案管理系统采集并进入归档程序的标志性行为。可以采用业务系统赋予的唯一标识符，也可以由电子档案管理系统按照档号编制规则自动形成并为唯一标识符元数据赋值。

3.15 转换 conversion

在维护真实性、完整性和可用性前提下，将电子档案从一种载体转换到另一种载体或从一种格式转换成另一种格式的过程。

注：改写 GB/T 26162.1—2010，3.7。

根据本术语以及迁移的定义，在转换和迁移活动全过程维护电子档案真实性、完整性和可用性是实施转换、迁移活动的前提，从另一个角度说，这即是电子档案转换和迁移活动应遵循的原则。实施电子档案转换或迁移动因有多种，主要包括：某类软硬件系统生命周期完结，因技术发展、兼容性等原因使管理者不得不进行技术架构和技术路线的更新换代，当前格式不符合长期保存要求，即将失去技术维护、面临淘汰的危险等。转换或迁移活动结束后，依据授权要将存储于源系统、源存储介质或源格式中的电子档案及元数据彻底清除。此时，已经存储在目标系统、目标存储介质中的，或以新格式存储的电子档案，经检测如果不具备真实性、完整性和可用性，可以直接判定转换或迁移活动不成功。

根据术语字面表述，电子档案转换对象是载体和格式，转换过程中直接涉及电子档案存储位置的变更或其内部数字对象存储结构等的变更。结合标准 10.2 提出的要求和电子档案“四性”保障要求，转换活动还涉及的另一种重要对象，即电子档案元数据。载体是指存储电子档案及其元数据的各种存储与备份载体，包括硬磁盘、物理磁带、光盘、闪存等。格式是指存储电子档案的计算机文件格式，它规定了电子档案内部比特流的写入与存储规则。因信息技术升级、设备更新等原因，承担电子档案存储、备份的存储载体，包括存储与备份系统采用的存储介质、离线存储介质需要变更为不同技术和记录形式的存储介质时，例如，将以硬磁盘为备份介质的虚拟带库，更换为以物理磁带为记录介质的物理带库时，要将电子档案及其元数据等从原备份系统转存到新建的物理带库进行备份。当业务系统采用不符合归档要求的计算机文件格式存储电子文件时，归档前应由业务系统将其转换为符合归档要求的计算机文件格式，或者当确认电子档案管理系统正在使用的电子档案计算机文件格式即将失去技术支持或即将被淘汰，并且已经有新的符合标准要求的计算机文件格式可以替代原有格式时，要对电子档案进行批量计算机文件格式转换处置。

载体转换、计算机文件格式转换是一个需要较长时间并包括多项不同操作、复杂业务活动的过程，期间，从一种载体或计算机文件格式中读出电子档案比特流再写入另一种载体或计算机文件格式时，存在丢失比特流、操作系统中文件索引错误等风险。计算机文件格式转换是编码标准的转换，直接引起电子档案内部存储结构的变化以及版面格式定义信息的变化，存在内容信息丢失或逻辑结构改变等风险。这些风险一旦发生将致使电子档案丧失真实性、完整性和可用性，因此，在实施转换活动之前要制定转换方案，转换前后要做测试，并在电子档案元数据中记录转换行为，确认转换结果正确无误后才能对原载体存储的电子档案或以原计算机文件格式存储的电子档案进行删除、销毁等处置活动，以保障电子档案的真实性、完整性和可用性。

3.16　迁移 migration

在维护真实性、完整性和可用性的前提下，将电子档案从一个系统转移到另一个系统的过程。

注：改写 GB/T 26162.1—2010，3.13。

如前所述，维护电子档案真实性、完整性和可用性是实施电子档案及其元数据迁移活动要遵循的基本原则。本术语所述“系统”包括电子档案管理系统、操作系统、数据库管理系统等。开展迁移活动的动因包括但不限于：因技术、管理和维护等原因需要更换新的电子档案管理系统，需更换新的支撑电子档案管理系统运行的操作系统、数据库管理系统等技术环境，部署安装电子档案管理系统、数据库管理系统的服务器更新引发重装电子档案管理系统等应用软件、基础软件。出现这些动因时，需要将电子档案或元数据从源系统迁移到目标系统中，这是一个需要较长时间并包括多项不同技术和操作活动的过程。

与转换活动一样，迁移活动存在电子档案或元数据丢失、文件系统索引出错等风险，一旦发生将致使电子档案丧失真实性、完整性和可用性，因此，在实施迁移活动之前要制定迁移方案，迁移前后要做测试，并在电子档案元数据中记录迁移行为，确认迁移结果正确无误后才能对系统以及存储其中的电子档案及其元数据进行报废、删除、销毁等处置活动，以保障电子档案的真实性、完整性和可用性。

第四章　总　　则

电子文件归档与电子档案管理，保证电子档案的真实、可靠、完整、可用与安全是一项复杂的系统性工程，涉及电子政务规划、业务系统与电子档案管理系统建设、标准化与规范化管理以及安全保密等各个方面，在规划、设计、实施和管理等活动中，必须遵循基本原则，需要多部门协同推进，才能形成有效工作机制，使依法履行职能、电子政务建设、电子文件归档与电子档案管理等各项工作齐头并进，取得实效。《电子文件管理暂行办法》明确要求电子文件管理应当遵循信息化条件下电子文件形成和利用的规律，坚持统一管理、全程管理、规范标准、便于利用和安全保密的基本原则。为此，标准第 4 章总则提出了电子文件归档与电子档案管理应遵循的基本原则和基本要求，以便为该项工作提供组织保障、制度保障、人才保障、技术保障和安全保障。

4.1　电子文件归档与电子档案管理应遵循纳入单位信息化建设规划、技术与管理并重、便于利用和安全可靠的原则。

开展电子文件归档与电子档案管理工作，首先要遵循的基本原则是纳入单位信息化建设规划、技术与管理并重、便于利用和安全可靠的原则。

（1）纳入单位信息化建设规划原则。电子文件的形成、整理、归档以及电子档案管理，必须基于网络基础设施和应用系统来完成，是各单位信息化建设的重要组成部分，二者密切关联，融为一体。规划单位信息化发展目标、要求和重点任务时，就应统筹考虑电子文件归档与电子档案管理需求，明确所需的网络基础设施、应用系统、灾难备份、安全防范、信息共享等建设内容，做到电子政务建设与电子档案管理同步规划、同步设计、同步实施，确保建成具有电子文件归档功能的业务系统、满足标准要求的电子档案管理系统或业务系统电子档案管理模块。同时，明确制度、人才、技术与经费保障要求，以实现电子文件归档与电子档案管理的持续推进，建立有效工作机制。

（2）技术与管理并重原则。要依据《电子文件管理暂行办法》要求，按照统一管理、全程管理、规范标准、便于利用和安全保密的原则，从技术与管理两个方面同步推进电子文件归档与电子档案管理。首先，要为该项工作提供足够的信息技术支撑。为档案部门办公用房以及档案整理用房、阅览用房和档案库房、数字化用房等相关工作场所配备所需的电子政务外网、电子政务内网、局域网等网络基础设施，网络带宽应能满足各种门类电子文件、电子档案采集、传输需求，实现档案部门与各职能部门、档案主管部门和国家综合档案馆以及其他相关单位的互联互通。在遵循技术与业务标准的基础上，开发业务系统电子文件归档功能，建设电子档案管理系统及其备份系统、安全防护系统；在应用系统中采用规范的计算机文件格式、命名规则以及数字签名、数字时间戳等信息技术，为维护电子档案真实性、可靠性、完整性和可用性提供有效保障。同时，要强化管理，制定并贯彻电子文件归档与电子档案管理制度，明确分管领导和相关部门职责分工，确定应归档电子文件门类、各门类电子文件归档范围和保管期限表，执行规范的管理程序，并在单位开展电子文件归档与电子档案管理的全员培训，档案、信息化、保密和有关业务部门应全面把握电子文件归档与电子档案管理要求、管理措施与实现方法。

（3）便于利用原则。在保障安全基础上，要充分发挥电子档案可共享、可多途径检索、可多用户并发利用等显著优势，为各类用户提供方便、快捷的电子档案利用服务。根据各部门职责分工以及电子档案利用需求，明确利用制度，确定支撑业务系统、电子档案管理系统运行的网络，设置合理的功能权限与数据权限，配置灵活、可控的用户及其权限，为电子档案利用建立便捷、高效和安全的通道与平台。

（4）安全保密原则。在电子文件归档与电子档案管理全程，要确保电子文件、电子档案及其元数据的安全、内容信息的保密。根据本单位电子文件归档与电子档案管理实际，建设非涉密或涉密业务系统电子文件归档功能、电子档案管理系统和存储、备份系统，采用规范的计算机文件格式存储电子档案，使电子档案及其元数据不丢失、不损坏、可打开、可理解、可验证。开展业务系统、电子档案管理系统网络安全等级保护或分级保护工作，涉密电子档案管理系统分级保护定级应与存储管理的电子档案最高密级一致，从管理和技术两个层面建立电子文件、电子档案及其元数据的安全防护体系。

4.2　应对电子文件、电子档案实施全程和集中管理，确保电子档案的真实性、可靠性、完整性与可用性。

DA/T 58—2014《电子档案管理基本术语》的术语2.21对全程管理的定义是“对电子文件形成、办理、归档以及电子档案维护、利用和最终处置（销毁或永久保存）全过程进行的控制。”[14] 在实践中，全程管理就是统筹兼顾从电子文件形成到电子档案销毁或永久保存全过程的所有管理活动和管理要素，建立电子文件和电子档案管理体系，包括管理体制、管理目标、管理制度和技术手段与方法等。全程管理需要从管理和技术两个方面予以实施，以保证电子文件、电子档案始终处于受控状态，而前端控制是全程管理的第一段。要纳入全程管理的管理活动包括：业务系统电子文件归档功能的设计与实现，电子文件的拟制、办理、形成、收集、整理、格式转换、真实性校验、归档，电子档案的存储、生成固化信息、编目、移交、命名、封装、销毁、备份、迁移、转换、全过程的元数据采集等。其中的许多管理活动涉及制度和程序，每项管理活动都需要应用系统和相关技术的支撑。管理要素则包括人、经费、制度、标准规范、网络基础设施、应用系统、备份系统、安全防范系统、技术与方法、职业操守等，而人这个管理要素又涵盖了电子文件形成单位、国家综合档案馆等相关责任人，网络基础设施、应用系统、

---

[14] 国家档案局，DA/T 58—2014 电子档案管理基本术语，术语2.21

备份系统、安全防范系统的设计、建设、开发和运维管理责任人等。

本标准所述集中管理是指电子文件应集中存储在业务系统，归档后应集中存储在电子档案管理系统或具备电子档案管理功能的业务系统之中，室藏到期、保管期限为永久的电子档案应移交给同级国家综合档案馆进行集中管理，并按照电子档案管理要求实行统一管理，防止应归未归的电子文件散存于个人电脑，从而脱离全程管理体系的管控，无法对其实施规范的、档案视角的专业管理。

4.3　应建立严格的管理制度，明确相关部门电子文件归档和电子档案管理的职责与分工，主要包括以下四类部门的职责与分工：

a）档案部门负责制定电子文件归档与电子档案管理制度，提出业务系统电子文件归档功能要求，负责电子档案管理系统的建设与应用培训；负责指导电子文件形成或办理部门按归档要求管理应归档电子文件；负责电子文件归档和电子档案编目、管理和处置等各项工作；

b）电子文件形成或办理部门负责电子文件的收集、整理、著录和移交归档等工作；

c）信息化部门负责依据标准建设业务系统电子文件归档功能，参与电子档案管理系统建设，为电子档案管理提供信息化支持；

d）保密部门负责监督涉密电子文件归档和电子档案的保密管理。

与纸质等传统载体文件材料归档管理相比较，电子文件归档与电子档案管理全程都需要信息技术和一系列标准规范的支撑，难度更高、专业性更强、工作任务更加繁重，仅靠档案部门一已之力难以完成。因此，建立严格的管理制度和协同工作机制，提高单位全员档案意识，是有效推进电子文件归档与电子档案管理的重要保障。电子文件归档与电子档案管理职责主要涉及档案部门、电子文件形成或办理部门、信息化部门、保密部门。

（1）档案部门主要职责。档案部门对电子文件归档与电子档案管理负主要责任，要和相关职能部门协同完成相关工作。档案部门包括档案主管部门、电子文件形成单位档案管理部门和国家档案馆，本标准侧重于明确前面两类档案部门的相关职责。国家档案馆尤其是国家综合档案馆主要负责依据《中华人民共和国档案法》《各级各类档案馆收集档案范围的规定》（国家档案局令第 9 号）等法规，结合本地区实际编制并发布本馆电子档案和重要政务数据的接收范围、接收办法以及接收标准等，建设电子档案移交接收系统，依法接收、管理各单位移交的各门类电子档案等。

档案主管部门的主要职责是，负责制定并宣贯电子文件归档与电子档案管理法规和标准规范，确定应归档电子文件门类和各门类电子文件归档范围，编制、审批电子文件分类方案和保管期限表，督导各单位落实电子文件归档与电子档案管理各项工作。

电子文件形成单位档案部门的主要职责是，负责推进、完成本单位电子文件归档与电子档案管理工作，有四个方面的工作任务。第一，负责编制、贯彻落实本单位电子文件归档与电子档案管理制度，明确电子文件归档范围、分类方案与保管期限表。第二，负责与信息化部门、业务部门协同建设业务系统电子文件归档功能，建设电子档案管理系统、业务系统电子档案管理模块，开展电子文件归档和相关应用系统操作培训等工作。当本单位或有关单位启动业务系统建设工作时，档案部门应参与始终，负责提出业务系统电子文件归档功能、归档接口要求，使业务系统投入应用后，能够为完整、规范地采集、整理、归档电子文件及其元数据提供技术支撑与安全保障。第三，督导电子文件形成部门落实电子文件采集、整理和归档工作。对于文书、科技、专业等类电子文件，督导电子文件拟办部门或业务部门基于业务系统相关流程和功能，以半自动或全自动化方式拟办、形成、整理、归档电子文件及其元数据，将纸质收文和内部材料数字化并导入业务系统，纳入电子文件办理、整理和归档流程。对于照片、录音、录像类电子文件，要督导摄录者及其所在部门及时将声像电子文件从数字摄录设备中导出并分类存储在专门计算机中，及时完成挑选、整理和简要说明、归档等工作，防止声像电子文件流失，保证声像电子文件的可用和可理解。第四，负责按照制度与标准要求，基于电子档案管理系统或业务系统电子档案管理模块执行并完成电子文件归档程序，负责开展电子档案整理、编目、统计、利用、编纂、备份、处置等各项管理工作。

（2）电子文件形成或办理部门主要职责。电子文件形成或办理部门是指单位内设文秘部门、电子文件拟制或办理部门、业务部门，主要负责电子文件的收集、整理、著录和移交归档，其中，移交归档是指向本单位档案部门移交并完成归档程序。根据电子文件形成环境和方式的不同，工作内容和要求也随之不同。经业务系统形成的电子文件，由业务系统自动完成收集活动，在文秘人员或业务办理人员的操作下，以半自动或全自动化方式完成整理、著录和移交归档活动。声像类电子文件的收集，需要摄录人员手工将电子文件从数字摄录设备中导出、存储在专用电脑中，并完成后续的整理、著录和移交归档工作。

（3）信息化部门职责。信息化部门是指电子文件形成单位内设信息化部门、电子政务网络建设与管理机构等，这些部门在电子文件归档与电子档案管理工作中担负着重要责任。首先，要负责依据本标准第5章第1条所提相关要求设计、开发、配置业务系统电子文件归档功能，主要包括以档案为视角的电子文件形成、收集、整理、归档等功能。其次，全程参与电子档案管理系统或业务系统电子档案管理模块的建设工作。当前，大部分单位通常只为档案部门配1到2名档案管理人员，部分同志还身兼数职，需要信息化部门的全力支持。要参与电子档案管理系统招标需求的编制，以及项目招投标、实施、验收等工作；要为档案部门设置各网络信息点，规划中心机房电子档案管理系统硬件安装专用区域；根据本单位电子文件形成数量、利用需求以及应用软件开发、部署等要求，提出技术路线与技术架构、系统软硬件配置、备份和安全保障等相关方案；与档案部门协同开展电子档案管理系统安全等级保护或分级保护测评工作，以确保电子文件归档与电子档案管理工作的顺利推进。

电子政务网络建设与管理机构职责。“十二五”以来，随着我国推进开放型政府、服务型政府建设和“放管服”改革，电子政务建设取得了长足发展，在云计算、大数据等先进信息技术的支撑下，一些地方明确要求各部门将应用系统部署在由政府统一规划、建设的电子政务云之上，许多涉及民生服务的单位、行业主管部门基于电子政务网络和电子政务云资源，建设、应用各类区域性、跨部门、行业性业务系统，例如，统一数字化综合办公平台、重大建设项目并联审批系统、公共资源交易网、政务服务网、政务信息共享平台等，部分大型应用系统更是完全由电子政务网络建设与管理单位（以下简称信息中心）负责设计、建设和运维管理。根据《国务院办公厅关于促进电子政务协调发展的指导意见》（国办发〔2014〕66号）、《国家发展改革委关于印发“十三五”国家政务信息化工程建设规划的通知》（发改高技〔2017〕1449号）等重要文件精神，各地信息中心在国家电子政务建设工作中将发挥越来越重要的作用，更加深入地参与到电子文件归档与电子档案管理工作。作为电子政务网络、电子政务云和大型电子政务应用系统的设计、建设和运维管理机构，信息中心要承担的电子文件归档与电子档案管理职责主要包括：负责电子政务网络和电子政务云安全等级保护或分级保护，负责由其承担建设的电子政务应用系统电子文件归档功能、电子档案管理模块的设计、开发、应用和运维管理、安全管控等工作。

（4）保密部门职责。保密部门包括保密行政管理部门、电子文件形成单位内设保密职能部门。涉密电子文件归档与电子档案管理要遵循国家制定的一系列保密法律法规与技术标准，涉及管理、涉密信息技术、操作规程等各个方面，要求严、难度大、投资高。因此，为确保涉密电子文件、电子档案的安全，涉密电子文件形成单位保密部门要参与涉密电子文件、电子档案的全程管理，监督各项业务活动的开展，参加涉密网络、涉密机房（机柜）和应用系统、安全防范系统的设计、招投标、实施、测评验收与日常运维管理等各项工作。负责宣贯国家有关保密法律法规，开展电子文件、电子档案保密管理的全员培训，将电子文件归档与电子档案保密管理和督查作为重要的日常工作予以落实。

4.4 应明确各门类电子文件及其元数据的归档范围、时间、程序、接口和格式等要求。

本标准对各门类电子文件及其元数据的归档范围、时间、程序、接口和格式等提出了基本要求。各级各类档案部门要结合实际，负责在本地区、本单位贯彻落实国家、档案行业有关电子文件归档与电子档案管理的法规、标准要求，通过制定地方性标准、本单位管理制度等措施，确定应归档电子文件门类，以及各门类电子文件及其元数据的归档范围、分类方案与保管期限表，明确归档时间、归档程序、归档与移交接口和计算机文件格式。

4.5　应执行规范的工作程序，采取必要的技术手段，对电子文件归档和电子档案管理全过程实行监控。

在电子文件归档与电子档案管理过程中，执行规范的工作程序，采取必要的技术手段对电子文件、电子档案管理全过程进行监控，是全程管理最基本的工作内容和要求。其中，最重要的工作程序包括：电子文件拟制、办理程序，电子文件归档程序，电子档案移交与接收程序，电子档案迁移和转换程序，电子档案销毁或解密程序等。档案部门、信息化部门和保密部门相关责任人要以管理制度、标准规范为依据，借助网络监控、审计、防篡改、桌面管理、系统日志等管理工具，在电子文件归档与电子档案管理全过程，对各项业务活动进行合规性检查和审计跟踪，对网络、应用系统和安全防范系统的操作、登录行为和安全风险等进行监控，发现问题及时处置；对系统软硬件运行状况，以及信息技术、尤其是计算机文件格式的发展趋势、更新换代情况进行监控，为电子档案的真实、可靠、完整和可用提供保障。

4.6　应基于安全的网络和离线存储介质实施电子文件归档和电子档案管理。

电子文件、电子档案安全管理内容十分丰富，涉及面非常广，本条所表述的是最基本的安全管控要求。此处所述的网络是指部署运行业务系统、电子档案管理系统的网络基础设施、中心机房，这是保障电子文件、电子档案安全的第一道屏障，至关重要。在安全的网络环境中才有条件开展业务系统、电子档案管理系统的部署、应用和安全管控工作，才能有效、稳妥地实施电子文件归档与电子档案管理活动。

离线存储介质包括以离线方式归档电子文件及其元数据所使用的脱机存储介质，以及用于离线备份的离线存储介质。可以采用管理工具对离线存储介质进行注册管理，对于移动硬盘等类可重复写入的离线存储介质要做到专网专用，以确保离线存储介质无病毒、无木马。进行跨网域电子文件及其元数据归档时，应通过摆渡机、安全网关等进行数据交换。用于涉密应用系统的离线存储介质的使用、管理必须严格按照国家保密规定进行管理。

第五章　业务系统与电子档案管理系统

由于电子文件、电子档案天然的数字属性以及特殊管理要求，管理者在电子文件归档与电子档案管理全程，必须为其提供标准化、规范化和安全稳定的信息技术支撑。《中华人民共和国档案法》第三十六条明确规定“机关、团体、企业事业单位和其他组织应当积极推进电子档案管理信息系统建设，与办公自动化系统、业务系统等相互衔接。”建设、使用能够满足电子文件、电子档案管理要求的网络基础设施、业务系统、电子档案管理系统等必要的设施设备，并做长期运维、升级和更新管理，是开展电子文件归档与电子档案管理的首要任务。在电子文件生命周期中，通常存在三类应用系统，即业务系统、电子档案管理系统和数字档案馆应用系统。本标准术语部分已经对业务系统、电子档案管理系统作出定义。数字档案馆应用系统是国家综合档案馆建设、应用的档案数字资源长期保存系统、档案数字资源共享利用系统、电子档案移交接收系统等的总称。这三类应用系统相互间的关系如图 5-1 所示。

三类应用系统建设与管理内容包括六个方面，主要是网络基础设施、中心机房或数据中心、应用软件、系统硬件与基础软件、容灾备份系统、安全防范系统。每个方面的建设、实施，都涉及标准编制与应用，以及项目设计、论证、采购、实施、验收、运维与管理等诸多工作内容，不适合在本标准中逐一明确对各方面的要求。因此，本标准第 5 章采取提出总体和重点要求的同时，指向已经发布的专门领域标准方式，明确业务系统电子文件归档功能和电子档案管理系统功能的配置要求。

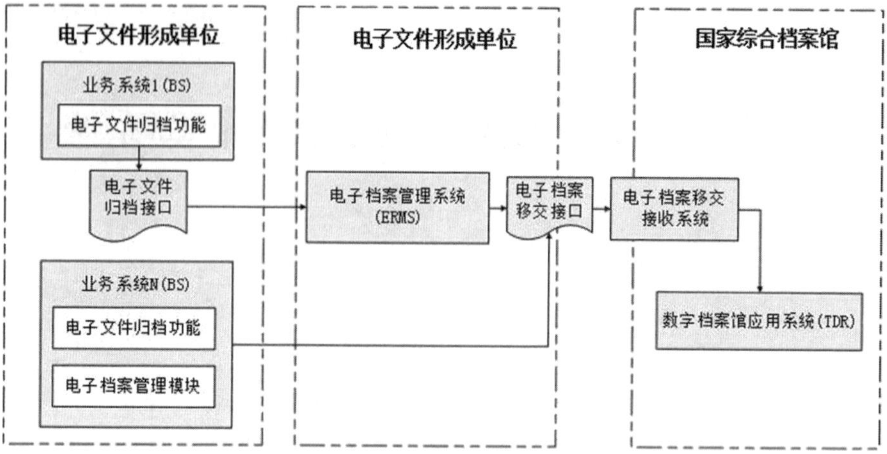

图 5-1　电子文件管理三类应用系统关系示意图

第一节　业务系统电子文件归档功能

纸质等传统载体文件，由于内容信息、版面格式等与记录载体紧密粘合、固化，且具有较为稳定的物理性质，在归档管理过程中，只要各种程序合规、责任明晰，档案部门基本无需关注纸质文件是如何印制的。除声像类电子文件直接经数字摄录设备形成外，文书、科技、专业、网页、公务电子邮件等门类电子文件通常经业务系统生成。目前，业务系统建设方和承建方总体上仍缺乏对业务系统电子文件归档功能配置要求的深刻认识，使大多数投入应用的业务系统基本无法为电子文件归档提供支撑，严重阻碍了业务系统电子文件归档与电子档案管理工作的顺利推进。为此，本标准 5.1 专门明确业务系统电子文件归档功能的基本要求，为该项工作提供指引。电子文件归档功能主要包括电子文件及其元数据的形成、收集、整理、归档等四方面功能。一般的业务系统都具备电子文档和业务办理信息等数据的形成、收集功能，但是，对于电子档案管理而言，电子文件的形成、收集一定要符合档案管理要求，例如，关于计算机文件格式、原件形式、齐全完整性、规范命名、维护电子文件的历史有机联系以及元数据的相关要求，因此，本标准将电子文件形成、收集功能纳入了电子文件归档功能范畴。需要强调的是，本标准不是有关业务系统电子文件归档功能要求的专门标准，没有将业务系统电子文件归档的具体功能点、业务流程、数据流、安全管理、用户与权限管理、跟踪审计、日志管理、非业务功能等大量功能要求纳入标准文本之中。这一思路也体现在本标准第 5 章其它各条之中。

企业应用的许多计算机辅助设计、辅助制造等类业务系统为国外商售应用软件，其承载的业务、形成的二维或三维电子文件及其元数据十分复杂，对这类业务系统进行二次开发，配置、完善电子文件归档功能，涉及知识产权保护、复杂的业务和技术要求等，专业性极强。为适应大部分读者的阅读需要，以下内容不包括对这类业务系统电子文件归档功能的解读。

5.1.1　应能按 6、7、8.1~8.4 给出的相关要求形成、收集、整理、归档电子文件及其元数据。

本条概括性提出了业务系统应具备的主要电子文件归档功能，具体内容在本标准第 6 章、第 7 章和第 8 章部分内容中给出。本标准 5.1.2 至 5.1.7 等 6 条则是重点对部分关键功能提出具体要求。业务系统应具备的电子文件归档功能主要有电子文件形成、收集、整理、归档等四方面功能，除了有关声像类电子文件及其元数据管理的要求外，本标准第 6 章其它条款明确了业务系统应采集并归档的各门类电子文件及其元数据，第 7 章对业务系统电子文件收集、整理提出了要求，第 8 章 8.1 至 8.4 等 4 条的部分内容则提出了业务系统内归档程序、“四性”检测、归档接口等功能要求。

业务系统中电子文件及其元数据形成、收集、整理等三方面功能的执行具有与纸质文件材料管理不同的特点。纸质文件材料的形成、收集和整理具有明显的先后顺序，需经过一段较长的时间。在术语“业务系统”解读所述的第一类业务系统（即电子文件拟办类）中，电子文件的收集、整理可能在电子文件形成之前已经完成，或者与其他三类业务系统一样，电子文件及其元数据的形成、收集和整理活动几乎在同一时间完成。例如，在业务系统中完成了电子公文、领导讲话、会议材料等电子文件拟稿、签发或办结之时，一件公务电子邮件发出，一份政府公开信息发布于网站之时，一组统计数据录入或导入完成之时，即完成了电子文件的形成、收集和整理活动。此外，随着“放管服”改革等政府职能的转变以及电子政务向纵深推进，各地统一建设、应用了各类大型业务系统，如金盾工程、金税工程、金财工程、政务服务网、综合数字化办公平台、阳光信访平台等，横向跨部门、跨省，纵向到县甚至到乡。在设计、开发业务系统电子文件归档功能时，都必须充分考虑由此带来的不同地区、不同单位的电子文件归档要求，包括用户注册与权限配置、分类方案配置与管理、归档范围与保管期限表的配置与管理，以及唯一标识符编制规则、计算机文件命名规则和存储路径规则、元数据方案设计、电子文件归属等诸多方面，甚至会对业务系统架构提出相应要求。关于这一点，在本条以及本节后续各条的解读中不作具体说明，应由该类业务系统建设方和承建方等相关部门在建设过程中通过充分的需求分析、详细设计和开发予以实现。

（1）电子文件及其元数据形成与收集功能。如前所述，业务系统电子文件形成与收集功能常常紧密关联或合二为一，故而此处将两项功能合在一处进行解读。在业务系统中，签发或办理、数据赋值、写入存储器等操作的完成，标志着业务系统中电子文件的形成、固化。对于收集，一方面是指开始拟稿或将刚刚形成的电子文件发送到存储器指定位置的程序执行过程，部分业务系统在开始拟稿时会生成一个计算机文件，并基于此不断修改直到定稿、签发、用印，整个过程只有一个计算机文件，且存储位置不变；另一方面是对电子文件形成、发送到存储器提出的要求，即应齐全完整地形成电子文件，将齐全完整的电子文件发送并写入存储器。本标准第 6 章（6.1.3、6.2.4 除外）主要明确业务系统应归档的电子文件及其元数据，例如 6.1.2、6.2.2 所述文书类电子文件及其元数据归档范围，都应在业务系统中形成并收集。第 7 章的 7.1.1 明确电子文件的收集应在业务系统的拟制、办理过程中完成，7.1.2 的 a)、b)、c)、e）提出了齐全完整收集电子文件的具体标准。业务系统必备的电子文件形成和收集功能包括但不限于以下五个方面。

①支持齐全完整地形成、收集电子文件及其元数据。电子文件的齐全完整有四方面的含义：组织机构用于承载主要职能的业务系统形成的电子文件应收集归档，一个门类下归档年度内属于归档范围的电子文件应齐全完整，关于同一事由的往来电子文件应齐全完整，每一件（自然件）电子文件的组件应齐全完整。通常，一个业务系统只形成一个门类的电子文件，需要按照后面三种齐全完整要求，设计、开发电子文件形成、收集等一系列功能。根据本标准 6.1.2、6.1.4—6.1.7 所提要求，业务系统要支持按照相应法规标准明确的归档范围生成电子文件，例如，办公自动化系统应支持按照《机关文件材料归档范围和文书档案保管期限规定》（国家档案局令第 8 号）、《企业文件材料归档范围和档案保管期限规定》（国家档案局令第 10 号）明确的归档范围形成、收集文书类电子文件。但是，在实际工作中常常达不到上述要求。一方面，因为法规制度不健全、管理不到位以及一些客观原因，使许多应该在业务系统拟制、办理的文件没有纳入其中，比如领导讲话稿、业务单据等，或者无法提供与纸质文件相对应的电子文件，如可行性研究报告、环境评估报告等；另一方面，因建设单位提供的功能需求有欠缺，使得部分办公自动化系统仅支持形成带印章的电子公文，或者仅承载来文办理等，这些问题都需予以纠正、完善。

在实际工作中，要客观地理解业务系统齐全完整地形成、收集电子文件的要求。例如，对于非涉密业务系统，是指非涉密电子文件的齐全完整，属于归档范围的涉密电子文件不能在其中形成、收集。无论涉密或非涉密业务系统，组织机构形成或收到的部分纸质文件，例如重要纸质会议记录，行政审批过程中由申请机构或个人提交的书面可行性研究报告、环境评估报告、安全评估报告、节能评估报告等材料，由于多种原因，申请机构、个人无法或不愿意提交电子文件，而行政审批单位也难以对其进行数字化转换并导入业务系统，是影响业务系统齐全完整地形成电子文件的重要原因。要解决这一问题，需要改革组织机构文件管理制度，有时甚至涉及相关法规的修改。

本标准 6.2.2、6.2.3 规定的文书等门类电子文件元数据，是业务系统在电子文件归档前应该形成并收集的基本元数据。文书类电子文件元数据包括题名、文件编号、责任者、日期、机构或问题、保管期限、密级、格式信息、计算机文件名、计算机文件大小、文档创建程序等文件实体元数据，以及记录有关电子文件拟办、业务办理活动的业务行为、行为时间和机构人员名称等元数据；对于应归档的科技、专业、邮件、网页、社交媒体类电子文件，如果发布了专门的元数据标准，可从其规定，否则，可采用上述文书类电子文件元数据。具体要求见关于这两条标准内容的解读。

通常情况下，电子文件元数据被记录、保存在关系型数据库不同的、相互关联的表文件中，例如，电子文件的题名、文件编号、责任者、日期、机构或问题、保管期限、密级等元数据记录在一张数据库表文件中，电子文件组件的格式信息、计算机文件名、计算机文件大小、组件名称、文档创建程序等元数据存储在另一张数据库表文件中，此外，还有记录电子文件拟办、业务办理过程元数据的数据库表文件。如果业务系统使用的元数据中文名称与相关标准明确的不一致，应该在归档或向国家综合档案馆移交时规范元数据中文名称。例如，图 5-2 所示是某办公自动化系统显示的电子文件拟办过程信息，其中第一行的任务名称与动作名称、任务完成时间、办理人等应在归档或移交时分别转换为业务行为、行为时间、机构人员名称。

步骤	任务名称	动作名称	任务完成时间	办理人
1	拟稿	新建	2013-04-15 08:11	[redacted](处室,商品价格管理处)
2	处室业务负责人	主办处室副处长(副主任)	2013-04-15 10:31	[redacted](处室,商品价格管理处)
3	处室负责人核稿	送处室负责人核稿	2013-04-15 11:16	[redacted](处室,商品价格管理处)
4	拟稿	返回拟稿人	2013-04-16 11:34	[redacted](处室,商品价格管理处)
5	会办处室负责人	会办处室处长(主任)	2013-04-18 08:09	[redacted](处室,能源局,能源综合处)
6	会办处室业务负责人	返回会办处室业务负责人	2013-04-18 09:13	[redacted]室,能源局)
7	拟稿	返回拟稿人	2013-04-19 08:00	[redacted](处室,商品价格管理处)
8	办公室发文秘书	办公室发文秘书	2013-04-19 10:16	[redacted](处室,办公室)
9	办公室核稿	办公室核稿	2013-04-19 10:23	[redacted](处室,办公室)
10	办公室发文秘书	办公室发文秘书	2013-04-19 11:19	[redacted](处室,办公室)
11	物价局副局长	送物价局副局长审核	2013-04-19 11:23	[redacted](物价局副局长)
12	办公室发文秘书	返回办公室发文秘书	2013-04-19 18:13	[redacted](处室,办公室)
13	分管委领导	送分管委领导审签	2013-04-22 08:55	[redacted](委领导)
14	办公室发文秘书	返回办公室发文秘书	2013-04-22 10:28	[redacted](处室,办公室)
15	文印室校对、清稿、誊印	文印人员	2013-04-22 10:38	[redacted](处室,办公室)
16	拟稿	返回拟稿人	2013-04-22 10:41	[redacted](处室,商品价格管理处)
17	文印室校对、清稿、誊印	返回文印人员	2013-04-23 08:11	[redacted](处室,办公室)
18	用章和电子传输	用章和电子传输人员	2013-04-23 09:20	[redacted](处室,办公室)
19	用章和电子传输	归档结束	2013-04-23 11:14	[redacted](处室,办公室) 完成

图 5-2　某办公自动化系统电子文件拟制、办理过程元数据

②支持以多种方式形成、收集电子文件及其组件、元数据。本书第三章在对术语“业务系统”解读时所述的第三、四类业务系统，形成、收集电子文件及其元数据的功能相对简单、成熟，基本无需二次开发。第一、二两类业务系统形成、收集电子文件的功能要求则相对复杂，其

拟制、办理流程必须符合组织机构公文处理要求，使应归档的电子文件按规定的拟制、办理程序形成，从而具有真实性、可靠性和完整性。主要包括以下四个方面的功能要求：

第一，要支持在业务系统内拟稿、修改、审核、签发；从外部导入、办理，或启动扫描仪等设备对纸质文件数字化，生成双层 OFD 或双层 PDF 等版式文档，并纳入办理流程；

第二，在拟办流程上支持形成各种文种材料，包括生成加盖和不加盖电子公章、电子签名章的电子文件，以及会议材料、工作总结、报表等；

第三，对于电子公文的发文、收文，支持以独立组件生成、存储电子文件正本、文件处理单、修改稿或定稿等，应采用一个 WPS 等流式文档记录全部修改标记；法律法规制度修订过程中，可采用若干个 WPS 文档分别记录每一稿的修改信息，从而形成多个修改稿。

第四，根据业务系统实际和电子文件的计算机文件类型，业务系统应采用本标准 8.3.1 至 8.3.3 明确的计算机文件格式形成、存储电子文件及其组件，电子公文正本、定稿、公文处理单应采用 OFD、PDF 等版式文件格式，其他电子文件、电子文件组件可用版式文件、RTF、WPS、DOCX、JPG、TIF、PNG 等通用格式予以存储；或者提供格式转换接口，按照本标准 8.3.4、8.3.5、8.3.7 的要求，在归档时进行格式转换，以符合要求的计算机文件格式归档电子文件，例如，计算机辅助设计、辅助制造类系统要采用 SVG、SWF、WMF、EMF、EPS、DXF 等通用格式归档二维矢量文件，以 STEP 格式归档三维矢量文件，采用 ET、XLS、DBF、XML 或版式文件格式归档数据库文件，以 EML 格式归档公务电子邮件，以 HTML 等格式归档网页、社交媒体类电子文件。具体要求见关于相应标准条款的解读。

本标准 6.2.2、6.2.3 明确的电子文件元数据形成、收集方式以全自动、半自动方式为主，需手工录入的为极少数。以文书类电子文件元数据为例，题名元数据需电子文件拟制或办理人员手工录入，文件编号、责任者、日期、机构或问题、保管期限、密级等元数据可以半自动或全自动方式形成，格式信息、计算机文件名、计算机文件大小、文档创建程序以及电子文件拟办、业务办理过程等元数据则以全自动方式采集。

③形成并固化国家法规规定的电子文件原件形式。《中华人民共和国电子签名法》第五条、GB/T 33476. 2—2016《党政机关电子公文格式规范 第2部分：显现》等法规标准对电子文件的原件形式作出了相关规定，关于术语“电子档案”的解读中也有说明。对有特定原件形式、版面格式（即逻辑结构）要求的电子文件，形成时要符合相关标准要求，例如具有国家规定的固定样式的电子发票，人事档案中的履历表、简历，需加盖电子公章、电子签名章的电子公文等。为此，在相应的业务系统中要通过预先设计好的报表模板固化表格样式，必须为其采购、配备符合 GB/T 33481—2016《党政机关电子印章应用规范》要求的电子印章系统；当办公自动化系统以 OFD 或 PDF 等版式文档直接形成电子公文正本时，应在其中封装、固化电子公章、电子签名章；电子公文的版面格式应符合 GB/T 33476. 2—2016《党政机关电子公文格式规范 第2部分：显现》明确的页面格式、公文要素等要求，例如，电子公文页面大小采用 A4 纸型，尺寸设置为：210mm×297mm；页面上边距为 34. 58mm，下边距为 32. 58mm，左边距为 28mm，右边距为 26mm；发文机关标志上边缘至版心上边缘的距离为 37. 42mm，发文字号上边缘至发文机关名称下边缘的距离为两行，即 20. 78mm，等等。

④采用符合标准要求的计算机文件格式存储或归档电子文件。电子文件形成时，要支持按照本标准第 8 章第 3 条（8. 3. 6 除外）相关要求，采用既符合标准要求、又切合实际的计算机文件格式存储电子文件及其组件。参照 DA/T 47—2009《版式电子文件长期保存格式需求》，本标准 8. 3. 1 条对业务系统应选用的计算机文件格式提出了总的要求，即“电子文件归档格式应具备格式开放、不绑定软硬件、显示一致性、可转换、易于利用等性能，能够支持同级国家综合档案馆向长期保存格式转换。”在业务系统功能调研、设计阶段确定了存储电子文件的计算机文件格式，就决定了软件开发所需的软件开发包，并在开发时将其与业务系统相关功能对接。例如，确定采用 OFD 或 PDF 等计算机文件格式存储文书类电子文件的正本，则要采购 OFD 或 PDF 格式的开发包，并将开发包与业务系统相互衔接。本标准第 8 章第 3 条只是枚举了当前

部分满足电子文件、电子档案管理要求的计算机文件格式，今后，还会发布更多新的、符合本标准 8.3.1 所提要求的计算机文件格式，在实践中可以结合实际加以选择。

⑤禁止对已经形成的电子文件的修改操作。当电子文件签发或办理完毕后，应采用技术措施关闭修改电子文件的功能，禁止无意或恶意的修改操作，以保证电子文件的真实性。

（2）电子文件整理功能。根据本标准 7.2 所述要求，业务系统整理功能应该包括保管期限鉴定（又称为保管期限划分）、分类、排序、命名、存储等五方面功能。在本标准 7.2.1 中，除了有关声像类电子文件、在单台计算机中形成的电子文件整理要求外，其他要求都是开发业务系统电子文件整理功能的依据。对于纸质文件，文秘或业务部门通常在文件形成后收集并存放在指定的文件柜中，积累一段时间后，最迟在归档之前按照分类方案整理积累的纸质文件，因此，其形成、收集、整理是一组线性的业务活动。对于业务系统生成的电子文件，应在电子文件形成之时，最迟在归档前以自动化方式完成整理等工作，根据不同软件开发商的设计，业务系统中电子文件整理功能与电子文件形成、收集功能相互关联、交融，且无绝对的先后顺序，是一组非线性功能。实现整理功能的前提是业务系统具备本标准 5.1.2 规定的分类方案配置与管理、归档范围和保管期限表配置与管理功能。业务系统开发过程中，应由档案部门、业务部门协同完成业务系统分类方案、归档范围和保管期限表具体内容的输入、配置等工作，之后，业务系统才能以全自动或半自动化方式完成电子文件整理活动。此外，设计、开发业务系统电子文件整理功能之前，要先确定电子文件的整理单位，即件或卷。根据信息化规律，业务系统形成的电子文件宜以件（含自然件、组合件）为整理单位，具体要求可阅读本解读第七章第二节有关内容。

①保管期限鉴定功能。主要指基于业务系统内已经配置完成的归档范围和保管期限表，以全自动或半自动方式为一件或一组电子文件划分保管期限，并为保管期限元数据赋值。本标准规定的电子文件保管期限可划分为永久、30 年、10 年，国家和行业主管部门有专门规定的，要从其规定，还可根据单位档案工作实际设定其它保管期限。

全自动方式是指无需人工干涉，在电子文件拟办的最初或其他合适业务节点、业务办理过程中的导入或生成电子文件节点，由业务系统基于已经配置完毕的归档范围和保管期限表，自动划分某件（组）电子文件的保管期限并为保管期限元数据赋值。当业务系统中电子文件主题或记录的公务活动，与归档范围和保管期限表类目具有准确的对应关系时，例如，某行政审批事项审批活动中形成的电子文件、单位年度工作总结和工作计划等，可采用全自动方式。对于完全用数据库存储电子文件的业务系统，即本书第三章对术语“业务系统”解读时所述的第四类业务系统，例如人口普查数据统计系统等，宜对整体统计数据确定一个统一的保管期限，并在归档、移交时自动为保管期限元数据赋值。

半自动化方式是指在拟稿或审核、办理等业务节点，业务系统自动将归档范围和保管期限表的关键词与电子文件题名、责任者等进行匹配，将归档范围和保管期限表中适配成功的若干条目高亮标示，由授权用户用鼠标点击选定某条，以此操作完成保管期限的划分，之后，业务系统根据确定的条目自动为电子文件保管期限元数据赋值。如图 5-3 所示。在电子文件形成单位，电子文件拟办部门和业务办理部门能够更加准确地判定电子文件价值，因此，以半自动方式划分保管期限的业务节点，原则上应设在电子文件拟办或业务办理部门相关流程中。

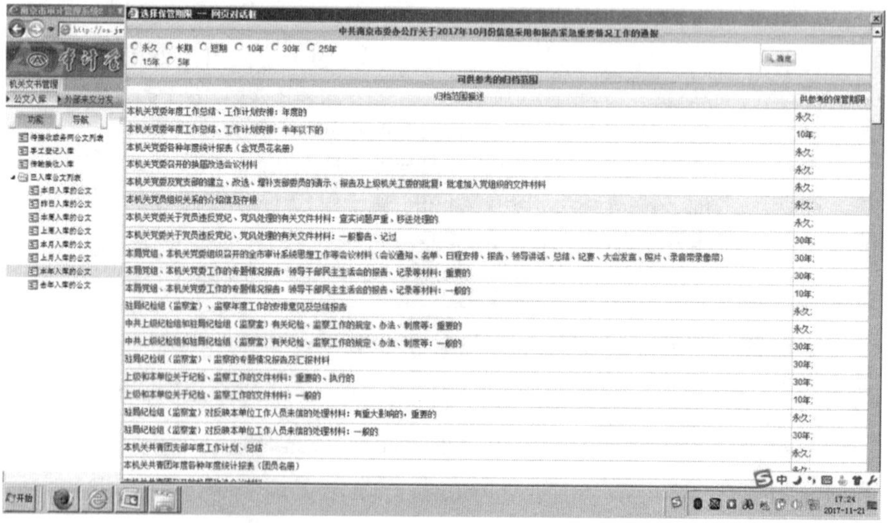

图 5-3　某业务系统保管期限匹配界面

②分类功能。主要指为电子文件分类类目元数据赋值、按分类类目建立文件夹并存储、汇聚同一类目的电子文件等功能。实现的途径是基于业务系统内已经配置完毕的分类方案，以全自动或半自动方式为电子文件分类类目对应的元数据赋值，包括年度、机构或问题、机构或问题代码、保管期限、保管期限代码等元数据，赋值结束标志着业务系统内电子文件分类活动完成了关键一步；之后，由业务系统采用分类类目名称逐级建立文件夹，将电子文件存储到以最低一级分类类目所建的文件夹中，通过文件夹汇聚同一类别的电子文件。至此，业务系统内电子文件分类活动结束。

电子文件的分类采用多级分类方法，分类方案通常包括三种，即年度—机构或问题—保管期限、年度—保管期限—机构或问题，对于内设机构较少、年度内形成电子文件数量不多的单位，还可采用年度—保管期限分类方案。关于分类方案的具体内容和要求，按照 DA/T 22—2015《归档文件整理规则》5.2 的规定执行，法规标准有其它专门规定的，应从其规定。例如，根据行业标准《政府网站网页归档指南》，网页的多级分类方案为“年度—保管期限—类别”或“年度—类别—保管期限”，其中的类别可以是网站的栏目。

为电子文件分类类目元数据赋值功能相对复杂一些。一般情况下，年度元数据的赋值较为简单，业务系统可自动提取计算机操作系统实时日期中的年度值并赋值即可；对于跨年度形成的会议文件（含电子文件）、跨年度办理的若干件电子文件，按照 DA/T 22—2015《归档文件整理规则》5.2.2 a）的要求应分别归档在会议闭幕年、工作办结年，可设计业务系统文种、关键词分析、关联、赋值等功能，或者提供电子文件拟办人员手工调整功能，以实现年度元数据的正确赋值。根据业务系统承载的职能活动或业务活动，实现机构或问题元数据、机构或问题代码元数据自动赋值的方法有所不同，需要参与业务系统建设各方根据实际需求进行具体分析与设计。此处仅举例做简要说明。行政审批系统、数据统计系统等承载较为单一职能活动的业务系统，其形成的电子文件常常属于一个分类类目，即某业务系统生成的同一单位电子文件的机构或问题相同，容易实现。对于电子公文拟办、电子商务、财务管理等各类业务系统，其承载的工作、业务活动涉及单位内部诸多职能部门或多个单位，此时，要参照纸质文件材料分类来分析业务系统内与电子文件形成相对应的职能部门等，设计、实现确定电子文件机构或问题的技术途径，并最终实现该元数据的自动赋值。例如，在承载电子公文拟办的办公自动化系统中，用户注册信息通常包括其所属单位内设机构名称，则在电子文件拟办、业务办理过程中的任一特定节点，业务系统可以提取该节点操作用户的注册信息并为机构或问题元数据赋值。对于少数需要对机构或问题进行多级分类的业务系统，则需要辅以关键词自动匹配、某业务节点操作用户使用鼠标选择子分类类目等功能予以实现。

③排序、命名与存储功能。按业务系统已经预设、配置好的排序、命名与存储路径规则，为电子文件及其组件排序、命名、存储，能够唯一标识电子文件及其组件，记录业务活动背景，保持电子文件之间的有机联系，并为编制档号做好充分准备。这组整理功能对电子文件归档与电子档案管理十分重要，也是保证电子档案真实性、可靠性、完整性和可用性的措施之一。电子文件及其组件的排序、命名、存储是一组相互关联的全自动化功能，存储路径、件号、子件号、计算机文件名等是体现电子文件及其组件排序结果的主要标识。为某件或某组电子文件及其组件命名，应该在确定电子文件、电子文件组件在最低一级分类类目（如保管期限）下的先后顺序时再执行。

常见的数据排序是计算机信息系统根据预设规则对数据库中的一组数据，如电子档案元数据、实体档案目录数据等，以数据的某个或多个关键信息，如部门代码、年度、姓名等，依据事先确定的升序或降序规则，将该组数据调整为符合设定规则的有序数据序列。这种排序对象是数据库中的一组数据，排序目的是优化数据检索性能，按照用户习惯、特定排列规则将一组数据呈现在计算机屏幕上，方便用户查看并点击阅读数据指向的数字文档。业务系统、电子档案管理系统将已经完成整理、编目的电子文件或电子档案按照元数据（目录数据）排序结果呈现给用户查阅，就属于这类数据排序。

电子文件整理活动中的排序与数据排序有所不同，其排序对象为电子文件及其组件，排序之时，电子文件及其组件的基本元数据没有形成或没有完全形成，还没有具备数据排序的基本条件，因此，电子文件排序与数据排序互为先后。电子文件排序功能至少包括三个方面。第一，电子文件排序分为对一组电子文件排序、对一件电子文件组件排序等两项操作；第二，在某门类电子文件分类方案最低一级分类类目下，按照业务系统预设排序规则进行，排序操作可随电子文件及其组件的拟制或办理实时进行，也可以定期实施；第三，根据排序结果为电子文件编制件号（即流水号）、子件号，为电子文件组件顺序命名。一组电子文件的排序规则可按照 DA/T 22—2015《归档文件整理规则》第 5 章第 3 条有关要求执行，即“5. 3. 1 归档文件应在分类方案的最低一级类目内，按时间结合事由排列”，“5. 3. 2 同一事由中的文件，按文件形成先后顺序排列。”为实现按形成先后顺序对同一事由往来电子文件排序的目的，可在电子文件拟制、办理流程上设计一些必须执行的辅助排序功能，例如，设置年度内业务活动列表，支持用户输入新的业务活动名称，或者选择已有业务活动，将正在拟制或办理的电子文件与业务活动顺序关联，便可实现正确排序的目的。一件电子文件组件的排序规则是按照组件形成的顺序排序，可参照 DA/T 22—2015《归档文件整理规则》第 5 章第 1 条有关要求设定排序规则，即“正文在前，附件在后；正本在前，定稿在后；转发文在前，被转发文在后；”“有文件处理单或发文稿纸的，文件处理单在前，收文在后；正本在前，发文稿纸和定稿在后。”纸质文件的排列一般是文件形成部门或档案部门对一个归档年度内形成的文件材料进行集中整理时进行的，业务系统电子文件排序与此有所不同，一般以形成一件排序一件的实时排序方式进行。此外，在设计、开发电子文件整理排序功能时，还需考虑混合文件的排序问题。GB/T 29194—2012《电子文件管理系统通用功能要求》术语 3. 9 对混合文件的定义是“文件（组合文件）或文件集合（如类、案卷）中既有电子的成分，也有非电子的成分，共同构成的完整活动、事务、事件的记录。”具体要求这里不再详述。

业务系统电子文件命名对象是电子文件组件，命名结果是电子文件组件拥有自己的计算机文件名。命名功能主要有：依据业务系统预设的内置命名规则，采用由字母和阿拉伯数字等组合构成的字符串生成电子文件组件的计算机文件名，按照排序结果自动为电子文件组件顺序命名，同时为该件电子文件组件的计算机文件名元数据赋值。命名操作使电子文件有了自己的“名字”，即唯一标识符，通过计算机文件名元数据建立了电子文件与自身元数据的稳定且紧密的关联，业务系统可以通过计算机文件名查找、定位到一件或一组电子文件，特定授权用户能够通过操作系统指令在存储器中查找到并浏览相应的电子文件。关于电子文件及其组件的命名，本标准没有明确具体构成规则，但本标准 7.2.8 提出了基本要求，即“命名规则应能保持电子文件及其组件的内在有机联系与排列顺序，能通过计算机文件名元数据建立电子文件与相应元数据的关联”。具体情况可参见关于本标准 5.1.4、7.2.8 等条的解读。

业务系统电子文件存储功能主要指按照业务系统预设存储规则，将电子文件及其元数据等写入存储器的指定位置。预设存储规则包括数据库中元数据存储规则和电子文件及其组件在存储器中的存储规则两个方面，最终都落实在相对存储路径上。具体存储规则要求见关于本标准 5.1.4 的解读。电子文件及其元数据的存储位置，专业术语称之为地址，是内设于业务系统、数据库管理系统、存储和备份系统的存储规则，以及由此形成的相对存储路径决定的。业务系统、存储系统和备份系统授权用户可在相关系统中监控、调整存储路径。但是，电子文件及其元数据的存储位置对业务系统普通用户不透明，也无需普通用户了解、掌握，这与纸质等传统档案存放在档案柜、密集架中，可触摸、取放并一览无余有着天壤之别。

（3）电子文件及其元数据归档功能。根据电子政务建设和电子文件归档实际，本标准 5.1 明确了电子文件及其元数据归档的两种途径和方法，即由业务系统归档至电子档案管理系统，这是通常的做法；或者为业务系统设计、开发电子档案管理模块，在业务系统内完成电子文件归档与电子档案管理活动，本标准 5.1.7 便是针对这一途径提出的功能要求，具体要求在该条解读中予以说明。采用哪种途径和方法或者两种都采用，要根据组织机构档案管理实际以及业务系统的规模、作用范围等具体情况决定。下面就第一种途径和方法，对业务系统电子文件及其元数据归档功能要点作出进一步说明。根据本标准 8.1.1 的规定，电子文件归档程序有电子文件及其元数据的清点、鉴定、登记、填写电子文件归档登记表等四个步骤，其中，提交归档、接收归档双方要分别执行清点、鉴定程序，因此，业务系统电子文件归档功能主要包括但不限于启动归档流程、组织应归档电子文件及其元数据、提交归档等功能。落实到具体的业务系统，电子文件及其元数据归档功能会有所增加。

①启动归档流程功能。启动电子文件及其元数据归档流程标志着归档工作定期开始，也是落实电子文件归档与电子档案管理制度的关键动作。该组功能要点主要包括：在某个设定的时间点，以全自动或半自动化方式触发电子文件及其元数据归档程序，同时，向有关授权用户推送启动消息。触发归档流程的时间节点设置以管理制度或管理办法有关规定为依据，一个归档年度内可定期多次归档，例如，可设定一个月、三个月或半年执行一次电子文件及其元数据归档活动。根据本标准 8. 2. 1 的要求，电子文件归档时间最迟不能超过其形成后的第二年 6 月份。

②组织应归档电子文件及其元数据功能。该组功能配置的目的是形成符合质量要求的应归档电子文件及其元数据集，可以是物理的，也可以是逻辑的。根据本标准 8. 1. 1 明确的程序，将应归档电子文件及其元数据的清点、鉴定等功能纳入本组功能，主要包括：检索、筛选应归档电子文件，以电子文件门类、形成年度、保管期限等为统计口径，清点并核实应归档电子文件及其元数据的准确数量；鉴定电子文件格式、元数据赋值、电子文件与其元数据关联、无病毒等是否符合标准要求；对加密存储的电子文件作解密处理，按照年度、保管期限、电子文件大小等口径统计应归档电子文件数量；按照有关要求生成归档说明文件，将统计、鉴定、病毒查杀等情况记录在归档说明文件中，可以数据库数据表存储归档说明文件，提交归档时再按标准要求转换为 XML 等计算机文件格式。

③提交归档功能。该组功能要点是将确认合格的电子文件及其元数据、归档说明文件等数据，以约定的形式发送至归档接口。本标准 8. 2. 3 给出了 3 种归档接口，即 webservice 归档接口、中间数据库归档接口、归档电子文件及其元数据的规范存储结构，第 3 种又可称之为数据包归档接口，关于归档接口的简要说明可阅读对本标准 8. 2. 3 的解

读。要根据采用的归档接口设计、开发提交归档功能。当采用 webservice 归档接口时要按照约定的参数将电子文件及其元数据等发送至 webservice归档接口；采用中间数据库归档接口时，要将电子文件及其元数据等写入中间数据库；采用电子文件及其元数据的规范存储结构时，要按规定的结构将电子文件及其元数据等打包，生成归档数据包，推送至存储器的中间暂存池。提交归档功能成功执行完毕后，业务系统电子文件及其元数据的归档便完成了。

5.1.2 应内置电子文件分类方案、保管期限表等工具，支持电子文件形成或办理部门完整收集、整理应归档电子文件及其元数据。

在业务系统内置电子文件分类方案、保管期限表等工具，既可以保证业务系统完整地采集应归档电子文件，防止电子文件游离在业务系统控制之外、甚至流失，又是开发归档前全自动、半自动化电子文件保管期限划分和整理功能的基础。因此，在业务系统设计阶段，档案部门要联合相关职能部门协同完成本单位各门类电子文件分类方案、保管期限表的编制工作，提交业务系统建设项目组作为功能设计依据。针对组织机构专门业务工作形成的电子文件，例如政务服务网行政审批类电子文件、信访类电子文件、社保类电子文件等，相应的业务部门较之档案部门能够更加充分地把握应归档电子文件范围和电子文件的价值，与业务部门联合提出电子文件归档范围和保管期限表，会取得事半功倍的效果。在电子文件拟制、办理或业务办理过程中，由业务部门文秘人员在拟办过程中基于业务系统内置保管期限表实时划定电子文件保管期限，将有效提高鉴定质量和准确率，并能显著提升电子文件管理效率。从档案管理人员一人承担本组织机构所有归档电子文件鉴定工作，转变为由业务系统自动分类、划定保管期限，必要时由众多文秘人员分别点击鼠标予以确认，会获得又快又好的结果。

（1）内置电子文件分类方案功能。如前所述，电子文件分类方案主要有三种，即年度—机构或问题—保管期限、年度—保管期限—机构或问题、年度—保管期限。业务系统内置分类方案功能要求至少包括四个方面：第一，设置分类方案配置功能，支持授权用户设定、修改、删除分类类目及其先后次序，包括分类类目名称、类目代码、注释等；第二，应支持对机构或问题分类类目进行多级分类类目设置、修改和删除，包括分类类目名称、类目代码、注释等；第三，将分类类目与相应元数据关联，为年度元数据自动赋值，在保管期限鉴定过程中为保管期限、保管期限代码元数据赋值；将机构或问题与电子文件拟制或办理用户注册信息关联，为机构或问题元数据自动赋值，以半自动化方式赋值时，应向相应用户呈现经分析、筛选出的尽量少的类目供其选择；第四，以通用计算机文件格式导出、导入分类方案。

（2）内置保管期限表功能。是将组织机构编制的，经同级档案主管部门审定的某门类电子文件归档范围与保管期限表，转换为业务系统内的一张数据库表文件供鉴定功能调用。实现这一功能，需要组织机构预先编制好用于业务系统的归档范围与保管期限表，该表包括归档范围、保管期限、关键词、门类等内容，每一个归档范围对应一组关键词。表5-1为某组织机构在业务系统中使用的归档范围与保管期限表的部分示例。

表5-1　内置业务系统归档范围与保管期限表示例

归档范围	保管期限	关键词	门类
本机关党委年度工作总结、工作计划安排：年度的	永久	某某局；党委；年度；总结；计划；年度；	文书
本机关党委年度工作总结、工作计划安排：半年以下的	10年	某某局；党委；年度；总结；计划；月；季度；半年；	文书
本机关党委各种年度统计报表（含党员花名册）	永久	某某局；党委；年度；统计；报表；党员；花名册；	文书
本机关党委关于党员违反党纪、党风处理的有关文件材料：查实问题严重、移送处理的	永久	某某局；党委；党员；违反党纪；党风；处理；问题严重；移送；	文书
本机关党委关于党员违反党纪、党风处理的有关文件材料：一般警告、记过	30年	某某局；党委；党员；违反党纪；党风；处理；警告；记过；	文书

续表

归档范围	保管期限	关键词	门类
本局党组、本机关党委工作的专题情况报告;领导干部民主生活会的报告、记录等材料:一般的	10年	;某某局;党组;党委;专题;报告;领导干部民主生活会;报告;记录;一般的	文书
中共上级纪检组和驻局纪检组(监察室)有关纪检、监察工作的规定、办法、制度等:重要的	永久	中共;国家;省;纪检组;驻局纪检组(监察室);纪检监察;工作;规定;办法;制度;重要的	文书

将归档范围与保管期限表植入业务系统后，与保管期限划分功能相关联，为电子文件拟制、办理过程中的保管期限划分提供支撑。内置保管期限表功能至少包括：以通用计算机文件格式导入、导出归档范围和保管期限表；授权用户可增加、修改、删除归档范围和保管期限表的条目；将归档范围和保管期限表与电子文件保管期限划分功能关联；将归档范围和保管期限表与保管期限、保管期限代码元数据赋值关联。

5.1.3 应能以单个流式文档集中记录电子文件拟制、办理过程中对其进行的全部修改信息。

与纸质文件的拟制一样，电子文件拟制过程中一般要经历多次修改，这些修改信息是重要的背景信息，对于理解电子文件形成过程具有重要作用。在计算机信息系统中，通常使用 WPS、WORD 等字处理软件的修订功能在 WPS、DOC 等流式文档中记录、显示修改信息，包括修改类型（插入、删除）、修改时间、修改者等，如图 5-4 所示。基于这项技术，部分业务系统采取完成一次修改保存一件修改稿本的方式留存电子文件修改稿，这不便于今后对电子档案的利用、查考，也给业务系统电子档案管理、存储带来较大压力，提高了长期的管理成本。根据有关规定，在法律法规以及重要文件制定过程中形成的历次修改稿，应采用若干个流式文档分别保存，同时，通过修订功能记录相应的修改过程。对于其他电子文件，则应在业务系统中使用一个流式文档记录电子文件拟制过程中的所有修改信息。

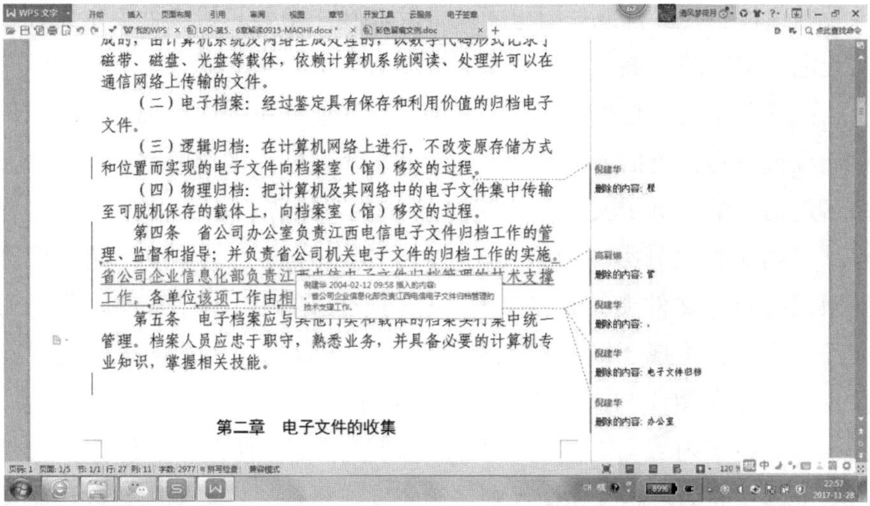

图 5-4　电子文件修改稿修订标记示意图

5.1.4　能按内置规则自动命名、存储电子文件及其组件，保持电子文件内在的有机联系，建立电子文件与元数据之间的关联关系。

本条包括了四个功能点，即按内置规则自动命名电子文件及其组件，按内置规则存储电子文件及其组件，保持电子文件内在的有机联系，建立电子文件与元数据之间的关联关系。电子文件命名、存储是整理活动的组成部分，也是保存电子文件背景信息、保持电子文件内在有机联系的重要措施。本条所述内置规则包括内置命名规则和内置存储规则，需要在业务系统设计阶段将规则分解为一系列的操作，组成电子文件命名、存储功能。

内置命名规则是指预先规定好的，已在业务系统内实施的计算机文件名编制规则，通常由阿拉伯数字和字母构成，或者采用电子文件标题和字符串一并作为命名规则，业务系统根据该规则自动组合一串字符并为电子文件及其组件命名。对于纸质文件，档案管理人员通过装订固定一件文件或关于同一项业务活动中形成的多件文件材料。电子文件的“装订”是逻辑的，一般通过两项措施实现：按规则命名和存储在按规则建立并命名的文件夹中。因此，业务系统要通过有规则地命名电子文件及其组件、将一件或一组电子文件存储在一个计算机文件夹中的方式实现电子文件的“装订”与关联。

内置存储规则是指预先规定好的，已在业务系统内实现的电子文件存储位置规则，包括由根目录、一级或多级文件夹构成的路径和文件夹命名规则。结合电子文件分类与内置分类功能等要求，业务系统内置存储规则应采用分类方案的分类类目，例如年度、机构或问题、保管期限逐级建立文件夹，并用年度、机构或问题代码、保管期限代码为文件夹命名，将属于同一机构或问题的，或者同一保管期限的电子文件集中存储在相应的文件夹中，同时维护电子文件之间的有机联系。图 5-5 为基于内置命名规则和存储规则形成的存储路径、计算机文件名的示例，其中，内置存储规则是按年度、机构、保管期限逐级建立文件夹，三级文件夹分别用 2016、BGS、Y 命名，将电子文件及其组件存储在最低一级分类类目——保管期限文件夹中，电子文件组件命名规则为：统一社会信用代码-年度-机构（问题）代码-件号+“D”+电子文件组件流水号。

图 5-5　电子文件内置命名规则与存储规则示意图

建立电子文件与元数据之间的关联关系，就是通过某个指针将电子文件与其元数据一一对应。为了保证电子文件及其元数据在业务系统内和业务系统之外都能具备一一对应的关联关系，最佳做法是把计算机文件名作为这个指针，通过电子文件及其组件的计算机文件名、存储在元数据（目录数据）库中的计算机文件名元数据将二者关联起来。业务系统按内置命名规则完成电子文件组件命名后，随即将这些计算机文件名，即一个字符串，写入相应的计算机文件名元数据中，如此便建立起电子文件与其元数据的一一对应。例如，为确认某公民身份，可通过身份证号在公民身份证管理系统中查找到相应的元数据（目录数据），通过其中的计算机文件名元数据链接到存储在磁盘阵列中的数码照片，即可作最后的核实，这个计算机文件名就是身份证元数据与数码照片之间的指针。

5.1.5　能按标准生成电子文件及其元数据归档数据包，或向归档接口推送电子文件及其元数据。

本条所述要求属于归档程序功能中的提交归档功能。当电子文件形成单位建设、应用了电子档案管理系统时，要按本条提出的要求，为业务系统开发、配置本标准 8.2.3 明确的至少一种电子文件及其元数据归档接口。鉴于业务系统种类繁多，开发商各异，系统内部数据异构严重，本标准没有给出统一的、可用于实施的接口规范，各级档案主管部门、国家综合档案馆等有关部门可结合实际，明确一个或两个归档接口，制定详细的归档接口技术规范供各方遵循，通过软件代码将归档接口转换为业务系统、电子档案管理系统的内在功能，从而为电子文件及其元数据的归档提供支持，打通归档渠道。

本条主要针对不同归档接口分别提出要求。前半句“能按标准生成电子文件及其元数据归档数据包”所述的归档数据包与本标准 8.2.3 c）明确的归档电子文件及其元数据的规范存储结构相对应。业务系统在执行完启动归档流程、组织应归档电子文件及其元数据功能后，由提交归档功能按照有关部门规定的规范存储结构自动生成电子文件及其元数据归档数据包，并将其存储在指定位置，或者通过本地区统一的电子政务共享数据交换平台传输到指定存储池中。本条后半句“或向归档接口推送电子文件及其元数据”明确的要求是，如果采用了本标准 8.2.3 a）所述 webservice 归档接口，或 8.2.3 b）所述的中间数据库归档接口，业务系统应在执行完启动归档流程、组织应归档电子文件及其元数据等流程后，按照有关部门明确的具体接口规范将电子文件及其元数据、归档说明文件等信息发送到 webservice 归档接口，或写入到中间数据库归档接口。关于三种归档接口的具体要求将在对本标准 8.2.3 的解读中进一步说明。

是以半自动还是全自动化方式启动电子文件及其元数据归档流程，再进入本条所述功能，需按照法规制度的规定执行，并将有关规定实现为业务系统功能。如果规定须由电子文件形成或办理部门相关责任人负责执行归档程序，一般需要责任人手工操作业务系统归档按纽并启动归档程序，此为半自动化方式。如果法规或规范性文件等授权由业务系统在规定的时间节点自动启动并完成归档流程，则无需电子文件形成或办理部门相关责任人手工操作，可以全自动化方式完成电子文件及其元数据归档全流程，但是，业务系统要在管理过程元数据中记录自动归档的依据，即某项法规或文件题名、文件编号等信息。

5.1.6 能对已收集、积累的电子文件的所有操作进行跟踪、审计。

跟踪、审计，又称为审计跟踪，是通过设置在操作系统、业务系统内的各种日志文件、审计工具等自动记录用户操作信息，并可查询、审视操作行为的合规性。日志文件或审计工具一般按时间顺序记录用户操作的时间、用户名、操作类型等，是一本记录系统内用户活动的数字化流水账，操作系统、业务系统相关功能支持授权用户对这本流水账进行检索、查阅，审核一个时间段内、甚至实时是否有违反安全策略的活动、违规操作行为，一旦发现可进行及时分析、处置。

本条主要针对业务系统跟踪审计功能提出，记录对象是存储在业务系统中已经拟制或办理完毕的电子文件，目的是为电子文件的真实性、可靠性、完整性提供保障。应记录的操作行为至少包括：登录，阅读，违规编辑，复制，下载，删除，格式转换，等等。

5.1.7 需通过业务系统开展电子档案管理活动时，业务系统电子档案管理功能应参照 GB/T 29194—2012、ISO 16175—3：2010 等标准以及 5.2 给出的要求执行。

本条标准明确了第二种业务系统电子文件归档途径和方法的概括性

要求，即在业务系统内完成电子文件及其元数据归档、电子档案管理活动。这种归档方式通常被称为逻辑归档，尤其适合于一些大型业务系统，如图 5-6 所示。是否为业务系统设计、配置电子档案管理模块，要视具体情况确定。对于承载专门业务工作且电子文件与元数据量较大的大型业务系统，以及由政府、行业主管部门统一建设的大型区域性、跨部门或行业性的业务系统，例如全省一体化在线政务服务平台、重大建设项目并联审批系统、公共资源交易系统、集约式综合数字化办公平台这类涉及诸多单位、全行业的业务系统，可以为其配备电子档案管理模块，在该业务系统内完成电子文件及其元数据归档程序，基于其中的电子档案管理模块开展后续电子档案管理活动，并按照《电子档案移交与接收办法》等规定直接经业务系统电子档案管理模块向国家综合档案馆移交电子档案。

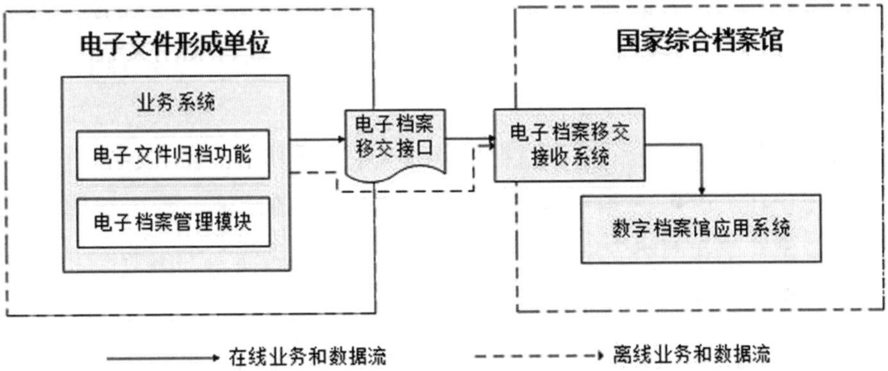

图 5-6　在业务系统完成电子档案管理活动途径示意图

为积极有效地推动“放管服”改革，实现行政审批“最多跑一次”或“一次都不跑”的目标，国务院正在组织建设国家、省、设区市全国多级联通的一体化在线政务服务平台，国家级服务门户已经建成并投入使用。部分省级政府组织建设的一体化在线政务服务平台，采用省级统一建设、省级部署、省市县三级应用的实施模式，统一处理全省行政审批和公共服务事项的受理、审批与出件，实行“一窗式”受理，限时办结，电子监察系统全程监督。在政务服务电子文件归档工作中，浙江省三级档案局、档案馆走在了全国前面，制定了相应的法规标准，并采用省、设区市、县三级档案局、档案馆分别建设集约式电子档案管理系统与政务服务网对接的技术路线予以支撑，经过近年来的努力推进，浙江全省政务服务电子文件归档与电子档案管理工作已经取得规模化、系统性成效。在应用系统层面，浙江省采取的是第一种电子文件归档途径和方法，即将业务系统中形成的电子文件及其元数据归档至电子档案管理系统进行管理。按照这一途径，省、设区市、县三级档案局要负责组织建设集约式电子档案管理系统与一体化在线政务服务平台对接，配备相应的网络基础设施、备份系统，执行网络安全二级或三级防护，之后需要承担长期的软硬件升级、更新与维护等工作，对各级档案局、甚至国家综合档案馆的人才队伍、经费等提出了很高要求。在经济欠发达地区按照常用途径开展一体化在线政务服务平台电子文件归档与电子档案管理工作，必然会受到专业人才、经费和技术等诸多方面制约，不利于该项工作的有效推进。如果采用本条标准所述途径，基于配置了电子档案管理模块的政务服务系统开展电子文件归档与电子档案管理、向同级国家综合档案馆移交电子档案等工作，不失为一个有效的途径和方法，对于各级政府和档案部门有显而易见的三大优势。首先，充分利用了一体化在线政务服务平台已经配备的网络基础设施、系统软硬件设备、备份系统和网络安全等级保护等已有成果，无需另外采购配置，为政府节省了当期建设和今后长期维护管理的大笔资金；其次，充分发挥了一体化在线政务服务网建设管理机构的专业优势和力量，并且不会给他们增加太多工作量；第三，及时解决了电子文件及时归档与电子档案管理面临的诸多问题，保障了电子档案的真实、完整、可用与安全。

采用本方法推进工作时需要进一步完善法规和制度保障，在明确档案主管部门、电子文件形成单位、国家综合档案馆相关管理职责的同时，要重点强调集约化业务系统建设与管理单位对业务系统电子文件归档功能、电子档案管理模块，以及各种系统软硬件、存储与备份系统、安全防护系统的运行维护和升级更新等管理责任，以便保障电子档案的真实、完整、可用和安全。

根据本标准 5. 1. 1 到 5. 1. 4、5. 1. 6 的规定，业务系统已经具备了电子文件形成、收集、整理功能，只是电子文件及其元数据提交归档和接收归档功能要以逻辑归档形式实现，与本标准 5. 1. 5 明确的要求有所不同。通常，组织机构已经或计划为业务系统设计、开发电子文件利用、用户注册与权限配置等功能，只需将电子档案利用、用户权限配置等要求融入其中，进行统筹设计与开发即可。鉴于前述情况，按照本条明确的要求开展电子文件归档与电子档案管理工作时，还需要为业务系统设计、实现的功能包括但不限于电子文件及其元数据逻辑归档和电子档案编目、统计、处置、档案管理人员权限配置等功能。

（1）电子文件与元数据逻辑归档功能。由于是在业务系统内执行电子文件及其元数据归档程序，归档前后可以不改变电子文件及其元数据的存储位置，仅需在元数据库的归档标识字段标记该电子文件已归档，因此，无需设计、实现涉及业务系统和电子档案管理系统之间的相关归档功能，包括归档接口、提交归档与接收归档等相应功能，也不需要将电子文件及其元数据从业务系统传输到电子档案管理系统。需实现的主要归档功能包括：清点、统计归档电子文件及其元数据，鉴定电子文件的真实性、可靠性、完整性和可用性，赋予唯一标识符（即登记），为归档标识元数据赋值，生成固化信息，自动采集鉴定、登记等归档过程元数据，并记录在管理过程元数据中，参照本标准附录 A 的表 A. 1 以数据库和报表方式自动生成电子文件归档登记表等。

在实际工作中，可参照 GB/T 29194—2012《电子文件管理系统通用功能要求》捕获登记功能（5. 2. 1）相关要求，GB/T 34840. 3—2017《信息与文献 电子办公环境中文件管理原则与功能要求 第 3 部分：业务系统中文件管理指南与功能要求》的概述（5. 1）、生成附有背景信息的文件（5. 2）、管理和维护文件（5. 3）等相关内容，以及本标准 5. 2、9. 5 给出的相关要求，结合实际设计、开发电子文件归档与元数据采集功能。

（2）编目、统计和处置功能。业务系统电子档案编目功能主要按照本标准 8. 5 给出的要求设计、开发；统计功能按照本标准 9. 4 给出的要求设计、开发；处置功能根据本标准第 10 章给出的相关要求实施。此外，GB/T 29194—2012《电子文件管理系统通用功能要求》的鉴定处置（5. 2. 3）、统计管理（5. 2. 4）等也可作为功能设计的参考。

第二节　电子档案管理系统基本功能

建设应用电子档案管理系统，是开展电子文件归档与电子档案管理的必要条件，是保证电子档案真实、可靠、完整、可用和安全的重要保障。鉴于电子档案管理系统在电子文件归档与电子档案管理工作中的重要作用，本世纪初以来，欧盟、澳大利亚、美国以及中国等国家对电子档案管理系统功能进行了深入研究和实践探索，发布了多项具有代表性的电子档案管理系统应用软件功能需求标准，在世界范围内对电子文件归档与电子档案管理产生了积极而深远的影响。欧盟委员会于 2001 年首次发布的《电子文件管理通用需求》（MoReq，Requirements for the Management of Electronic Records）第 1 版在欧盟甚至欧盟之外得到广泛采用，后又于 2008、2010 年历经两次修订，先后形成 MoReq2、MoReq2010。以澳大利亚国家档案馆相关电子文件管理标准为基础，国际档案理事会（ICA）于 2008 年发布了《电子办公环境中文件管理原则与功能需求》（ICA-Req）的三个模块，后被国际标准化组织采纳并升级为国际标准，即以 ISO 16175 为标准号的《信息与文献　电子办公环境中文件管理原则和功能要求》等三个标准，我国也组织开展了相应的三项国家标准的采标和发布、实施工作。经过多年深入研究与实践，2012 年我国发布了 GB/T 29194—2012《电子文件管理系统通用功能要求》，为我国电子档案管理系统应用软件的设计、开发和第三方测评提供了依据和重要参考。需要说明的是，《电子文件管理通用需求》（MoReq）、GB/T 29194—2012《电子文件管理系统通用功能要求》所称电子文件管理系统，《数字档案室建设指南》所称数字档案室应用系统，即是本标准所述电子档案管理系统。为保持文献原貌，在引用或表述时采用文献原有表述。本标准第 5 章第 2 条主要基于 GB/T 29194—2012《电子文件管理系统通用功能要求》等标准化成果，结合我国实际，简要明确电子档案管理系统应用软件功能的总体要求，标准条文里的每一个表述功能需求的词汇都可能代表一系列功能点的集合，因此，在具体实践中，还需项目建设责任人员认真研读本标准指向的标准规范，再提出采购需求，完成电子档案管理系统应用软件开发、集成与应用工作。

2014 年 7 月，国家档案局印发《数字档案室建设指南》，提出要建设数字档案室应用系统，明确了档案门类管理、接收采集、分类编目、检索利用、鉴定统计、系统管理等基本功能要求。2016 年 5 月，国家档案局出版《数字档案室建设概论》[15] 一书，其第三章专门对数字档案室应用系统的基本功能、可选功能等进行了深入浅出的阐述，并提供了与《数字档案室建设指南》、GB/T 29194—2012《电子文件管理系统通用功能要求》所述相关功能的映射表（表 3-1，第 50 页），便于读者的阅读与理解。鉴于已经发布了 GB/T 29194—2012《电子文件管理系统通用功能要求》等有关电子档案管理系统功能要求的专门标准，下面将不对相关功能要求作过多说明。

本标准 5.2 主要明确电子档案管理系统的业务功能要求，不包含非业务功能要求，比如权限管理、系统管理功能，以及符合网络安全等级保护、分级保护要求的安全防范功能，在实际项目建设过程中要依据相关国家标准设计、开发并实施。

5.2.1　电子档案管理系统基本功能和可选功能应参照 GB/T 29194—2012、DA/T 31、ISO 13028—2010、ISO 16175—2：2011 等标准以及同级国家综合档案馆的相关要求执行。

电子档案管理系统基本功能是必须满足和实现的电子档案管理功能要求，可选功能则要根据实际工作需要加以选择，例如纸质档案数字化功能等。在设计、采购电子档案管理系统应用软件时，以 GB/T 29194—2012《电子文件管理系统通用功能要求》为主；设计开发纸质档案数字化功能时，主要以 DA/T 31—2016《纸质档案数字化规范》为参照。同时，根据实际需要可扩展阅读并参照《数字档案室建设指南》《数字档案室建设概论》、GB/T 34840. 2—2017《信息与文献　电子办公

15　李明华，数字档案室建设概论，中国文史出版社，2016-05

环境中文件管理原则和功能要求 第2部分：数字文件管理系统指南与功能要求》（ISO 16175.2：2011，MOD）等标准、专著。鉴于DA/T 31—2016《纸质档案数字化规范》已经采纳了ISO 13028：2010《信息与文献 档案数字化实施指南》的主要成果，工作中可以暂且将该国际标准作为拓展阅读的文献。

GB/T 29194—2012《电子文件管理系统通用功能要求》明确的基本功能包括：（1）文件管理配置功能：分类方案的配置与管理，保管期限与处置表的配置与管理，元数据方案的配置与管理，文件类型的配置与管理；（2）文件管理业务：捕获登记，分类组织，鉴定处置，统计管理，存储保管，检索利用；（3）安全管理：身份认证，权限管理，审计跟踪，文件变更，电子签名；（4）系统管理：总体管理要求，系统报告。该标准明确的可选功能包括：数字化文件的管理，多载体文件管理，离线利用，接口管理，工作流，性能要求。

省级档案主管部门为推动本地区电子文件归档与电子档案管理工作，如有必要，可在遵循国家、行业标准前提下，制定地方性标准规范；在电子档案移交接收工作中，同级国家综合档案馆会结合实际提出具体的接收要求，例如移交接口、移交数据包结构等，这些都是电子档案管理系统设计时应遵循的标准规范。对于区域性、行业性的集约式电子档案管理系统，相关功能设计要考虑不同组织机构电子文件标识、分类和数据流向等因素，在后续解读中不再赘述。

5.2.2 应具备电子档案管理配置功能，包括分类方案管理、档号规则管理、保管期限表管理、元数据方案管理、门类定义等功能。

本条所述电子档案管理配置功能与GB/T 29194—2012《电子文件管理系统通用功能要求》的文件管理配置功能基本对应。电子档案管理配置功能位于电子档案管理系统功能架构的底层，是各项电子档案管理业务功能后期扩展的支撑构件，强调的是面向各门类电子档案管理的各类配置功能能够灵活扩展和相互关联，同一门类电子档案和纸质档案的分类方案、档号编制规则、保管期限表和元数据方案保持一致。与电子档案管理系统应用软件设计、开发一样，各类配置功能的实现，需要采用模块化、组件化、对象化或服务化的设计、编程方法。

（1）分类方案管理功能。在电子档案管理系统设置分类方案，是记录、维护电子档案背景信息，开展电子档案管理基础业务的前提。根据本标准8.5提出的要求，经业务系统归档形成的电子档案，在归档前已经过了系统的整理，归档后要对整理结果进行审核，同时对同一归档年度形成的同一门类纸质档案进行分类、保管期限划分等活动。此外，声像（照片、录音、录像）电子文件归档后，档案管理人员也需要基于电子档案管理系统开展整理活动。因此，设置分类方案并根据分类方案为电子档案赋予相应的分类标识，是电子档案管理系统必备的功能。

根据组织机构合并、拆分和职能调整等实际，需要及时修改、完善分类方案，这需要灵活的分类方案配置功能予以支持。分类方案配置功能主要包括建立分类方案、维护分类方案两方面功能，支持文书、科技、专业、声像等各门类电子档案和传统载体档案分类方案的建立，以及分类类目新增、删除、修改、类目层级调整等。

（2）档号规则管理功能。该功能应支持授权用户在档号规则初始设置完成后，能对档号构成项以及各项内的子项进行修改、删除、增加和调整。DA/T 13—1994《档号编制规则》明确了三类档号构成规则，为适应信息化环境中的电子档案分类标识、排序，需对三类档号结构进行扩展，主要体现在全宗号后设置档案门类代码项，即全宗号-档案门类代码-其它各构成项。《数字档案室建设指南》《机关档案管理规定》等对此作出了规定，其中，一级档案门类代码包括：WS—文书，KJ—科技，ZY—专业，ZP—照片，LY—录音，LX—录像，人事—RS，会计—KU，业务数据—SJ，公务电子邮件—YJ，网页信息—WY，社交媒体—MT，实物档案—SW。档号编制规则还与分类方案、电子档案最小管理单元（卷、件）密切关联，要根据不同门类电子档案管理的实际要求，设计、开发档号规则配置功能，通常，文书类电子档案需设置文件级档号规则，科技、专业、声像等门类电子档案需配置案卷级、文件级档号规则。

（3）保管期限表管理配置功能。该功能要支持授权用户对保管期限表进行增加、修改、删除等自定义操作，并与后续电子档案保管期限划分、相关元数据赋值等功能相关联。实现保管期限表管理配置功能有两种方法。第一种是参照本书第五章第一节所述归档范围与保管期限表的设计、配置方法，第二种是采用数据字典方式配置保管期限表，并支持保管期限名称、保管期限代码等的增、删、改，这种方式较为简单，相应地，在实际保管期限划分过程中，需要用户以手工方式对每一件（组）电子文件的保管期限予以选择、确认，增加了用户工作量。

（4）元数据方案管理功能。该功能要求支持特定授权用户对各门类电子档案元数据方案进行管理，包括增加、定义新的元数据，删除已有元数据，以及元数据方案的导入、导出等。元数据方案的配置管理，要依据正式发布实施的标准规范或同级国家综合档案馆的要求执行，不宜轻易对元数据框架和结构以及背景元数据、结构元数据、管理过程元数据进行修改、新增等配置工作。大部分结构元数据的赋值，需要根据计算机文件格式编码标准从电子档案内部特定位置提取、再赋值，由一组连续的、全自动化功能点构成。管理过程元数据值的捕获、赋值与关键业务节点紧扣，需要设计、实现一组复杂而连续的功能。因此，元数据方案的调整、配置，常常要配合诸多功能的开发与实施。

（5）门类定义配置功能。门类，是指电子档案门类。该功能应支持授权用户在档案门类树的适当位置新增一个电子档案门类，同时，要支持以自动或半自动化方式为新增门类配置分类方案、保管期限表、档号规则、元数据方案，以及一系列由此引发的管理功能，再通过上述配置功能进行适当调整。

5.2.3　应具备电子档案管理功能，包括电子档案及其元数据的采集、登记、分类、编目、命名、存储、利用、统计、鉴定、销毁、移交、备份、报表管理等功能。

在电子档案管理系统中，承载了电子档案室藏全过程中的重要业务活动，本条仅就基本功能提出了简明要求。为便于理解，对电子档案管理功能进行如下分类，所述功能除了要符合相关标准规范要求，还需满足同级档案主管部门和国家综合档案馆的要求：

（1）捕获登记：电子文件及其元数据采集、登记等管理功能是电子档案管理系统必备的归档功能，与本标准 8.1、8.2 等明确的要求直接关联，主要包括：

①能够采集经组织机构设定的，本标准 8.2.3 明确的任一电子文件归档接口传输的电子文件及其元数据、归档说明文件等；

②以归档说明文件为基准，按照本标准 8.1.2 给出的要求清点、核实采集到的归档电子文件及其元数据；

③按照本标准 8.1.3 的要求鉴定电子文件的真实性、可靠性、完整性和可用性，在数据库中记录鉴定结果和过程信息；

④按照本标准 8.1.4 的要求解析电子文件及其元数据，将电子文件元数据写入元数据库，将电子文件导入预归档库，通过电子文件的计算机文件名、计算机文件名元数据建立二者的关联，生成电子文件唯一标识符，并为唯一标识符元数据赋值，在管理过程元数据中登记归档行为，自动填写并生成《电子文件归档登记表》；

（2）分类组织：电子档案分类、编目、命名等管理功能，与本标准 8.5、8.6 等明确的要求相关联；

（3）鉴定处置：电子档案鉴定、销毁、移交等管理功能，与本标准第 10 章给出的要求相关联；

（4）统计管理：电子档案资源、利用统计、报表管理等管理功能，与本标准 9.2、9.3、9.4、10.2、10.3 等给出的要求相关联；

（5）存储保管：电子档案存储、备份等管理功能，与本标准 9.1、9.2、9.5 等给出的要求相关联；

（6）检索利用：电子档案检索、利用等管理功能，与本标准 9.3 的要求相关联；

关于各类管理功能的具体含义和要求，可进一步阅读 GB/T 29194—2012《电子文件管理系统通用功能要求》的文件管理业务（5.2）、《数字档案室建设概论》第 3 章第 3 节相关内容。需要特别说明的是，采集功能应能支持电子文件及其元数据的批量导入、技术元数据自动获取，登记、分类、编目、命名、存储等功能应主要由电子档案管理系统根据预设规则以半自动或全自动化方式完成，尽量减少人工干预要求；统计、报表功能应支持灵活、可自定义的统计方式和统计报表设计，支持灵活的统计口径和指标选择；鉴定、销毁、利用等功能应具备可灵活调整的流程设置，且应具备完善的权限控制功能；系统应提供移交、备份等功能模块和对应接口，支持使用多种离线存储介质对电子档案进行移交和备份。

5.2.4　应具备电子档案安全管理功能，包括身份认证、权限管理、跟踪审计、生成固化信息等功能。

电子档案安全管理功能实施的最终目的是保证电子档案及其元数据的安全，需要从身份认证、权限管理、跟踪审计、生成固化信息等多个方面着手防护。本条所提安全管理功能要求均为基础性要求。针对不同的电子档案管理系统网络安全等级保护或分级保护等级，身份认证、权限管理、跟踪审计等安全管理功能要求也会随之不同。GB/T 29194—2012《电子文件管理系统通用功能要求》所述电子签名安全管理功能与本条明确的生成固化信息功能含义基本相同，此外，该标准还提出了文件变更安全管理要求，主要指对电子档案分类、保管期限划分、处置、元数据采集等方面的监控。电子档案管理系统网络安全等级保护、分级保护的有关要求见本标准 5.4 的解读内容。

（1）身份认证，也称为身份验证或身份鉴别，是指在电子档案管理系统中通过一种或两种以上的方法确认用户身份的过程。用户通过了身份认证并登录电子档案管理系统后，系统会自动锁定该用户具有的功能权限和数据权限，直到该用户退出系统，以保证电子档案管理系统和电子档案及其元数据、其他各种数据的安全，以及授权用户在系统内的合规权益。

（2）权限管理，是指根据电子档案管理系统设置的安全规则或安全策略，对注册用户可以拥有的功能权限、数据权限（即可以访问或检索利用的电子档案及其元数据）等进行配置、限定和调整。如有必要，可以将数据权限细分为门类、案卷、件、页等粒度，采用元数据（含目录数据）、数字原文访问权限分离的电子档案访问权限控制机制，用户未经授权不可访问对应的元数据或数字原文。

（3）跟踪审计，如本章第二节所述，跟踪审计又称为审计跟踪，主要通过跟踪审计日志实现安全管理，主要记录对象包括登录和试图登录电子档案管理系统的所有用户的各种操作行为，以及系统自身的行为等。尤其要记录用户对电子档案及其元数据进行导入与导出、著录、修改、检索、挂接、生成固化信息、下载、格式转换、销毁等操作行为。

（4）生成固化信息，是指采用国密算法的数字签名、数字时间戳等技术对电子档案进行计算生成一段消息摘要，与数字签名等相关信息存储在数字签名元数据中，用于校验电子档案是否保持原有状态、未被篡改，这一组电子签名元数据即称为固化信息。

5.2.5　应具备系统管理功能，包括系统参数管理、系统用户和资源管理、系统功能配置、操作权限分配、事件报告等功能。

系统管理功能通常面向系统管理员等管理角色，与具体的电子档案业务管理活动基本无关。系统管理功能是所有应用系统都应具备的功能，根据管理对象和支撑业务的不同，其设计、开发有所不同。以下系统功能的分类不是绝对和一成不变的，可以结合实际进行调整。

（1）系统参数管理，是指对电子档案管理系统底层的相关参数进行配置、管理的功能，包括：全宗信息配置，档案门类信息配置，数字证书参数设置，各种数据字典设置与管理，各门类档案著录界面设置，常用元数据（目录数据）显示设置，日志管理，用户口令管理与配置等。

（2）系统用户与操作权限管理，包括建立系统管理员或三员管理制度，用户注册，用户组与角色配置管理，角色权限配置，功能权限与数据权限管理等。

（3）系统功能配置，包括业务流程配置管理，档号构成规则配置，元数据方案 Schema 配置，各类统计报表维护，元数据库表结构配置，档案门类树配置，元数据与电子档案挂接策略配置，归档接口与移交接口管理等。

（4）系统资源管理，主要指各门类电子档案存储结构设置，存储路径的设置，元数据（目录数据）批量导入、导出，数据库各类数据的备份管理，回收站管理，存储空间监控，计算机文件格式监控，真实性、完整性、可用性检测等。

（5）事件报告，各类事件报告是辅助系统用户管理、维护电子档案管理系统的常用工具，主要包括日志审计报告，系统功能错误报告，存储空间报告，计算机文件格式报告，真实性、完整性、可用性检测报告，错误操作行为报告等。

5.2.6 应具备各门类纸质档案管理功能，包括对电子档案和纸质档案同步编目、排序、编制档号等功能。

在今后一定时期内，组织机构档案管理将持续实施双轨制管理模式。双轨制管理模式，非双套制管理，是指“在信息化发展过程中，各单位形成的文件既有传统载体文件又有电子文件，需要将电子文件与传统载体文件分别归档，并作为档案管理。”[16] 这里有两层含义。第一，某门类档案全部为纸质档案，例如纸质文书档案，另一门类档案完全由电子档案构成，例如照片电子档案，电子档案管理系统处理这种情况相对简单，功能设计与实现比较容易且成熟。第二，同一门类的档案由电子档案和纸质档案两部分组成，其内容与记录形式均不相同，例如，某组织机构建设应用的办公自动化系统主要用来拟制、办理电子公文，归档后形成电子档案，而会议记录、关于项目的专家鉴定意见、会议材料等以纸质文件形成并归档，或者关于同一项业务活动的文件分别以电子文件、纸质文件形成并归档。本条要求主要针对第二种情况提出，涉及电子档案和纸质档案同步编目、排序、编制档号等要求。

（1）同步编目功能。经电子档案管理系统完成某门类电子文件及其元数据的归档、编目工作后，电子档案管理系统要支持档案管理人员在该门类下某个插入点开始著录一件或一组纸质档案，支持档案管理人员将某份纸质档案插入某组合件中，或者插入某件电子档案的组件之中，并固定元数据及其相对应的电子档案先后顺序。

（2）同步排序与档号编制功能。完成纸质档案著录与编目工作后，电子档案管理系统能够根据档案管理人员的插入操作以及分类方案、事由、日期等要素对电子档案、纸质档案进行排序，在此基础上为纸质档

---

[16] 陶水龙，文件归档模式与档案移交接收流程设计，中国档案，2015-06。

案编制案卷级、文件级档号，并通过元数据在应用系统界面中展示排序和档号编制结果。

（3）系统配置功能与数据库设计要求。为满足双轨制管理模式要求，相同门类电子档案和纸质档案要采用统一的分类方案、保管期限表和档号编制规则，避免出现档号不一致、漏件、档号重复等问题。将纸质档案目录项（即著录项）纳入元数据方案进行统一设计、开发，实现同一门类档案的统一管理，优化系统设计和管理效率。

5.2.7　应具备纸质档案数字化以及纸质档案数字副本管理功能。

2014 年以来，国家档案局陆续印发《数字档案室建设指南》等文件，各省启动了国家示范数字档案室创建工作，部分国家综合档案馆将纸质档案数字副本列入电子档案接收范围，或与纸质档案一并移交进馆，纸质档案数字化已经逐步成为组织机构档案部门的一项经常性工作。为电子档案管理系统设计、配置纸质档案数字化功能，可以支持档案部门利用小块时间对当年归档的纸质文件进行数字化转换，以数字副本提供利用，能够更好地为单位履职服务，保证档案数字资源的完整性。为此，本条明确电子档案管理系统应具备纸质档案数字化以及纸质档案数字副本管理功能，数字化功能的设计、开发按照 DA/T 31—2016《纸质档案数字化规范》和同级档案行政管理部门的有关要求执行，主要包括：

（1）支持安装、连接、使用扫描仪，设置各种扫描参数；

（2）支持在指定的已有文件级目录数据下扫描单件纸质档案，可做图像处理、质检，生成 TIF 或 JPG 格式的数字副本，转换、生成一套双层 OFD 或双层 PDF 格式的数字副本；

（3）支持对纸质档案进行批量扫描，可做图像处理、质检，生成 TIF 或 JPG 格式的数字副本，转换、生成一套双层 OFD 或双层 PDF 格式的数字副本；

（4）按规则集中存储数字副本，挂接其中一种计算机文件格式的数字副本提供利用，按内置规则为数字副本命名并为计算机文件名元数据赋值，将数字副本纳入电子档案管理系统跟踪审计范围；

（5）在数字化过程中自动捕获必要的数字化元数据，如表 5-2 所示：

表 5-2 纸质档案数字化元数据项示例

序号	元数据项	元数据描述
1	数字化时间	记录纸质档案数字化的起止时间
2	数字化对象描述	记录需要特别说明的案卷物理特征等信息
3	数字化授权信息	记录纸质档案数字化审批信息等
4	色彩空间	记录扫描图像所应用的色彩空间
5	扫描分辨率	记录扫描分辨率
6	扫描色彩模式	记录扫描色彩模式
7	存储格式	记录扫描数字图像存储格式
8	存储路径	记录纸质档案数字图像的存储相对路径
9	扫描设备类型	记录纸质档案数字化所用扫描设备的类型
10	扫描设备制造商	记录纸质档案数字化所用扫描设备的制造商
11	扫描设备型号	记录纸质档案数字化所用扫描设备的型号
12	数字化软件名称	记录纸质档案数字化所用软件的名称
13	数字化软件版本	记录纸质档案数字化所用软件的版本
14	数字化软件生产商	记录纸质档案数字化所用软件的生产商
15	阅读所需软硬件条件	记录纸质档案数字化成果阅读所需的软硬件条件
16	数字化成果移交接收信息	记录纸质档案数字化成果的移交接收信息

第三节 档案信息化基础设施

电子文件归档与电子档案管理是组织机构一项长期的基础性工作，也是档案数字资源建设和数字档案室建设的重要组成部分。为统筹兼顾这些工作对信息化基础设施建设提出的要求，本标准使用了“档案信息化基础设施”这个上位概念加以表述。在本节后续解读中，以组织机构建设、管理档案数字资源为出发点，阐述本标准相关条文的背景、含义和要求。这里所述的档案数字资源包括：电子档案，传统载体档案数字副本，元数据（目录数据），数字资料等。除本解读所述内容外，读者可扩展阅读《数字档案室建设概论》第二章基础设施建设部分。

2014 年，国务院办公厅印发《关于推进电子政务协调发展的指导意见》（国办发〔2014〕66 号），明确今后仅建设、管理电子政务内网和电子政务外网，要求各地各单位梳理部署在业务专网中的应用系统，分别向电子政务内网或电子政务外网迁移。业务专网又称为电子政务专网或电子政务内网安全域，是各地建设的连通各级党政机关的非涉密局域网。近年来，已有大量业务系统迁移、新建并部署到电子政务外网。随着云计算、大数据等先进信息技术应用进入电子政务领域，许多省、设区市党委、政府本着统筹规划、资源共享、保障安全等原则，积极推进电子政务建设，由政府财政出资统一建设电子政务外网电子政务云、电子政务机房。一些地方明确要求同级党政机关不再自行采购服务器、存储等物理硬件设备，不再新建自有中心机房，只能申请电子政务外网电子政务云计算、存储和安全防范等资源，用于部署自有业务系统。为适应电子政务外网业务系统电子文件归档与电子档案管理要求，充分利用电子政务外网电子政务云资源，部分地区档案部门根据一些区域性、大型业务系统应用实际，将非涉密电子档案管理系统部署在电子政务外网或电子政务外网电子政务云之中与其对接，比如将集约式电子档案管理系统部署在电子政务外网并与一体化在线政务服务平台对接，这类实践活动呈明显增长之势，体现了电子文件归档与电子档案管理实际需求的变化。鉴于本标准 5.4.4 提出“支撑电子档案管理系统运行的网络应与互联网物理隔离”的主要目的是保障电子档案管理系统以及存储其中的电子档案的安全，当考虑采用上述方式开展电子文件归档和电子档案管理工作时，应至少对网络和电子档案管理系统实施三项安全管控措施，即对电子政务外网、电子政务外网电子政务云实行网络安全三级等保防护，对部署其中的电子档案管理系统实施网络安全三级等保，通过贯彻落实相关管理制度、完善密级著录与涉密信息自动过滤等多种措施杜绝涉密电子文件及其元数据进入电子档案管理系统。为了保障档案部门使用电子政务外网电子政务云资源安全，国家档案局办公室于2020年5月6日印发了《关于档案部门使用政务云平台过程中加强档案信息安全管理的意见》，明确涉及国家秘密、工作秘密的档案数据及业务不得使用政务云平台；对于直接影响党政机关运转和公众工作、生活的关键业务，涉及敏感信息和公民隐私的档案数据，可在确保安全的前提下考虑使用政务云平台；而档案数字资源总库的管理与备份，不得使用政务云平台。这是档案部门在使用电子政务外网电子政务云资源时应该执行的规定和要求。

本标准5.3所述各项要求是基于档案信息化建设基本需求给出的，对于部署在电子政务外网或电子政务外网电子政务云的电子档案管理系统，组织机构要结合网络和电子政务云资源实际，以及电子档案管理系统安全保护等级，提出其他所需设施设备采购需求，例如虚拟专用网络（VPN）、网关、电子政务云CPU资源和存储容量等，本解读不作专门说明。

5.3.1　档案信息化基础设施和信息安全设施应能保障电子档案管理系统的正常运行，满足电子文件归档与电子档案管理活动的实际需求。

档案信息化基础设施主要包括网络基础设施、中心机房、系统硬件、基础软件、安全保障设备、中间件等其他第三方应用软件，以及终端计算机、辅助设备等。要根据组织机构形成的档案数字资源管理需求，为档案部门设计、配备与电子档案管理系统相适应的档案信息化基础设施，包括明确所需硬件设备的种类、数量和性能等要求。建设档案信息化基础设施的总体目标是保障电子档案管理系统的正常运行，满足电子文件归档与电子档案各项管理活动的实际需求，做到用户操作便捷，性能高效，数据传输高速流畅，档案数字资源安全、可靠。设计时需要考虑的需求包括：电子档案管理系统应用软件架构和设计实现的组件或服务部署要求，业务系统和电子档案管理系统部署网络，档案数字资源数量、容量与存储、备份策略，最大在线用户数与最大在线用户并发数，数据传输最大并发数，计算机文件格式类型，系统响应要求和安全保护等级等。

本条是对档案信息化基础设施配备提出总体要求，5.3.2 至 5.3.4 是分别对各类设施设备提出具体要求。需进一步熟悉、掌握档案信息化基础设施，可阅读《数字档案室建设概论》第二章相关内容。

5.3.2　应为档案部门配备局域网、政务网和互联网等网络基础设施，网络性能应能适应各门类电子文件、电子档案传输、利用要求。

通常，局域网是部署在组织机构内部的一张与其他网络物理隔离的非涉密网络，政务网分为电子政务外网、电子政务内网，电子政务内网为涉密网络，按照当前网络设计标准建设的各类网络基础设施，其性能都能满足电子文件归档与电子档案管理要求。组织机构档案部门网络基础设施建设工作，首先要遵行本标准 4.1 提出的“应遵循纳入单位信息化建设规划、技术与管理并重、便于利用和安全可靠的原则。”即档案部门网络基础设施是组织机构网络基础设施、政务网络的有机组成部分，所需配备的是位于档案部门工作区的各网络信息点，如有必要可配置网络交换设备以扩展网络信息点，无需为组织机构档案部门另建一套完整的网络基础设施。采购的服务器、存储等硬件设备应部署在组织机构建设的中心机房或同级电子政务应用托管机房之中，实现信息化建设成果的充分共享与利用。

当组织机构建设、应用了局域网，局域网信息点应该铺设至档案部门各类工作区域。根据我国电子政务发展实际，组织机构一般经电子政务外网接入互联网，配置了电子政务外网信息点等同于连通了互联网，应为档案部门铺设足够的电子政务外网信息点。如果组织机构要建设、应用涉密电子档案管理系统，则要为档案部门配备政务内网信息点或自建涉密网络的信息点。在保障安全的基础上，电子档案管理系统与业务系统部署在相同网络中，有利于业务系统电子文件归档的顺利开展，能够最大限度提高自动化程度和工作效率。

5.3.3 应配备与电子档案管理系统以及电子档案管理需求相适应的系统硬件、基础软件和存储、备份等设备。

为支撑电子档案管理系统运行，实现档案数字资源的安全可靠备份，需要为档案部门采购、配备相应的设施设备：

（1）支撑电子档案管理系统运行的系统硬件，包括数据库服务器、WEB 服务器、磁盘阵列或分布式存储等，当电子档案管理系统部署、运行在电子政务云时，需要为其配备足够的虚拟机和云存储空间；

（2）支撑电子档案管理系统应用软件开发、运行的基础软件和第三方应用软件，包括网络操作系统、数据库管理系统、中间件、OCR 光学识别开发包、全文检索开发包、数字签名或数字时间戳等；

（3）用于档案数字资源备份的设施设备，包括虚拟带库、物理带库、磁盘阵列、光盘库、备份软件等在线备份系统，以及光盘、移动硬盘等离线备份设备等；

（4）用于电子档案管理系统的终端设备，包括个人电脑、打印机、扫描仪、光盘检测工具、恒温恒湿防磁柜等。

5.3.4 应配备与电子档案管理系统相适应的安全保障设施，包括杀毒软件、防火墙等设备。

确保电子档案管理系统或承载电子档案管理的业务系统安全的主要措施是，按照《中华人民共和国网络安全法》、GB/T 22239—2019《信息安全技术 网络安全等级保护基本要求》等法规、标准开展安全等级保护或分级保护工作，根据确定的安全保护等级或分级保护等级配备安全防护设备，主要有中心机房安全防范设备、网络安全防范设备、主机安全防范设备、应用安全防护设备和相关应用软件功能、数据安全及备份恢复设备等，杀毒软件、防火墙也是重要的安全防范设备。非涉密电子档案管理系统安全防范设施设备的配置可参见但不限于表 5-3 所示。

表 5-3　电子档案管理系统部分安全设备配置参考表

防护类型	网络安全等保二级要求	网络安全等保三级要求
安全物理环境	机房场地防震、防风和防雨。 机房出入口应安排专人值守或配置电子门禁系统。 设置火灾自动消防系统、温湿度自动调节设施。 提供短期的备用电力供应。	机房场地防震、防风和防雨。 **配置电子门禁系统。** **设置机房防盗报警系统或设置有专人值守的视频监控系统。** **设置防雷保安器或过压保护装置等。** 设置火灾自动消防系统，**对机房划分区域进行管理。区域和区域之间设置隔离防火措施。** 应设置温湿度自动调节设施。 **应安装对水敏感的检测仪表或元件。** 提供短期的备用电力供应。**应设置冗余或并行的电力电缆线路为计算机系统供电。**
安全通信网络	划分不同的网络区域。 重要网络区域与其他网络区域之间应采取可靠的技术隔离手段。	划分不同的网络区域。 重要网络区域与其他网络区域之间应采取可靠的技术隔离手段。**应提供通信线路、关键网络设备和关键计算设备的硬件冗余。** 应采用校验技术**或密码技术**保证通信过程中数据的完整性。如 SSL VPN、CA。
安全区域边界	边界防护。如防火墙。 访问控制。如防火墙。 恶意代码防范。如防病毒网关。 安全审计。如日志审计软硬件。	边界防护。如防火墙。 访问控制。如防火墙。 入侵防范。如防火墙、IDS、IPS、防 APT 高级持续威胁。 恶意代码**和垃圾邮件**防范。如防病毒网关、邮件防护。 安全审计。如安全日志审计软硬件。
安全计算环境	主要指软件应用方面。 身份鉴别。如 CA。 访问控制。 安全审计。如日志审计软硬件。 入侵防范。如漏洞扫描。	主要指软件应用方面。 身份鉴别。如 CA、密码器、指纹阅读器。 访问控制。如数据库审计。 安全审计。如数据库审计、日志审计软硬件。 入侵防范。如漏洞扫描。 **恶意代码防范**。如数据库审计。 **数据完整、保密。** **数据备份恢复。如 NAS、物理带库等备份系统，异地实施备份和热冗余**。配置三套以上存储备份介质，如硬盘、光盘、磁带等；重要数据异质异地备份。

续表

防护类型	网络安全等保二级要求	网络安全等保三级要求
安全管理中心	系统管理。 审计管理。	系统管理。 审计管理。 **安全管理**。如运维堡垒机。 **集中管控**。如日志审计、VPN、运维管理系统。

第四节　电子档案管理系统安全管理

电子档案管理系统的安全管理是一项复杂而责任重大的工作，包括管理与技术两个方面，涉及档案、信息化、保密和各个相关业务部门，需要长期坚持、推进。2004 年，公安部汇同有关部门联合印发《关于信息安全等级保护工作的实施意见》，2005 年国家保密局印发《涉及国家秘密的信息系统分级保护管理办法》，标志着我国开始推行信息安全等级保护和分级保护工作，随后陆续出台了一系列国家标准。公安部于 2011 年建立了 54 个行业主管部门参加的等级保护联络员制度，档案行业为其中之一，国家档案局先后制定发布了《档案信息系统安全等级保护定级工作指南》、《档案信息系统安全保护基本要求》，为档案部门开展安全管理工作提供了重要的指导和可操作性文件。2017 年 6 月 1 日正式实施的《中华人民共和国网络安全法》第二十一条规定国家实行网络安全等级保护制度，其中即包括运行在网络中的各类计算机信息系统，《中华人民共和国保守国家秘密法》第二十三条则明确要求对涉密计算机信息系统实行分级保护制度，从国家法律的高度为网络和计算机信息系统安全提供保障。根据一系列安全管理法律法规和标准，电子档案管理系统安全管理应以网络安全等级保护或分级保护为措施，将管控辐射到安全管理的各个方面。为保证电子文件归档与电子档案管理全程的安全，从有利于安全管控、取得实效、便于利用出发，组织机构在决策电子档案管理系统建设事项时，应结合本单位或本地区电子文件管理实际选择一个建设方向，即建设非涉密电子档案管理系统或涉密电子档案管理系统。建设非涉密电子档案管理系统时，应严格剥离涉密档案数字资源进入系统，为便于档案数字资源的统计、分析，可将涉密电子档案和涉密纸质档案的档号、全宗号、档案门类代码、全宗名称、密级等5个不涉及秘密信息的著录项及其内容存储在元数据库中。

5.4.1　电子档案管理系统安全管理应参照《档案信息系统安全等级保护定级工作指南》、涉密计算机信息系统分级保护等规定执行。

电子档案管理系统属于《档案信息系统安全等级保护定级工作指南》所定义的档案信息系统的一种，其安全等级保护工作通常按照网络安全等级保护定级、备案、测评、整改、测评的程序实施。电子档案管理系统安全等级保护按照GB/T 22239—2019《信息安全技术　网络安全等级保护基本要求》、GB/T 22240—2020《信息安全技术　网络安全等级保护定级指南》、GB/T 25070—2019《信息安全技术　网络安全等级保护安全设计技术要求》等国家标准执行。根据电子档案管理系统受到破坏后所造成的危害或损失确定安全保护等级，一般不能低于二级。涉密电子档案管理系统的分级保护工作按照BMB17—2006《涉及国家秘密的信息系统分级保护技术要求》、BMB20—2007《涉及国家秘密的信息系统分级保护管理规范》、BMB23—2008《涉及国家秘密的信息系统分级保护方案设计指南》等标准执行。

5.4.2　应建立电子档案管理系统安全管理制度，明确管理职责和要求，规范操作行为。

要根据电子档案管理系统网络安全保护等级或分级保护等级，依据相关标准规范要求建立管理制度，安全管理要求和操作规程应涵盖电子档案管理系统建设、应用、运维的所有工作环节。例如，对于执行安全等级保护二级的电子档案管理系统，组织机构要指定或授权专门的部门和人员负责安全管理制度的制定，并通过正式、有效的方式发布；要制定网络安全工作的总体方针和安全策略，说明机构安全工作的总体目标、范围、原则和安全框架等；要对安全管理活动中的主要管理内容建立安全管理制度，对安全管理人员或操作人员执行的日常管理操作建立操作规程。对于执行网络安全等级保护三级的电子档案管理系统，除上述要求外，组织机构还应建立由安全策略、管理制度、操作规程、记录表单等构成的全面的网络安全管理制度体系。

5.4.3 电子档案管理系统以及档案信息化基础设施、信息安全设施等各种设备的选型、采购应符合国家有关信息安全和知识产权保护等方面的规定。

为确保电子档案管理系统安全，根据国家规定，网络安全防护设施设备必须采购、使用完全国产化产品，服务器、存储、备份和基础软件等应优先采购、使用具有自主知识产权的国产产品。基础软件的采购还要符合国家正版软件管理要求，不得使用盗版、有安全隐患的软件产品。涉密电子档案管理系统各类信息化基础设施的采购、配置和使用，必须按照有关涉及国家秘密信息系统分级保护技术要求的规定执行，以确保电子档案管理系统的安全。

5.4.4 支撑电子档案管理系统运行的网络应与互联网物理隔离，与互联网设备之间的数据传输应通过一次性写入光盘实施。

根据电子档案管理系统安全保障要求，本标准提出电子档案管理系统要部署在与互联网物理隔离的局域网或政务内网等保密网络之中。在涉密电子档案管理系统安全管理过程中必须遵守该规定，原则上，非涉密电子档案管理系统应部署、运行在局域网络之中。正如本节开篇所述，实践中已经形成或将会形成诸多非涉密电子档案管理系统部署在电子政务外网的实际应用项目，在这一工作模式下必须严格实施符合国家有关网络安全要求的防范措施。

通常，电子档案管理系统只部署在一个网络中。为保障电子档案管理系统以及存储其中的档案数字资源安全，凡形成于互联网的电子文件及其元数据归档时，应采用一次性写光盘进行数据交换，以离线方式导入电子档案管理系统。互联网业务系统与涉密电子档案管理系统间的数据交换，要按照信息系统安全分级保护要求执行。

5.4.5　严格管理电子档案管理系统的专用离线存储介质及其用户，定期查杀病毒，监控非授权用户的登录与操作行为。

本条所述“专用离线存储介质”是指经过授权、专门用于电子档案管理系统的离线存储介质。离线存储介质、电子档案管理系统用户管理是安全防控的重要内容之一。网络、电子档案管理系统安全防范措施通过部署安全设备、配置安全策略、开发相关安全防范功能予以保障，一旦落实到位并固化，仅当获得授权后方能修改、变更。但是，离线存储介质的使用、电子档案管理系统用户的操作行为，有可能因为相关责任人的主观因素带来安全隐患，需要进行严格管理。本条就此提出了四方面管理要求：

（1）对于电子档案管理系统，除一次性写入光盘外，必须实行U盘、移动硬盘等离线存储介质专网专用管理制度，严禁跨网段使用、交换数据，禁止未经授权的离线存储介质接入电子档案管理系统，其管理应符合网络安全等级保护或分级保护要求；

（2）要严格执行电子档案管理系统用户注册、赋权、注销审批登记制度，其管理应符合网络安全等级保护或分级保护要求；

（3）定期检查电子档案管理系统专用离线存储介质，严格保管，定期查杀病毒；用于数据交换的专用离线存储介质是污染数据、在各应用系统之间传播病毒的主要途径之一，需严加防范和管控，必须持续、及时升级防病毒系统病毒库，以保证其病毒防范能力；

（4）加强用户日常管理，实现安全管理责任制，严禁冒用他人用户名和密码登录电子档案管理系统，定期审计系统日志，监控违规登录、登录失败与违规操作等行为，发现问题及时登记、处置。

5.4.6　应制定并实施电子档案管理系统应急处置预案，明确职责分工和保障措施，建立预防预警、应急响应和奖惩等应急处置机制。

制定并实施电子档案管理系统应急处置预案，是电子档案管理系统安全防范的重要内容和措施，要与网络安全等级保护或分级保护工作同步进行。电子档案管理系统应急处置预案要明确主管领导以及相关各方的职责与分工，界定突发事件等级，确定不同等级突发事件的处置程序、措施等；要明确突发事件预防预警要求，以及应急响应和奖惩办法等要求；要结合实际，与有关部门联合编制电子档案管理系统应急处置演练计划、方案，并进行定期演练，确保电子档案安全。

第六章　电子文件归档范围

随着信息技术在组织机构各类公务活动中的普及应用，形成的电子文件门类和内容日趋丰富。根据电子文件形成的原因及其作用，其归档范围也有规律可循。组织机构广为熟悉的文书、科技、专业和声像等类传统载体文件与相应的电子文件，在门类划分、各门类下的归档范围基本一致，已经发布实施的有关文件材料归档范围的部门规章和业务标准均适用于相应的电子文件。《机关文件材料归档范围和文书档案保管期限规定》（国家档案局令第 8 号）第二条提出“本规定中的机关文件材料是指机关在其工作活动过程中形成的各种门类和载体的历史记录。”《企业文件材料归档范围和档案保管期限规定》（国家档案局令第 10 号）也作出了基本相同的规定。根据这一规定，机关、企业形成的文书、科技、专业和声像等类电子文件，以及在网络和自媒体时代应运而生的网页、微博、微信等类电子文件，均可按照上述两项规章明确其归档范围，社会团体、事业单位和其他社会组织也可参照执行。对于国家相继发布的部分专业类文件材料、网站网页等归档范围，具有针对性，且便于操作和理解，本标准也提出可按照其规定编制本地区或本单位相应门类电子文件归档范围。

电子文件元数据是深刻揭示、记录电子文件内容、背景、结构和管理过程的信息，是电子文件真实性、可靠性、完整性和可用性的重要保障之一，在电子文件归档的同时必须一并提交相应的电子文件元数据。在电子文件生命周期中，电子文件元数据的数量、元数据值都处于动态增长、变化之中，归档前至归档、归档后至移交和长期保存这三个时间段，电子文件元数据需采集的个数和赋值要求均有不同，DA/T 46—2009《文书类电子文件元数据方案》、DA/T 54—2014《照片类电子档案元数据方案》、DA/T 63—2016《录音录像类电子档案元数据方案》等标准都是着眼于电子文件全程管理要求设置元数据方案的。鉴于元数据的重要性，以及组织机构对电子文件元数据知晓不多等客观原因，本标准第 6 章专门就电子文件及其元数据的归档范围作出规定，以引起重视，方便操作。

第一节　电子文件归档范围

经过近十余年的努力，档案室室藏档案门类结构单一的情况已经有所改观，声像档案和部分专业档案正逐步充实并丰富档案室档案资源的种类和内容，档案室正在由“红头文件”档案室向综合档案室迈进，并在思想、制度等方面为各门类电子文件的归档与电子档案管理奠定了一定基础。当前，声像类电子文件、网页类电子文件的形成比较普遍，文书、专业等类电子文件则要视组织机构建设、应用业务系统情况而定。在地区间、地区内组织机构间业务系统的应用呈现不平衡情况，既有行业性的金税等金字工程项目，政府建设应用的跨部门、跨行政层级的统一办公自动化平台、政务服务网等，也有组织机构为提高行政效率、节约资源而自行建设应用的业务系统。因此，在档案室向综合档案室、数字档案室转型过程中，为避免电子档案流失、再次陷入电子档案门类单一的境况，组织机构明确电子文件归档范围时，首先需确定的是本单位已经运行和将要新建的业务系统形成哪些门类的电子文件，以及哪些门类电子文件应该归档，之后方能进一步规定某门类电子文件的归档范围和保管期限表。

6.1.1　反映单位职能活动、具有查考和保存价值的各门类电子文件及其元数据应收集、归档。

组织机构开展电子文件归档与电子档案管理工作，首先要明确本单位应归档的电子文件门类，保证本全宗内电子档案门类齐全、完整。同时，要督导有关内设职能部门将电子文件的收集、归档作为本部门基础性工作抓牢抓实，利于在信息时代保存组织机构客观、完整的历史记录。组织机构应开展哪些门类电子文件归档工作，需根据本单位电子文件形成实际确定。当前，各单位、尤其是涉及民生服务单位形成的电子文件门类主要有：

（1）声像类、网页类电子文件。其中，声像类电子文件包括照片、录音、录像类电子文件；

（2）文书类电子文件。组织机构建设、应用了办公自动化系统，且形成了文书类电子文件，则需开展文书类电子文件归档工作；

（3）专业类电子文件。组织机构是否需要开展专业类电子文件归档工作，要基于两方面情况加以判断。第一，组织机构建设、应用了业务系统，其形成的电子文件列入了国家基本专业档案目录，则该门类电子文件应归档。目前，国家档案局已经以档函〔2011〕261 号、档函〔2011〕273 号文印发了两批共 100 种国家基本专业档案目录。第二，组织机构建设、应用了业务系统，其形成的电子文件虽未列入国家基本专业档案目录，但记录了组织机构履行主要业务职能的客观事实，则该专业类电子文件应归档。

（4）科技类电子文件。在各门类电子文件之中，科技类电子文件归档工作难度稍高。在科研项目、产品设计和生产、项目建设、设备仪器采购等工作中，应归档文件材料形成渠道众多，内容复杂，例如一些重点建设项目周期长，且涉及建设单位、勘察单位、设计单位、施工单位和监理单位等多个部门，在项目建设全程形成的文件多为纸质与电子混掺，有时纸质文件材料占比较重，具有明显的双轨制特征。例如，重点建设项目申报需提交的可行性研究报告、环境评估报告、节能报告、安全评估报告等文件，在编制单位大都有电子文件形成，但是受知识产权保护等客观因素影响，编制单位常以纸质文件提交给委托编制单位，基于重点建设项目并联审批系统申报时，也只能以纸质文件递交申报材料，项目审批单位或项目建设单位通常只能归档这些纸质文件材料。此外，经过多年的研究与实践，生产型企业的计算机辅助设计与辅助制造系统、产品数据管理系统等业务系统形成的二维、三维图形类电子文件、数据库类电子文件等的归档工作已经取得了一定成效。

在科技、专业等类电子文件中，部分业务活动生成的电子文件以纯关系型数据库文件（即结构化数据）形成、存储，或以数据库文件和电子文档、图像文件（即非结构化数据）混合生成，如信访、数据统计、人力资源管理、产品数据管理等业务系统。存储在数据库文件中的各种信息，凡具有保存和查考价值的应列入归档范围，例如统计数据、办理意见、培训成绩、生产工具清单数据等。在一些数据库文件中，归档时需从不同数据表文件中分别提取信息并组合形成一份新的电子文件归档。例如某行业性培训中心的培训考试管理系统，为每位接受过培训的干部职工建立了基础信息表，包括单位名称、姓名、性别、出生年月、身份证件号、政治面貌、学历、工作经历、家庭住址、电话、电子邮箱等，基础信息表应归档保存；另设计、建立了培训考试登记表，用来记录每个接受培训的干部职工学习情况，并通过关键指针，例如身份证件号与基础信息表关联，培训考试登记表包括培训班名称、姓名、身份证件号、职务、职称、培训时间、培训课程、考核成绩等。归档时需从基础信息表中提取单位名称、性别、政治面貌、电话、电子邮箱等信息，与每次培训考试登记表合并形成新的数据表文件归档。

6.1.2　文书类电子文件归档范围按照《机关文件材料归档范围和文书档案保管期限规定》、《企业文件材料归档范围和档案保管期限规定》等执行。

机关、团体、事业单位和其他组织形成的文书类电子文件归档范围按照《机关文件材料归档范围和文书档案保管期限规定》（国家档案局令第 8 号）执行。自 2006 年发布国家档案局令第 8 号以来，组织机构依据《机关文件材料归档范围和文书档案保管期限规定》，编制本单位文件材料归档范围和文书档案保管期限表，并通过了同级档案主管部门审批，这同样适用于文书类电子文件的收集和归档。

企业形成的管理类电子文件归档范围按《企业文件材料归档范围和档案保管期限规定》（国家档案局令第 10 号）执行。自 2012 年发布国家档案局令第10号以来，国有企业依据《企业文件材料归档范围和档案保管期限规定》，编制本单位文件材料归档范围和管理类档案保管期限表，并通过了同级档案主管部门审批，也适用于管理类电子文件的收集和归档。

6.1.3　照片、录音、录像等声像类电子文件归档范围参照GB/T 11821—2002执行。

本标准报批后，国家档案局先后批准发布了DA/T 50—2014《数码照片归档与管理规范》、DA/T 78—2019《录音录像档案管理规范》等两项标准。基于GB/T 11821—2002《照片档案管理规范》的有关要求，DA/T 50—2014《数码照片归档与管理规范》对照片类电子文件的归档范围作了进一步的扩展和细化，两项标准所述照片类电子文件归档范围如表6-1所示。录音录像类电子文件归档范围应按照DA/T 78—2019《录音录像档案管理规范》的要求执行。

表6-1　两项标准的照片类电子文件归档范围列表

GB/T 11821—2002《照片档案管理规范》		DA/T 50—2014《数码照片归档与管理规范》	
章节编号	标准内容	章节编号	标准内容
4.1.1	记录本单位主要职能活动和重要工作成果的照片	4.1.1	记录本单位主要职能活动和重要工作成果的数码照片
4.1.1.1	领导人和著名人物参加与本单位、本地区有关的重大公务活动的照片	4.1.1.1	本单位主办或承办的重点工作、重大活动、重要会议的数码照片
4.1.1.2	本单位组织或参加的重要外事活动的照片	4.1.1.2	本单位重点建设项目、重点科研项目的数码照片
4.1.1.3	记录本单位、本地区重大事件、重大事故、重大自然灾害及其他异常情况和现象的照片	4.1.1.3	领导人、著名人物和国际友人参加与本单位、本地区有关的重大公务活动的数码照片
		4.1.1.4	本单位劳动模范、先进人物及其典型活动的数码照片
		4.1.1.5	本单位历届领导班子成员的数码证件照片

续表

GB/T 11821—2002《照片档案管理规范》		DA/T 50—2014《数码照片归档与管理规范》	
章节编号	标准内容	章节编号	标准内容
4.1.2	记录本地区地理概貌、城乡建设、重点工程、名胜古迹、自然风光以及民间风俗和著名人物的照片	4.1.2	记录本单位、本地区重大事件、重大事故、重大自然灾害及其他异常情况和现象的数码照片
4.1.3	其他具有保存价值的照片	4.1.3	记录本地区地理概貌、城乡建设、重点工程、名胜古迹、自然风光以及民间风俗和著名人物的数码照片
		4.1.4	其他具有保存价值的数码照片

6.1.4 科技类电子文件的归档范围按照 GB/T 11822—2008、DA/T 28—2002 等标准执行。

目前，除 DA/T 28—2018《建设项目档案管理规范》外，国家档案局和部分行业主管部门联合印发的相关文件也可以参照执行，例如，有关项目建设的《建设项目电子文件归档和电子档案管理暂行办法》（档发〔2016〕11 号）、《国家电子政务工程建设项目档案管理暂行办法》（档发〔2008〕3 号），有关科研领域的 DA/T 2—1992《科学技术研究课题档案管理规范》等。虽然 GB/T 11822—2008《科学技术档案案卷构成的一般要求》没有明确归档范围，其中的第 4 章关于组卷方法、第 5 章的各项要求也间接地表述了应归档科学技术类文件材料的类别，可以参照执行。建设项目形成的电子文件归档范围应按照 DA/T 28—2018《建设项目档案管理规范》附录 B 给出的要求执行。

6.1.5 各种专业类电子文件归档范围按照国家相关规定执行。

专业类电子文件归档范围，专业主管部门有专门规定的，应从其规定。例如，《审计署办公厅关于印发〈审计署审计文件材料立卷归档操作规程和审计署审计档案保管期限规定〉的通知》（审办办发〔2013〕14 号）、《关于印发〈全国税务机关文件材料归档范围和文书档案保管期限规定〉的通知》(国税发〔2008〕64号)，等等。专业主管部门没有专门规定的，可参照《机关文件材料归档范围和文书档案保管期限规定》(国家档案局令第8号)执行。

为规范全国一体化在线政务服务平台电子文件归档工作，国家档案局批准发布了档案行业标准DA/T 85—2019《政务服务网电子文件归档规范》，各单位在办理政务服务事项（包括行政权力事项和公共服务事项）过程中形成的电子文件，其归档范围、保管期限表编制等均可遵照执行。

6.1.6　邮件类电子文件的归档范围按照DA/T 32—2005等标准执行。

DA/T 32—2005《公务电子邮件归档与管理规则》规定了公务电子邮件及其元数据的归档范围，邮件类电子文件的归档要遵照执行。该标准6.3.1概括性地明确了公务电子邮件的归档范围，即反映单位工作活动并具有查考利用价值的公务电子邮件应归档，以及和归档纸质文件内容相同的公务电子邮件需归档保存。该标准6.3.2则针对一件公务电子邮件明确了归档范围，包括电子邮件正文、附件、收发日志，以及题名、发送人、接收人等元数据，如表6-2所示。

表6-2　公务电子邮件归档范围

章节编号	标准内容
6.3.1	凡是反映本单位工作活动且具有查考利用价值的公务电子邮件均属归档范围。载有相同信息的纸质文件属于归档范围的，则该份电子邮件也应归档
6.3.2	公务电子邮件归档时，应包括以下部分： a）邮件发送人、接收人的具体情况（包括姓名、职务、所属部门和公务电子邮箱）； b）发送、接收邮件的时间； c）邮件密级； d）邮件的题名； e）邮件正文、附件； f）邮件收发日志； g）发送、接收邮件的软件名和版本号。

6.1.7　网页、社交媒体类电子文件归档范围可参照《机关文件材料归档范围和文书档案保管期限规定》执行。

网页、社交媒体类电子文件是近几年出现的新类型电子文件，2017年5月15日印发的《国务院办公厅关于印发政府网站发展指引的通知》（国办发〔2017〕47号）明确指出“网页归档是对政府网站历史网页进行整理、存储和利用的过程。政府网站遇整合迁移、改版等情况，要对有价值的原网页进行归档处理。”国家档案局为规范网页等类电子文件归档与电子档案管理工作，组织开展了相关研究和标准编制工作，并于2019年发布了档案行业标准DA/T 80—2019《政府网站网页归档指南》，网页类电子文件的归档范围应按其规定执行，社交媒体类电子文件可参照该行业标准以及《机关文件材料归档范围和文书档案保管期限规定》（国家档案局令第8号）执行。

第二节　电子文件元数据归档范围

本标准6.2明确的应归档元数据，为各门类电子文件的基本元数据，都是在电子文件归档前形成的。这些电子文件元数据揭示了电子文件的主题信息以及形成时的物理结构、形成环境等，记录了业务系统电子文件拟制或办理过程，是证明电子文件在其形成阶段的真实性、可靠性、完整性和可用性的证据链。

6.21　应归档电子文件元数据应与电子文件一并收集、归档。

本条要求在电子文件归档的同时，要一并收集、归档相应的元数据。一方面，经业务系统形成的电子文件，由业务系统以自动或半自动化方式完成相应元数据的收集、归档，这也对业务系统相关功能的开发提出了要求，即需按照应归档元数据范围要求设计、开发业务系统各类元数据的采集和归档功能。另一方面，揭示声像类电子文件记录的工作活动主题、人物、地点等元数据，必须由相关人员在电子文件归档前按照有关要求手工著录、赋值。应明确熟悉工作活动的拍摄者或组织者负责著录工作，否则，将元数据与声像类电子文件一并归档的要求将成为空谈。因为，档案管理人员不了解声像类电子文件记录的工作活动，而采用一般性技术开发建成的电子档案管理系统无法为声像类电子文件自动著录上述元数据。

6.2.2　文书类电子文件应归档元数据按照DA/T 46—2009等标准执行，至少包括：

a）题名、文件编号、责任者、日期、机构或问题、保管期限、密级、格式信息、计算机文件名、计算机文件大小、文档创建程序等文件实体元数据；

b）记录有关电子文件拟制、办理活动的业务行为、行为时间和机构人员名称等元数据，应记录的拟制、办理活动包括：发文的起草、审核、签发、复核、登记、用印、核发等，收文的签收、登记、初审、承办、传阅、催办、答复等。

DA/T 46—2009《文书类电子文件元数据方案》从名称、定义、目的、约束性等14个属性对上述元数据作出了详细描述，业务系统功能设计、开发者须认真阅读、全面掌握。本条主要明确了应归档的文书类电子文件基本元数据，包括电子文件内容和职能背景元数据、结构和技术属性元数据、拟办过程元数据。

a）描述电子文件内容和职能背景的元数据有：题名，文件编号，责任者，日期，机构或问题，保管期限，密级；描述电子文件结构和技术属性的元数据为：格式信息，计算机文件名，计算机文件大小。此外，为便于归档后电子档案唯一标识符、档号的编制，最好同时生成归档年度、机构或问题代码、保管期限代码等元数据。

b）描述电子文件拟办过程的元数据包括业务行为、行为时间和机构人员名称等，包括发文的拟制程序和收文的办理程序。其中，业务行为元数据的值包括起草、审核、签发、复核、登记、用印、核发、签收、登记、初审、承办、传阅、催办、答复等，行为时间元数据记录的则是前述业务行为发生的时间，机构人员名称元数据用于记录对各项业务行为负有责任人员的姓名。

6.2.3 科技、专业、邮件、网页、社交媒体类电子文件应归档元数据可参照6.2.2给出的要求执行。

DA/T 32—2005《公务电子邮件归档与管理规则》的6.3.2明确了部分应归档的公务电子邮件元数据，包括：邮件发送人、接收人的姓名、职务、所属部门和公务邮箱，发送、接收邮件的时间，邮件密级，邮件的题名，发送、接收邮件的软件名与版本号。这些元数据与本标准6.2.2 a）明确的文书类电子文件元数据基本一致。除此之外，国家尚未对科技、专业类电子文件元数据方案作出明确要求。因此，本标准提出在归档前上述各门类电子文件元数据的采集、归档应参照本标准6.2.2给出的文书类电子文件元数据归档要求执行。政务服务网电子文件元数据的归档可按照档案行业标准DA/T 85—2019《政务服务网电子文件归档规范》执行，网页、社交媒体类电子文件元数据的归档范围参照DA/T 80—2019《政府网站网页归档指南》的附录B执行。

6.2.4 声像类电子文件应归档元数据包括题名、摄影者、录音者、摄像者、人物、地点、业务活动描述、密级、计算机文件名等。

本条所列应归档声像类电子文件元数据，除计算机文件名元数据外，基本需要摄录者或电子文件形成部门手工著录。读者可阅读DA/T 54—2014《照片电子档案元数据方案》、DA/T 63—2017《录音录像类电子档案元数据方案》等两项行业标准，熟悉各元数据的定义、著录要求和赋值方式等。与业务系统形成的电子文件不同，声像类电子文件均由数字摄录设备直接拍摄、录制形成，没有拟制或办理过程，从数字摄录设备导出后，通常直接导入电子档案管理系统并开展归档、管理工作。因此，上述两项行业标准的管理过程元数据自归档登记节点开始，结构元数据也由电子档案管理系统自动采集。

第七章　电子文件的收集与整理

本标准自第 7 章开始，各章节内容分别用于明确电子文件归档与电子档案管理各项基础业务的基本要求，即本标准第 1 章明确的电子文件收集、整理、归档和电子档案编目、管理与处置等基础业务活动。纸质等传统载体档案管理工作中，文件材料的收集、整理亦是两项重要基础业务。

由于纸张等载体易于长久保存，即便存在组织机构个别业务部门违反档案管理要求拒不履行归档义务，将应归档纸质文件材料留在本部门的违法情况，只要应归档纸质文件材料收集并保存在文件柜中，未丢失、未损毁，便仍有整改机会，档案部门和业务部门只需将应归档纸质文件材料从文件柜中取出并移交到档案室，完成归档手续，即可成功抢救珍贵的档案资源。但是，电子文件形成后是存储在业务系统存储器或是工作用台式电脑、笔记本电脑中，如果不及时收集、整理并归档，当业务系统核心软硬件、台式电脑等设施设备升级、更新或换代，或存储硬盘出现故障等情况，都可能引起电子文件及其元数据的流失、损毁，存在极大的档案安全风险。因此，为保障电子档案安全，必须及时开展电子文件的收集和整理工作。如本解读前面若干章所述，根据档案管理要求和电子文件管理实际，电子文件的收集、整理应在归档前完成。

根据全程管理原则和文书处理部门立卷制度等要求，在电子文件形成、收集和整理过程中形成的一系列管理成果，包括保管期限鉴定和整理、计算机文件格式、计算机文件名以及相关元数据赋值等成果，都将通过归档程序进入到电子档案管理阶段，归档后无需重新为电子文件组件命名，也无需为计算机文件名、保管期限、机构或问题等元数据赋值，维护了管理过程中电子文件及其元数据的可靠和稳定的关联关系，为虚拟化环境中自电子文件形成到电子档案移交全程均处于受控状态提供了重要保障。

第一节　电子文件及其元数据的收集

根据电子文件及其元数据的形成环境、生成方式的不同，电子文件及其元数据的收集要求和方式也有所不同，主要有自动收集和手工收集两种方式。业务系统形成的电子文件及其元数据，以全自动化方式收集。照片、录音、录像类电子文件，需以手工方式从数字摄录设备中导出、转码，并存储到电脑或电子档案管理系统存储器中，以便开展著录、整理等工作。本标准 7.1 主要明确收集电子文件的要求，由于各门类电子文件的形成方式、存储环境不同，电子文件的构成也较为复杂，以标准文本一章的篇幅很难系统、详细地一一明确相关要求，同时，又希望能为不太熟悉电子文件管理的读者以引导，故采用了纲要与枚举相结合的方式明确相关要求，如对电子公文、产品类电子文件组件的枚举，使读者能够对电子文件组件有些许感性认识。

7.1.1　应在业务系统电子文件拟制、办理过程中完成电子文件的收集，声像类电子文件、在单台计算机中经办公、绘图等应用软件形成的电子文件的收集由电子文件形成部门基于电子档案管理系统或手工完成。

本条的“应在业务系统电子文件拟制、办理过程中完成电子文件的收集”，进一步强调了为业务系统设计、开发电子文件归档功能的必要性和重要性，这与本标准 5.1 明确的配置业务系统电子文件归档功能的要求是一致的。电子文件的收集主要有两种方式，即基于业务系统相关功能自动收集、电子文件形成相关部门的工作人员手工收集。

（1）经业务系统形成的电子文件，应基于业务系统在拟制或办理过程中逐步收集，在电子文件形成、固化后完成收集。业务系统自动收集的对象主要是文书、专业、科技、公务电子邮件、网页和社交媒体等类电子文件，包括在业务系统中直接起草、拟制的电子文件，经数字化形成并导入业务系统办理、发布的电子文件，或经其他业务系统交换并导入业务系统的电子文件。如本解读第五章第一节所述，当用户在业务系统启动某个功能菜单，开始拟写新的电子文件、导入一件（组）电子文件时，业务系统就会把电子文件的初稿或导入办理的电子文件发送并存储到指定位置，经过修改、审核、签发或办理全过程后，最终形成、固化完整的电子文件及其组件，至此，业务系统电子文件收集活动结束，同时，也建立了电子文件及其元数据的链接和关联关系，按照业务系统内置规则为收集的电子文件命名，并存储到指定文件夹中。

（2）以手工方式收集声像类电子文件。组织机构在执行公务活动中常用的数字摄录设备种类较多，主要有专业数码相机、摄像机、智能手机、平板电脑、录音笔等。经数字摄录设备录制、拍摄的声像类电子文件，要以手工方式经两种渠道收集：将数字摄录设备的记录介质，例如SD存储卡、P2卡、蓝光光盘等取出，通过读卡设备将声像类电子文件转存到计算机中；通过数据线连接数字摄录设备与计算机，将声像类电子文件转存到计算机中。

以手工方式收集单台计算机上用办公软件（例如WORD）或绘图软件（例如AutoCAD）等形成的电子文件。组织机构实行办公自动化有多种情形，其中，使用没有接入任何网络的单台计算机辅助办公的情况也较为普遍，包括使用打字室的单台电脑、组织机构对口的特定印刷厂计算机设备等制作纸质文件。在这一过程中收集的电子文件，专指符合无公章、无文件处理单等特定原件形式要求的纸质文件材料对应的电子文件，例如会议议程、会议座次表、代表名单、领导讲话、会议交流材料、宣传折页、展览效果设计图、弱电设计图等，这些电子文件的最终稿可以收集并保存在指定文件夹中。但是，这些电子文件一般分散存储在电子文件形成部门的单台计算机中，其计算机文件名无规则甚至杂乱，收集以及收集后的命名、整理、查杀病毒等工作量较大，涉及的部门和人员较多，归档工作存在一定的难度。

以手工方式收集应归档电子文件时必须使用专用存储介质，包括一次性写入光盘、专用移动硬盘、专用 U 盘、专用电子政务网盘等。如果是跨网络交换收集的电子文件，除一次性写入光盘外，必须对其它移动存储介质中的电子文件进行摆渡，在摆渡机中静置若干天后查杀病毒，确认无病毒、木马程序后再使用专用移动存储介质将收集的电子文件存入指定文件夹，交换转存到电子档案管理系统终端计算机中，在导入电子档案管理系统前或导入后，开展后续保管期限划分、整理、命名、著录等基础业务活动。

7.1.2　应齐全、完整地收集电子文件及其组件，电子文件内容信息与其形成时保持一致，包括但不限于以下 6 个方面的要求：

a）同一业务活动形成的电子文件应齐全、完整；

b）电子公文的正本、正文与附件、定稿或修改稿、公文处理单等应齐全、完整，电子公文格式要素符合 GB/T 9704—2012 的有关要求；

c）在计算机辅助设计和制造过程中形成的产品模型图、装配图、工程图、物料清单、工艺卡片、设计与工艺变更通知等电子文件及其组件应齐全、完整；

d）声像类电子文件应能客观、完整地反映业务活动的主要内容、人物和场景等；

e）邮件、网页、社交媒体类电子文件的文字信息、图像、动画、音视频文件等应齐全、完整，网页版面格式保持不变。需收集、归档完整的网站系统时，应同时收集网站设计文件、维护手册等；

f）以专有格式存储的电子文件不能转换为通用格式时，应同时收集专用软件、技术资料、操作手册等。

本条规定要齐全、完整地收集电子文件及其组件，收集、存储的电子文件内容应未被篡改，与其形成时是一致的。对于齐全完整的收集要求，在本标准 5.1.1 的解读中已经明确了四方面含义：组织机构建设、使用的每一种业务系统形成的电子文件应收集归档，一个门类下归档年度内的电子文件应齐全、完整，关于同一事由的往来电子文件应齐全完整，每一件（自然件）电子文件的组件应齐全完整。同时，本条通过

a）至 f）等六个列项进一步细化了电子文件完整性的要求，详细列举了文书类、声像类、邮件类、网页和社交媒体类、各种专业类电子文件的完整性要求：

a）本列项明确要齐全完整地收集、存储同一项业务活动中形成的往来或多件电子文件，例如，组合件中的往来电子文件，记录一项重大活动的多张照片类电子文件，一直是档案管理的基本要求。业务系统电子文件的收集要达到齐全完整要求，需从管理和业务系统功能两个方面着手。首先，文件形成或办理部门要将本单位形成或收到的应归档纸质文件做数字化转换，形成以双层 OFD 或双层 PDF 格式存储的电子文件并导入业务系统，例如，收到的上级发来的纸质文件，本单位组织开展项目专家评审时形成的纸质专家评审意见；对于行政审批项目的可行性研究报告等纸质申报材料，如果要求申报者提供电子文件以保证归档电子文件的齐全完整，则需要法规政策和规章制度予以保障。其次，业务系统要支持形成、导入同一项业务活动中形成的往来电子文件。经业务系统形成的电子文件，在电子文件拟制或办理的起始业务节点，通过有规则地命名电子文件及其组件，将一件或一组电子文件存储在一个计算机文件夹中的方式实现电子文件的固定与关联，以保障电子文件的完整性；对于形成于业务系统外部的纸质文件或电子文件，支持导入经数字化生成的或原生电子文件，同时支持授权用户在线著录题名、责任者、文件编号、形成时间等元数据，按内置规则命名相应电子文件，通过链接建立电子文件与其元数据的关联；属于同一项业务活动的电子文件，应存储到相同文件夹中。

对于声像类电子文件，例如照片类电子文件，应由摄录人员从数字摄录设备中将记录同一项公务活动的数码照片导出，转存在专用办公用电脑的指定文件夹中，再挑选、保留能够反映公务活动主要程序、人物、主题的数码照片。

b）本列项是针对业务系统中形成的文书类电子文件，尤其是电子公文提出的。在电子公文的制作过程中，一般有草稿、修改稿、审批稿、审批意见、签署等稿本与拟办信息，凡是有价值的信息都不能丢失，以保证齐全完整；一件应归档电子公文（发文或收文）通常由电子公文正文（含被转发件、附件等）、文件处理单、定稿、修改稿等若干个组件组成，要齐全、完整地收集、存储所有组件。2016 年国家标准化管理委员会发布的 GB/T 33476. 1—2016《党政机关电子公文格式规范 第 1 部分：公文结构》、GB/T 33476. 2—2016《党政机关电子公文格式规范 第 2 部分：显现》等两项标准，是有关电子公文管理的专门标准，涉及电子公文结构、版面格式要素、呈现等要求时，应执行这两项国家标准，不再执行 GB/T 9704—2012《党政机关公文格式》。相关内容请阅读两项标准及本解读第四章第二节关于本标准规范性引用文件的相关内容。

c）在计算机辅助设计和制造过程中形成的二维或三维等设计类电子文件十分复杂、多样，一个大型产品设计项目形成的电子文件就包含了多种类型，例如可涉及结构、热控、电缆、设备、管路、直属件等类别，每类下又包括若干不同计算机文件格式的电子文件。CAD 过程中，一般有可行性研究、初步设计、技术设计、工作图设计、产品试制、测试等步骤，这些形成步骤和过程中的信息，也要齐全完整地收集保存。本条仅列举了某类电子文件中所包含的若干电子文件及其组件，目的是抛砖引玉，帮助标准使用者正确理解应齐全、完整地收集产品设计活动中形成的各类电子文件及其组件的要求。

d）对声像类电子文件，为维护、保证电子文件的客观性，收集归档的数码照片等声像类电子文件应是未经修改的，经非线性编辑系统形成的录像类电子文件，也须完全尊重客观事实，不应加入其他活动中形成的录像、录音素材。此外，需要拍摄者或业务活动责任部门手工将电子文件从数字摄录设备中导出并存储在专用电脑中，手工挑选电子文件，凡记录业务活动的整体面貌、主要议程、主要人物和主要场景的声像类电子文件应挑选、保留。

在收集、挑选声像类电子文件过程中，应保证电子文件的基本质量。照片类电子文件的可交换图像文件信息（EXIF）应保存完整，保持其原有像素不变；录音类电子文件音频采样率不低于 44. 1kHz，录像类电子文件的视频比特率不低于 8Mbps。

e）本列项要求包含三层含义。第一，电子邮件系统、网站系统、社交媒体系统等应齐全、完整地收集、存储文字信息、图像、动画、音视频文件，当前，各单位建设、应用的上述业务系统都能够满足这一要求。第二，为避免电子邮件等业务系统升级或更新时出现电子文件被丢弃或流失的情况，应配置电子文件采集工具并与相关业务系统对接，定期自动采集应归档的公务电子邮件、网页、社交媒体类电子文件及其元数据等，以便定期归档；采集的公务电子邮件、网页、社交媒体类电子文件应齐全完整，采用符合本标准 8. 3. 7 要求的通用计算机文件格式存储，并按规范结构存储。第三，确实需要收集、归档完整的网站系统时，网站设计文档、维护手册等要一并收集。

f）在设计、制造、图像处理等领域，仍有经专用应用软件生成并以专用计算机文件格式存储的电子文件。由于其编码标准不对社会公开，该类电子文件的读取、展现要依赖特定的专业软件，这不符合电子档案“四性”保障的要求，原则上应转换成通用格式进行收集，比如国外市售的计算机辅助设计与辅助制造系统生成的三维电子文件等，归档前应转换为符合国际标准的 STEP 格式，同时还应对其转换过程进行记录。确实不能转换为通用格式的，需要收集其软硬件环境信息，包括专用应用软件安装包、安装所需操作系统和基础软件、安装和运行所需第三方应用软件、专用应用软件技术资料、操作手册等相关资料，为今后采用仿真等方式读取、呈现电子档案及其元数据创造条件、奠定基础。

7. 1. 3　以公务电子邮件附件形式传输、交换的电子文件，应下载并收集、归入业务系统或存储文件夹中。

通常情况下，收集、归档公务电子邮件或电子邮件内容的方式有两种，本条所提要求针对第二种。第一种是将公务电子邮件作为一个类别的电子文件统一归档至电子档案管理系统，公务电子邮件的附件应与其一并归档，DA/T 32—2015《公务电子邮件归档与管理规则》6. 4. 4 也要求“一般情况下电子邮件和附件作为整体进行归档”，本标准 7. 1. 2 e）便是针对这种情形提出的要求。在实施层面，要由统一公务电子邮件系统自动收集公务电子邮件，根据电子档案管理系统的接口规范开发相应的应用，从统一公务电子邮件系统中定时自动将应归档公务电子邮件向电子档案管理系统提交归档。

第二种就是本条所要规范的，针对的应用场景是公务电子邮件只用于向收件方传送具有保存价值的某件（组）电子文件，而不是用于商谈工作、明确某个事项的，收集的对象并非公务电子邮件本身而是其附件，通常在保障安全的前提下可用手工方式完成收集。例如，通过电子邮件向收件人发送一组需归档的数码照片，此时应将数码照片下载并保存在指定的文件夹中，之后再做保管期限鉴定、整理、提交归档等工作。或者，电子邮件的附件为一件（组）需要导入业务系统办理或归档的电子版会议材料，此时，可以手工方式从电子邮件系统中下载该公务电子邮件的附件，再通过网络或安全的移动存储介质拷贝、上传到业务系统、电子档案管理系统进行后续拟办或管理工作。采用新浪、网易等非公务电子邮件系统收发公务电子邮件的情况十分普遍，这时很难使用采集工具收集公务电子邮件，只能手工下载。导入业务系统的公务电子邮件附件，应按照其所属门类的保管期限划分、整理等规则进行管理，并与业务系统中形成的其他电子文件一并向电子档案管理系统提交归档。

7.1.4　应由业务系统按照6.2.2、6.2.3给出的要求，在电子文件拟制、办理过程中采集文书、科技、专业等类电子文件元数据。

根据本标准6.2.2、6.2.3给出的要求，结合本解读第五章第一节的相关内容，应由业务系统全自动、半自动采集的电子文件及其组件元数据包括：

（1）关于电子文件实体的元数据，题名、文件编号、责任者、日期、机构或问题、保管期限、密级等元数据；

（2）关于电子文件组件的元数据，即格式信息、计算机文件名、计算机文件大小、组件名称、文档创建程序等元数据；

（3）关于电子文件拟制、办理过程的元数据，即业务行为、行为时间、机构人员名称等元数据。表7-1、7-2、7-3为某组织机构在业务系统中形成的一件应归档电子公文基本元数据示例，其中不含其他文件实体元数据、关联指针等。

表 7-1 应归档电子公文文件实体元数据示例

元数据序号	元数据项	元数据值
1	立档单位名称	××省卫计委
2	电子文件号	201201B089
3	年度	2012
4	机构或问题	机关党委
5	机构或问题代码	02
5	保管期限	永久
6	保管期限代码	Y
7	题名	关于成立××省卫计委落实党风廉政建设责任制工作领导小组的通知
8	文件编号	××卫计党组字〔2012〕010 号
9	责任者	××省卫计委党组
10	日期	20120126
11	密级	公开
12	文件组合类型	单件

表 7-2 应归档电子公文组件元数据示例

组件序号	元数据项	元数据值
1	组件名称	正文
	格式信息	格式名称：pdf
	计算机文件名	201201B089D01. pdf
	计算机文件大小	3200 字节
2	组件名称	文件处理单
	格式信息	格式名称：html
	计算机文件名	201201B089D02. html
	计算机文件大小	105 字节
3	组件名称	修改稿
	格式信息	格式名称：wps
	计算机文件名	201201B08903. wps
	计算机文件大小	3385 字节

表 7-3　应归档电子公文拟制过程元数据示例

序号	管理过程元数据	元数据值
1	业务状态	已经完成
	业务行为	拟稿（发文）
	行为时间	2012-01-06T08：43：34
	机构人员类型	个人
	机构人员名称	起草人姓名
	组织机构代码	0210006
2	业务状态	已经完成
	业务行为	审核（发文）
	行为时间	2012-01-12T14：12：03
	机构人员类型	个人
	机构人员名称	审核人姓名
		0210021
3	业务状态	已经完成
	业务行为	签发（发文）
	行为时间	2012-01-12T16：32：56
	机构人员类型	个人
	机构人员名称	签发人姓名
		0210001
4	业务状态	已经完成
	业务行为	用印（发文）
	行为时间	2012-01-12T17：46：06
	机构人员类型	个人
	机构人员名称	用印人姓名
	组织机构代码	0210012

7.1.5　可使用 WPS 表格或电子档案管理系统按照 6.2.2 a)、6.2.4 给出的要求著录、采集在单台计算机中经办公、绘图等应用软件形成的各门类电子文件元数据，以及声像类电子文件元数据。

根据本标准 7.1.1 要求以手工方式采集的电子文件，最终要导入电子档案管理系统并完成归档程序，导入之前可采用两种方式著录电子文件的文件实体元数据，结构元数据、管理过程元数据等由电子档案管理系统自动采集。第一，在电子档案管理系统之外，用 WPS 表格等电子表格按照 6.2.2 a）、6.2.4 的要求著录文书、专业、声像类电子文件，完成著录后导入电子档案管理系统，完成电子文件与其元数据的挂接，挂接之时自动采集结构元数据、管理过程元数据，生成固化信息，再完成后续归档程序、整理与编目等管理工作。表 7-4 所示为一件文书类电子文件手工著录样例，当前的表格样式是为了在书中完整展示基本元数据著录情况，在实际使用电子表格著录时，12 个元数据项名称应先后位于电子表格首行。第二，将电子文件逐件导入电子档案管理系统，基于系统开展文件实体元数据的著录工作，生成固化信息，自动采集结构元数据和管理过程元数据，并随保管期限划分、分类、整理等管理活动为相应的元数据赋值。

表 7-4　文书类电子文件的文件实体基本元数据著录样例

元数据序号	元数据名称	元数据值
1	档号	X032-WS-2001-BGS-D30-004
2	年度	2001
3	机构（问题）	办公室
4	机构（问题）代码	BGS
5	保管期限	长期
6	保管期限代码	D30
7	件号	004
8	题名	××省财政厅关于认真贯彻落实省政府×府发〔2001〕12 号文件进一步规范行政审批工作的通知
9	责任者	××省财政厅
10	文件编号	××财办〔2001〕14 号
11	成文时间	20010417
12	密级	公开

第二节　电子文件的整理

1955 年，中共中央印发《中国共产党中央和省（市）级机关文书处理工作和档案工作暂行条例》，第十七条明确规定："机关内各单位（或领导人亲办）完毕的文书材料，均应汇交单位文书处理部门或文书工作人员立卷保存。"此后，1956 年 4 月 16 日国务院印发的《关于加强国家档案工作的决定》，1957 年 2 月 28 日经国务院批准实施的《国家机关文书立卷工作和档案室工作暂行通则》《国家机关一般档案材料保管期限的暂行观定》，以及《机关档案工作条例》第十一条、《中华人民共和国档案法实施办法》[17] 第十二条、《机关档案工作规定》（国家档案局令第 13 号）[18] 第三十五条等法规文献，都明确要求全面实行文书处理部门立卷制度，并在制度实施过程中取得较好成效。文书处理部门立卷是指由文书部门、业务部门负责其自身产生的应归档文件材料的收集、整理和立卷的工作方法，也就是说在文件材料归档之前应对其进行系统的整理、立卷。该方法尤其适合内设职能部门多、文件形成量大、专业性强的组织机构。文书处理部门立卷益处良多，此处仅就其中两点作简要说明。第一，文书部门和业务部门文件拟制、办理人员非常熟悉该文件形成的职能背景，对其价值和主题内容有更深刻的把握，在立卷过程中能够从文件形成源头保证齐全完整地收集应归档文件材料，准确划分保管期限，有效保持文件之间的历史有机联系，维护档案的完整与安全。第二，将应归档文件材料的收集、整理和立卷工作分解到文件形成部门，即文书处理部门和业务部门，既提高了工作效率，又在一定程度上解决了档案部门专兼职档案管理人员不足的现实问题。当然，在实行文书处理部门立卷制度的同时，一些职能较少的单位根据自身实

---

[17] 国家档案局，中华人民共和国档案法实施办法，根据 2017 年 3 月 1 日国务院令第 676 号《国务院关于修改和废止部分行政法规的决定》修正

[18] 国家档案局，机关档案工作规定（国家档案局令第 13 号），2018-10

际采用了档案室立卷的方法，也是合理可行的。

在各门类电子文件归档工作中落实文书处理部门立卷制度，主要措施是将文书、科技、专业、网页等类电子文件的整理交给业务系统，由它根据预设规则以及相应的功能以自动化方式在电子文件归档前完成；对于声像类电子文件、单台计算机中形成的需归档电子文件，则应由电子文件形成部门在归档前以手工方式完成整理工作。基于传统载体文件材料而提出的文书处理部门立卷制度，同样可以适用于以手工收集、整理并提交归档的电子文件，包括声像类电子文件、在单台计算机中形成的电子文件。对于业务系统形成的电子文件，则需要根据信息化规律和信息技术优势，对文书处理部门立卷制度的具体要求进行适当调整。首先，以自动化方式完成文书处理部门立卷工作。将收集、整理和提交归档等业务活动转变为由业务系统自动完成，将其分解、设计为一系列功能点并融入业务系统电子文件拟办和业务办理过程。其次，将保管期限鉴定纳入整理活动范畴。DA/T 22—2015《归档文件整理规则》将保管期限作为分类方案的分类类目，而分类是整理活动的重要内容，故而为电子文件划分保管期限是整理活动的题中之意。第三，完善信息化环境中的立卷内涵，针对以件为管理单位的电子文件，例如文书类电子文件，立卷是指通过按规则命名、排序、建立文件夹等技术措施，关联同一项业务活动形成的电子文件。为此，在本标准第 8 章明确电子文件归档要求之前，先设置第 7 章用于提出电子文件收集与整理的相关要求，相应的在标准第 4 章明确了相关职能部门的职责，第 5 章规定业务系统必须具备电子文件收集、整理等归档功能，本标准 7. 2 则专门用于明确归档前的电子文件整理要求。

7. 2. 1　应在电子文件拟制、办理或收集过程中完成保管期限鉴定、分类、排序、命名、存储等整理活动，并同步完成会议记录、涉密文件等纸质文件的整理。

本条明确了电子文件整理的时间、整理的内容以及纸质文件同步整理等三方面要求。

(1) 电子文件整理的时间。结合文书处理部门立卷制度和电子政务运行规律，应该在归档前完成电子文件的整理工作。经业务系统生成的电子文件，要在电子文件拟制、办理过程中以自动化方式完成整理工作；对于声像类电子文件以及在单台计算机中形成的电子文件，应在收集过程中完成整理工作，整理方式以手工为主、计算机为辅。

（2）归档前电子文件整理的主要内容。本条将归档前的电子文件整理细分为保管期限鉴定、分类、排序、命名、存储等活动。从字面看，本条所述整理的内容虽与DA/T 22—2015《归档文件整理规则》定义的整理活动有所不同，二者内在要求并无冲突之处。

本标准用命名、存储等两项适应信息化要求的管理活动替代组件要求。DA/T 22—2015《归档文件整理规则》术语3.2明确的归档文件整理活动主要包括组件、分类、排列、编号、编目等内容。在纸质等传统载体文件整理过程中，组件（本条解读中所述“组件”是指件的组织，并非构成一件电子文件的组件。——笔者注）是一个可以单独存在的手工操作环节，是指将零散的单份文件材料、每份文件的正本、文件处理单、定稿等按照规则和来源组合在一起，形成以物理形态存在的文件集合体，例如用线装订在一起的组合件等。对于电子文件、尤其是业务系统生成的电子文件，一般在形成、收集过程中通过按照预设规则命名、在指定文件夹中存储并关联同一项业务活动的电子文件等一连串自动化操作来完成电子文件的组件，用命名、存储等两项管理要求代替组件能更加准确地表达信息化环境中电子文件整理的含义，易于实现，也便于各类读者的理解。同时，命名与存储活动能够用标识符固化、展现电子文件保管期限、分类成果以及电子文件的逻辑顺序，保持电子文件内在有机联系。

本标准用排序代替排列，二者含义有所不同，但是操作目的是一致的。归档文件排列是指按一定的规则将传统载体文件材料一件紧挨着一件顺序排放，以物理的形式呈现文件实体排列顺序，比如DA/T 22—2015《归档文件整理规则》5.3明确的排列规则。但是，在计算机存储器中并不是一件挨着一件地写入、存储电子文件，尤其是在实施了RAID等安全策略的存储器中，一件电子文件有可能被分开存储在不同的地方。计算机屏幕中显示的电子文件及其组件顺序是通过元数据顺序、计算机文件名顺序来表达的，一般由业务系统按照一定规则对电子文件元数据排序、由操作系统基于电子文件及其组件的计算机文件名排序，再依据排序结果逻辑地呈现出来，使电子文件及其组件有序化。因此，在计算机环境中，用“排序”一词更加恰当、准确。关于电子文件排序的具体内容可以参见本解读第五章第一节相关内容。

在 DA/T 22—2015《归档文件整理规则》等档案行业标准中，通常在归档文件分类方案中提及将保管期限作为一级类目，对于如何划分保管期限一般不做要求，这对于纸质等传统载体文件的整理没有问题。在业务系统中是以自动化方式完成电子文件的整理，对电子文件分类的前提需明确其保管期限，而实现这一目标需要档案和信息化部门预先对归档范围和保管期限表进行标准化，再转化为业务系统的若干组功能，鉴于此，本条将保管期限鉴定作为一项单独内容归入电子文件整理要求。

关于电子文件的编号，即档号编制要求，本标准将其列入电子文件归档后的管理活动，有关要求见本标准第 8 章。对于业务系统形成的电子文件，在其拟制、办理过程中，拟办责任人、业务系统会以半自动、全自动方式完成电子文件题名、责任者、文件编号、成文时间等元数据的赋值，无需特别提出。对于声像类电子文件的基本编目，应在完成声像类电子文件的导出、收集、挑选、整理等活动后，再由摄录人员完成简要著录工作。鉴于此，本条未将编号、编目纳入归档前的电子文件整理活动之中。

（3）同步完成纸质文件的整理。在文书、科技、专业等类电子文件管理工作中，双轨制模式将长期存在，组织机构形成的文件，一部分为电子文件、一部分为纸质文件，例如，某单位使用了办公自动化系统，其发文均为电子文件，而收文、会议记录、专家评审或鉴定意见、涉密文件等为纸质文件。在实际工作中对这部分纸质文件存在三种处理办法。

第一，部分纸质文件由文书部门或业务部门相关责任人进行数字化，生成双层 OFD 或双层 PDF 格式的数字副本并导入业务系统，再完成后续办理、收集、整理、相关元数据赋值等活动，这部分纸质文件的整理乃至归档后的档号编制，均与相应的电子文件保持一致。当业务系统为涉密信息系统，涉密纸质文件的数字化转换、导入、目录数据录入、整理等工作还须符合国家保密管理要求。如无特别强调，在本解读中将导入业务系统的纸质文件数字副本统称为电子文件。

第二，有部分纸质文件因客观原因难以经数字化转换并导入业务系统，只能以纸质文件予以办理，并由拟办人员在业务系统中录入纸质文件的题名、文件编号、责任者等信息，再同步完成保管期限鉴定、分类等管理活动。将这部分纸质文件纳入业务系统进行整理，有利于保持业务系统中应归档文件的完整，便于机关干部的查询利用。例如，依托一体化在线政务服务平台开展行政审批工作，项目申报者提交的申报材料就常常包括部分纸质文件材料，其中的项目可行性研究报告、环境评估报告等材料，就很难在业务办理过程中对其进行数字化转换，受理窗口工作人员仅收下纸质文件并在系统中录入纸质文件的题名、文件编号、责任者等信息，将其提交、绑定到项目审批流程，由相关工作人员在系统中完成对纸质文件保管期限鉴定、分类等管理活动，这也是档案行业标准 DA/T 85—2019《政务服务事项电子文件归档规范》明确容缺归档要求的原因所在。

第三，当组织机构建设、应用的是非涉密业务系统，则不能办理本单位形成或收到的涉密纸质文件，文书部门、业务部门应采用书面方式明确其保管期限、年度、机构或问题，之后即可按程序归档至档案室，后续整理和编目等工作由档案管理人员完成。

7.2.2　应以件为管理单位整理电子文件，也可根据实际以卷为管理单位进行整理。整理活动应保持电子文件内在的有机联系，建立电子文件与元数据的关联。

自 DA/T 22《归档文件整理规则》发布实施，国家档案局开始全面推行文件立卷改革工作，归档文件整理改“卷”为“件”，从而简化文件整理，深化档案检索利用，使档案工作能够适应计算机管理和文档一体化发展的要求，此举对档案事业发展意义重大，影响深远。近年来的实践表明，在业务系统中以件为管理单位开展应归档电子文件的收集、整理、归档等活动，是遵循信息化规律、积极有效地促进业务系统电子文件归档的重要举措。仅从业务系统相关功能设计、开发角度看，以件为管理单位整理电子文件，最能顺应业务系统功能设计、开发的本质要求。如果继续采用立卷方式整理业务系统形成的电子文件，业务系统电子文件收集、存储、命名、提交归档以及元数据库设计、赋值等一系列功能，都需要额外地增加许多与卷相关的功能点，既增大需求分析、设计、开发和测试等工作量，增加业务系统建设投资额，也徒添了档案部门与信息化等部门的工作量。因此，无论从电子文件归档与电子档案管理要求，还是顺应信息化和电子政务建设规律的角度，应遵循 DA/T 22—2015《归档文件整理规则》的要求，以件为管理单位对业务系统形成的各门类电子文件进行整理，以便简化业务系统电子文件整理流程以及相应功能，尽量减少业务系统开发的工作量和投资。件的构成则按照 DA/T 22—2015《归档文件整理规则》5. 1. 1 给出的相关要求执行。当然，国家或行业主管部门对以卷为单位进行电子文件整理有专门规定的，应从其规定。

DA/T 50—2014《数码照片归档与管理规范》的 3. 4 定义的照片组，是一组有密切联系的若干张数码照片的集合，例如在一次会议、一项活动、一个项目中形成的若干张数码照片。根据档案管理基础理论，这个组实质便是卷，与早期案卷略有不同的是，一个卷的照片类电子文件通常记录的是同一项业务活动的客观事实。采用数字录音、录像设备拍摄、记录一项业务活动，同样会生成若干件录音或录像类电子文件，对于大型业务活动尤其如此，因而，照片、录音、录像类电子文件可以卷为管理单位进行整理。为规范专门业务档案管理，国家档案局和部分行业主管部门先后印发了若干专门业务档案管理办法，均要求以卷为管理单位整理应归档文件材料，例如《婚姻登记档案管理办法》《审计机关审计档案管理规定》《水利水电工程移民档案管理办法》等，建设相应的业务系统时，例如审计办公自动化系统、婚姻登记办公自动化系统，也可以卷为管理单位整理电子文件。

电子文件内在的有机联系，也可称为历史联系，一般包括来源联系、时间联系、内容联系和形式联系等。来源联系是指电子文件得以形成的职能业务，负责履行该职能并形成电子文件的组织机构及其内设部门、特定个人责任者。全宗号、全宗名称以及分类方案中的机构或问题类目等便记录、维护了这一来源关系。时间联系主要指组织机构开展某项业务活动、履行主要职能的过程和阶段。期间形成的电子文件则记录了明确的时间信息，以及同一项业务活动开始与办结时间，形成了自然的时间联系；站在组织机构整体层面，其形成的所有电子文件反映了一个历史时期相关事业发展的客观事实，分类方案的年度类目、电子文件尤其是组合电子文件的形成时间即是时间来源的记录载体。内容联系是指电子文件的主题内容、电子文件得以形成的职能背景等，尤指同一项业务活动形成的多件电子文件的密切联系。如前所述，分类方案中的机构或问题可以描述电子文件的职能背景，通过计算机文件名、预设存储路径与文件夹可将同一项业务活动中形成的若干件电子文件逻辑地关联在一起，从而保持电子文件间的内容联系。形式联系主要指电子文件的文种、构成及其逻辑格式、记录载体等。例如，电子公文由电子公文正本、文件处理单、修改稿或定稿等组件构成，且各组件均有其特定的逻辑格式，即版面格式。通过整理活动使先后生成的、零散的电子文件有序化，并按分类方案、排序、命名、存储等预设规则将其逻辑地关联起来，使之客观地反映电子文件记录的职能业务，保持电子文件间的有机联系，为今后电子档案的查询、利用提供便捷、有效途径，是保障电子文件真实性、可靠性、完整性和可用性的重要措施。只要按照确定的整理规则开展电子文件的各项整理活动，便自然地保持了电子文件内在的有机联系，并通过归档、移交等管理活动将这种有机联系传承到档案管理的全过程。

建立电子文件与元数据之间的关联关系，是指通过某个指针，也可称之为一根虚拟的连接线，将电子文件与其相对应的存储在数据库中的元数据一一对应起来，这个指针就是电子文件及其组件的计算机文件名。关于这个要求，在本解读第 5 章第 1 节的有关内容中已经作了具体说明。通过计算机文件名建立电子文件与其元数据的关联关系，无论元数据存储在数据库中，还是将其从数据库中导出并以 XML 等通用计算机格式直接存储在磁盘的某个文件夹中，甚至当电子文件存储结构被损坏，档案管理人员都能通过在存储器中看到的电子文件计算机文件名和计算机文件名元数据中的具体字符串，将二者一一对应起来，进而通过元数据掌握电子文件的内容、形成背景、管理过程信息，根据格式信息等元数据可以把电子文件从已经淘汰的计算机文件格式中读取出来，并采用新的长期保存格式存储。因此，在整理活动中建立电子文件与元数据的关联是十分重要。

7.2.3　应基于业务系统完成电子文件、纸质文件的整理，声像类电子文件的整理由电子文件形成部门基于电子档案管理系统或手工完成。

本条重点强调的是各门类电子文件的整理方法和途径。经业务系统形成的电子文件，本标准 7.2.1 解读中明确的经数字化转换后导入的电子文件、仅建立了目录数据的纸质文件、以手工方式收集并导入业务系统的单台计算机上用办公软件（例如 WORD）或绘图软件（例如 AutoCAD）形成的电子文件，都要基于业务系统电子文件整理功能以半自动、全自动化方式完成电子文件的整理活动。整理结束后即为电子文件、纸质文件赋予了年度、机构或问题、保管期限、件号与子件号等标识，并为相应的元数据赋值。

声像类电子文件的整理则以半自动化或手工方式完成。半自动化方式是在手工操作基础上再经电子档案管理系统相关功能完成声像类电子文件整理工作。首先，摄录者或电子文件形成部门相关人员需手工从数字摄录设备中以通用计算机文件格式将声像类电子文件导出，存储在能够登录电子档案管理系统的终端计算机存储器的指定文件夹中；其次，按照 DA/T 50—2014《数码照片归档与管理规范》4.1 所述归档范围、DA/T 78—2019《录音录像档案管理规范》5.1 明确的收集范围，挑选应保存的电子文件，手工删除不需归档的照片、录音、录像类电子文件；第三，通过电子档案管理系统声像类电子文件管理功能，完成电子文件导入、挂接、结构元数据和摄录时间等元数据自动采集和著录工作，为每件声像类电子文件著录年度、保管期限、案卷号、件号、题名、地点、人物、摄录者等元数据，至此即完成了整理活动。手工方式至少有三个步骤，前两个步骤与半自动化方式基本相同，最后一步，声像类电子文件的计算机文件名可保持不变，摄录人员需在保存电子文件的文件夹中新建一个简要著录用的电子表格或纯文本文件，在其中说明整卷声像类电子文件的年度、保管期限、业务活动整体情况、摄录者姓名、摄录地点、人物等，至此，声像类电子文件的手工整理活动结束。声像类电子文件的整理与著录方法等还可扩展阅读《数字档案室建设概论》第四章第一节关于声像电子文件归档途径与实施方法的有关内容。

7.2.4　应归档电子文件保管期限分为永久、定期30年和定期10年等。

根据《机关文件材料归档范围和文书档案保管期限规定》（国家档案局令第8号）、《企业文件材料归档范围和档案保管期限规定》（国家档案局令第10号）要求，电子文件保管期限分为永久、定期两种，定期分为30年和10年。国家档案局及行业主管部门对档案保管期限有专门规定的，相应门类电子文件保管期限要从其规定。例如，根据《婚姻登记档案管理办法》的规定，婚姻登记档案保管期限为100年，《社会保险业务档案管理规定（试行）》明确社会保险业务档案的保管期限分为永久和定期两类，定期保管期限分为10年、30年、50年、100年等。

7.2.5　电子文件分类按照电子档案分类方案执行，可执行的标准或分类方案有：

a）文书类电子文件的分类整理按照DA/T 22执行；

b）科技类电子文件应按照GB/T 11822—2008、DA/T 28—2002、《企业文件材料归档范围和档案保管期限规定》等进行分类；

c）专业、邮件、网页、社交媒体等类电子文件可参照DA/T 22等要求进行分类。有其他专门规定的，从其规定；

d）声像类电子文件应按照年度—保管期限—业务活动，或保管期限—年度—业务活动等分类方案进行分类。

对电子文件进行分类，一方面能够完整地收集应归档电子文件，维护、固化电子文件的来源与职能背景，并使之从零散状态变得系统化和有序化，另一方面还为已经归档的电子文件提供唯一标识符和档号的编制依据。电子文件分类类目设置与档号构成规则密切关联，通常，多级分类类目被置于档号的中段位置，其前为组织机构代码或全宗号、档案门类代码，其后则配置有件号或案卷号-件号，例如，DA/T 22—2015《归档文件整理规则》的5.4推荐档号构成规则中就有三级分类类目代码，即全宗号-档案门类代码·年度-保管期限代码-机构（问题）代码-件号。在虚拟化存储与管理环境中，为电子档案赋予唯一标识，并用此唯一标识为电子档案及其组件命名，是极为重要的电子档案管理措施。传统载体档案的存放、区分与标识，主要依靠库房索引、密集架索引以及档案盒标识等检索工具，与此不同的是，存储在计算机存储器中的电子档案、传统载体档案数字副本等档案数字资源，则依赖存储路径、唯一标识符、计算机文件名实现检索和定位。电子档案唯一标识符能够维护、揭示一件电子档案来源，将其区别于其他任何一件电子档案，使档案管理人员、电子档案管理系统能够迅速定位并查找到该件电子档案。由此可知，规范、合理的电子文件分类方案事关电子档案的检索利用与长期保存，既规范了业务系统电子文件归档功能的设计开发，又有利于整理活动的有效实施，还与电子档案档号编制以及电子档案管理系统元数据表结构设置、检索与统计等功能设计开发密切关联。本条从四个方面明确各门类电子文件分类方案：

a）文书类电子文件分类整理按照DA/T 22—2015《归档文件整理规则》5.2给出的有关要求执行。该标准明确了两种三级分类方案，即年度-机构（问题）-保管期限、年度-保管期限-机构（问题），以及适用于规模较小单位的两级分类方案：年度-保管期限。

b）科技类电子文件的分类应按照GB/T 11822—2008《科学技术档案案卷构成的一般要求》、DA/T 28—2018《建设项目档案管理规范》《企业文件材料归档范围和档案保管期限规定》（国家档案局令第10号）等标准执行。正如本解读第二章所述，DA/T 28—2002《国家重大建设项目文件归档要求与档案整理规范》已由DA/T 28—2018《建设项目档案管理规范》代替，项目建设形成的电子文件的收集、整理应执行新修订的标准。根据 GB/T 11822—2008《科学技术档案案卷构成的一般要求》，科技类电子文件主要包括科研课题、产品、建设项目、设备仪器等四类，当组织机构同时形成两类及以上科技类电子文件时，要在二级门类下再编制并执行分类方案。

科技档案种类复杂、繁多，各个行业不同类别科技档案构成差异较大，很难形成一套放之四海皆准的分类方案，需要根据本行业某类科技档案构成的实际，参照 GB/T 11822—2008《科学技术档案案卷构成的一般要求》分别编制分类方案。行业主管部门有专门规定的，要从其规定。

c）专业、邮件、网页、社交媒体等类电子文件的分类方案，国家档案局和行业主管部门有专门规定的，应从其规定；没有专门规定的，则可参照 DA/T 22—2015《归档文件整理规则》5.2 给出的分类方案执行。例如，《婚姻登记档案管理办法》明确的分类方案为年度-婚姻登记性质，其中，婚姻登记性质分为结婚登记类、撤销婚姻类、离婚登记类和补发婚姻登记证类等四类；《国土业务档案管理办法》规定国土资源业务文件材料分类方案为：类别-年度-保管期限；《殡葬服务单位业务档案管理办法》规定殡葬文件材料分类方案为类别-年度，其中，类别分为遗体火化、遗体安葬和骨灰安放（葬）等三类。档案行业标准 DA/T 80—2019《政府网站网页归档指南》明确了两种网页类电子文件分类方案，即年度-保管期限-类别（栏目）、年度-类别（栏目）-保管期限，社交媒体类电子文件的分类也可参照执行。

d）声像类电子文件分类方案为年度-保管期限-业务活动、保管期限-年度-业务活动，其中，业务活动等同于 DA/T 50—2014《数码照片归档与管理规范》的 5.1.1 所述分类方案中的照片组类目。

7.2.6　应在整理过程中基于业务系统电子文件元数据库建立纸质文件目录数据，涉密纸质文件目录数据的录入应符合国家保密管理要求，目录数据项参照 6.2.2 a）给出的要求执行。

本条规定与本标准 7.2.1 所述双轨制下同步整理纸质文件要求、本标准 7.2.3 的“应基于业务系统完成电子文件、纸质文件的整理”相呼应，明确了电子文件元数据与纸质文件目录数据集成管理需求，对业务系统相关数据库表文件的设计提出了要求。电子文件与纸质文件同步整理成果主要通过为年度、机构（问题）、保管期限等相关元数据赋值来体现、固化，在整理过程中为纸质文件有关目录数据赋值便十分重要。组成纸质文件目录数据的各著录项实为元数据的组成部分，在业务系统中，纸质文件目录数据同样属于元数据库数据表的组成部分，二者融为一体，无需单独为其设计、应用专门的数据表。根据本条要求，负责纸质文件办理的工作人员应在业务系统导入纸质文件数字副本时，基于业务系统录入纸质文件题名、责任者、文件编号、日期、密级、公开属性等应归档基本元数据的值，机构或问题、保管期限、格式信息、计算机文件名、计算机文件大小、文档创建程序等元数据则由业务系统在数字副本挂接、整理过程中自动赋值，这些即为本标准 6.2.2 a）给出的元数据。

7.2.7　应在分类方案下按照业务活动、形成时间等关键字，对电子文件元数据、纸质文件目录数据进行同步排序，排序结果应能保持电子文件、纸质文件之间的有机联系。

本条专门针对业务系统电子文件元数据的排序。排序活动以全自动化方式完成，排序主要目的是根据排序结果为电子文件编制件号、子件号，保持电子文件之间的内在有机联系。所述“应在分类方案下”是指在分类方案最低一级或次低级分类类目下，“业务活动”是指电子文件得以形成的业务活动。结合业务系统业务流程的功能设计和优化要求，本条将电子文件得以形成的业务活动开展顺序、电子文件形成顺序作为电子文件元数据排序规则的主要关键字，这也符合 DA/T 22—2015《归档文件整理规则》明确的排列规则，其 5.3.1、5.3.2 明确归档文件应在分类方案的最低一级类目内，按时间结合事由排列，同一事由中的文件按文件形成先后顺序排列。本条要求的元数据排序可以在电子文件形成、收集和整理过程中的任一节点触发，在最低一级分类方案下按照业务活动的先后顺序逐一为拟制或办理过程中的某份电子文件排序、编制件号，属于某项业务活动形成的多件电子文件之一的，还需按照业务活动内电子文件形成的先后顺序为其编制子件流水号，并为件号、子件号元数据赋值。至此，电子文件档号构成项的年度、机构或问题、保管期限、件号、子件号等元数据赋值活动结束，将他们按先后顺序组合后或以这 5 个元数据为关键字分级排序，即可保持与元数据对应的电子文件内在有机联系。

子件号的概念在《数字档案室建设指南》中首次正式提出，是档案工作适应电子政务发展要求的产物。子件号的作用就是顺序标示同一项业务活动中形成的若干份电子文件，即用件号标示某组合电子文件在最低一级分类类目下的顺序，子件号则标示了某件电子文件在组合电子文件内的顺序。设置子件号为业务系统相关功能的实现提供了更优设计方案。通常，不具备电子文件归档功能的业务系统是通过电子文件写入其中的时间来确定顺序的，这种方式简单、明确、易于全自动化操作。但是，仅以这个时间为基准确定电子文件的顺序并编制件号，又难以关联同一项业务活动形成的若干件电子文件。举例说明：A 业务活动持续了数月时间，将形成若干份电子文件，其第一份电子文件于 2017 年 6 月 12 日开始拟制，假设业务系统为其编制的件号为 009，最后一份电子文件可能形成于 3 个月之后。B 业务活动也持续了一段时间，仅形成一份电子文件，开始拟制时间为 2017 年 6 月 15 日，假设业务系统为其编制的件号为 011。如果仅按照电子文件写入业务系统的时间编制件号，则 A 业务活动形成的其他电子文件件号将排在 011 之后，未和该业务活动中形成的件号为 009 的第一份电子文件顺序编号，破坏了 A 业务活动形成的若干份电子文件件号的连续性及其内在有机联系。为同一项业务活动形成的若干份电子文件设置子件号，并配合本解读第五章第一节所述的辅助排序功能，如设置年度业务活动列表，便能实现以半自动和全自动化方式在业务系统中维护电子文件内在有机联系的目标。

7.2.8　应按规则命名电子文件，命名规则应能保持电子文件及其组件的内在有机联系与排列顺序，能通过计算机文件名元数据建立电子文件与相应元数据的关联，具体要求如下：

a）应由业务系统按内置命名规则自动、有序地为电子文件及其组

件命名；

b）在单台计算机中经办公、绘图等类应用软件形成的电子文件，应采用完整、准确的电子文件题名命名；

c）声像类电子文件可采用数字摄录设备自动赋予的计算机文件名。

根据电子档案管理需要，本条对电子文件的计算机文件名构成规则提出了两方面的基本要求。首先，按设定规则生成的一串字符串，用它为电子文件命名后即成为了该电子文件的计算机文件名，它应能反映、维护电子文件及其组件之间的内在有机联系，标识电子文件及其组件的先后顺序。其次，将该字符串写入计算机文件名元数据后，即能通过计算机文件名元数据这个指针建立电子文件与相应元数据之间的关联。根据电子文件形成环境或方式的不同，它的命名还需符合以下要求：

a）原则上，组织机构可在遵循唯一性原则基础上自行编制内置业务系统的计算机文件名构成规则，将其转换为计算机代码植入业务系统并与其命名功能绑定，即可为写入业务系统的电子文件自动命名，故而本标准又称其为内置命名规则。市售的业务系统内置命名规则通常由阿拉伯数字和字母构成，由非档案软件企业开发的业务系统，其命名规则一般不含与档案管理有关的语义信息，例如，随机形成一串无规则的、由字母和阿拉伯数字组成的字符串，或者采用电子文件的中文标题作为命名规则的构成要素，这类命名规则基本不能完整地反映、维护电子文件内在的有机联系。根据全程管理要求，计算机文件名应包含统一社会信用代码或全宗号、档案门类代码、年度、保管期限代码、机构或问题代码、件流水号（即件号）、子件流水号（即子件号）、组件流水号（即组件号）等字符串。

b）在单台计算机中经办公、绘图等类应用软件形成的电子文件，通常由拟制人员在创建或完成拟制电子文件时手工命名，此时如果要求用具有档案语义信息的字符串命名，不具备可操作性。为便于拟制人员的实际操作，导入业务系统时能够准确挂接，本条规定应采用完整、准确的电子文件题名对其命名，导入业务系统后再按内置命名规则重新命名。

c）声像类电子文件由数字摄录设备拍摄或录制直接形成，其计算机文件名由数字摄录设备内置规则形成，同一摄录设备产生的电子文件名一般不发生重复情况，因此可采用数字摄录设备自动赋予的计算机文件名。

7.2.9　可参照分类方案在计算机存储器中建立文件夹集中存储电子文件及其组件，完成整理活动。

本条推荐在业务系统中采用电子文件分类方案的两个及以上类目名称或类目代码为逐级建立的文件夹命名，即年度、机构或问题、保管期限的中文名称或代码，使存储电子文件的文件夹名称具有语义信息，便于应归档电子文件的有序存储与管理。按此规则存储电子文件及其组件的前提是，将形成或未完全形成的电子文件存储到相应文件夹中前，业务系统已经完成了该件电子文件的整理，明确了其年度、机构或问题、保管期限等信息。

应归档声像类电子文件的存储，可采用年度、业务活动名称逐级建立文件夹，也可采用年度+业务活动名称建立一级文件夹等方式，只要便于摄录者或电子文件形成部门管理、著录声像类电子文件即可。

第八章　电子文件归档与电子档案编目

本标准第 8 章以第一种电子文件归档途径和方法为主线，明确电子文件归档和电子档案编目的基本要求。即把各门类电子文件归档至电子档案管理系统，并基于电子档案管理系统完成后续电子档案管理工作，如图 8-1 所示。

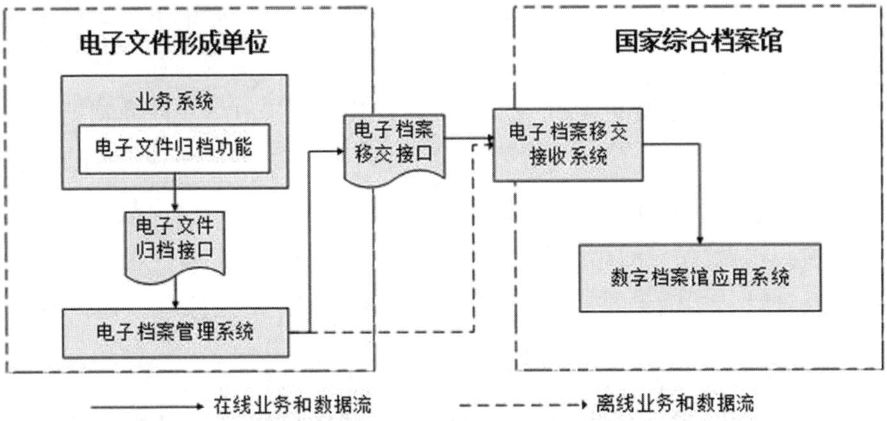

图 8-1　经电子档案管理系统完成电子文件归档的示意图

根据归档电子文件门类和形成环境的不同，归档的具体途径和方法有所不同。手工收集的声像类电子文件，由电子文件形成部门直接经电子档案管理系统终端计算机归档，或者通过光盘、U 盘等专用移动存储介质提交给档案室，由档案管理人员完成归档工作。对于业务系统形成的电子文件及其元数据的归档，要基于业务系统电子文件归档功能、电子文件归档接口和电子档案管理系统这三个技术构件形成的技术通道实施并完成，建设并打通这一技术通道是开展业务系统电子文件及其元数据归档的必备条件。三个技术构件可能部署在不同的网络，要遵循统一的数据标准，以支持电子文件归档功能与电子文件归档接口之间、电子文件归档接口与电子档案管理系统之间电子文件及其元数据等信息的交换、写入和解析。本解读第五章第一节对业务系统电子文件归档功能已经作了必要的阐述，关于电子文件归档接口、电子档案管理系统归档功能的设计、开发，应符合本标准 8.1 至 8.4 给出的要求，还可回顾关于本标准 5.2.3 提出的捕获登记功能的解读。

第一节　电子文件归档程序与要求

电子文件及其元数据的归档，是从一个部门将电子文件及其元数据的管理权提交到另一个部门，从业务系统传输、交换到电子档案管理系统的档案管理活动，归档工作结束后即由档案部门负责保存、管理电子文件及其元数据，变更了电子文件管理权限。鉴于电子文件及其元数据以虚拟的“0”“1”编码方式存储、传输、处理，根据全程管理原则，应对电子文件及其元数据归档进行规范管理与监控，按照规范的程序完成各项归档操作，通过管理过程元数据记录关键节点的责任信息，相关应用系统对归档活动进行跟踪审计，这些措施也是保证电子档案真实性、可靠性、完整性和可用性的重要保障。

8.1.1　电子文件形成或办理部门、档案部门可在归档过程中基于业务系统、电子档案管理系统完成电子文件及其元数据的清点、鉴定、登记、填写电子文件归档登记表（见表 A.1）等主要归档程序。

电子文件及其元数据归档主要有清点、鉴定、登记和填写《电子文件归档登记表》（本标准附录 A 的表 A.1）等四项主要程序，其中，电子文件归档的交接双方都需执行清点、鉴定程序，登记与填写《电子文件归档登记表》则由接收方执行。电子文件形成或办理部门是提交归档的责任方，档案部门为接收归档责任方。

电子文件归档程序须由相关责任人与业务系统、归档接口、电子档案管理系统共同完成，要将四项程序分别转换为业务系统电子文件归档功能、电子档案管理系统捕获和登记等功能的一部分，并集成到相应业务流程的功能之中。与归档程序相关联的其他功能，本标准 5.1.5、5.2.3 以及相关解读给出了部分要求和说明，完整的功能有待在具体实践中实现，在对本标准 8.1.2 至 8.1.5 的解读中不做具体说明。不同门类电子文件的归档程序，在实际执行过程中会有所不同：

声像类电子文件的归档需交接双方基于电子档案管理系统完成各项归档程序，即由电子文件形成部门手工清点声像类电子文件及其著录条目，鉴定其质量、计算机文件格式、无病毒感染等是否合格，经清点、鉴定确认合格后，通过电子档案管理系统终端计算机、网络通道完成提交归档；或者，电子文件形成部门以一次写光盘等专用移动存储介质提交到档案部门，再由档案管理人员基于电子档案管理系统完成清点、鉴定等后续归档工作。业务系统形成的文书、科技、专业等类电子文件及其元数据归档应该在业务系统、电子档案管理系统中展开，在执行清点、鉴定程序之前至少需经过启动归档流程、组织拟归档电子文件及其元数据这两个节点。可采用手动或自动化方式启动业务系统归档流程，业务系统根据预设规则组织应归档电子文件及其元数据，之后便进入清点、鉴定等程序，清点和鉴定全部合格后需相关责任人确认提交。此时，业务系统电子文件归档功能将自动把合格的电子文件及其元数据、归档信息等写入归档接口。电子文件归档程序如图 8-2 所示。当本地区出台了相应的法规或政策，明确授权由业务系统以全自动化方式定期启动并完成提交一侧的电子文件及其元数据归档程序，则无需电子文件形成或办理部门责任人手工启动并确认提交。

在清点、鉴定过程中如有不合格的电子文件和元数据，例如，电子文件与元数据的数量不一致，元数据电子文件无法一一对应，计算机文件格式不符合标准要求，电子文件感染了计算机病毒，声像类电子文件的题名、人物、地点、摄录者、计算机文件名等元数据没有著录，或者著录不规范、不准确，等等，则无论归档流程处在提交方还是接收方，都应打回作相应处理，直到合格才能进入下一个程序，业务系统、电子档案管理系统要能够支持完成“四性”检测过程出现的问题处理。

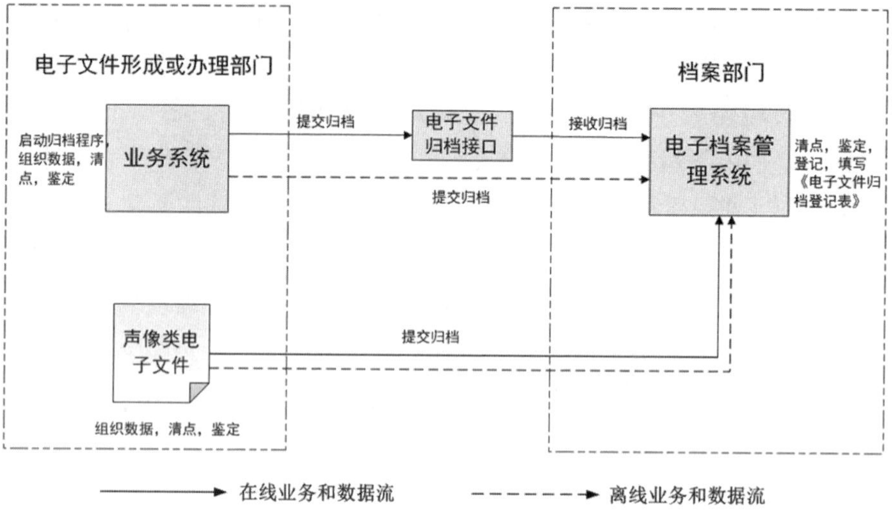

图 8-2 电子文件归档程序示意图

8.1.2 应清点、核实电子文件的门类、形成年度、保管期限、件数及其元数据数量等。

清点的目的是统计、确认拟归档电子文件及其元数据的数量。由提交归档责任方首先清点拟归档电子文件总件数、元数据总条数、纸质文件目录数据条数，并按照电子文件门类、形成年度、保管期限为统计口径计算具体的件数、条数，例如，2017 年形成的文书类电子文件，需永久、定期 30 年、定期 10 年保存的电子文件件数、元数据条数。在业务系统中，清点为自动化程序，清点结果被自动记录在归档说明文件中。

接收归档方基于电子档案管理系统执行清点程序，是对照采集或接收到的归档说明文件清点、核实经不同途径采集、导入的归档电子文件及其元数据的数量。在实际工作中，确实只能以纸质文件归档时，纸质文件形成、办理部门要在业务系统中录入纸质文件的题名、责任者、文件编号、成文时间等信息，按容缺归档方式连同这些元数据一并组织进入归档程序，便于档案部门监督该部分纸质文件的归档工作。

8.1.3　应对电子文件的真实性、可靠性、完整性和可用性进行鉴定，鉴定合格率应达到100%，包括：

a）电子文件及其元数据的形成、收集和归档符合制度要求；

b）电子文件及其元数据能一一对应，数量准确且齐全、完整；

c）电子文件与元数据格式符合8.3、8.4给出的要求；

d）以专有格式归档的，其专用软件、技术资料等齐全、完整；

e）加密电子文件已解密；

f）电子文件及其元数据经安全网络或专用离线存储介质传输、移交；

g）电子文件无病毒，电子文件离线存储介质无病毒、无损伤、可正常使用。

本条用于明确电子文件及其元数据归档鉴定程序的基本要求，鉴定目的是确认电子文件的真实性、可靠性、完整性和可用性，当鉴定对象百分之百符合本条a）至g）等7项要求时即可确定为合格。2018年国家档案局发布了档案行业标准DA/T 70—2018《文书类电子档案检测一般要求》，规定了文书类电子文件归档环节的检测内容、检测方案，其检测内容包含了本条所述要求。实际工作中，在进行本条明确的各项鉴定操作时，还可参照该标准对电子文件及其元数据进行更全面、深入的"四性"检测，相应地要为业务系统设计、开发相关检测功能。业务系统形成的电子文件及其元数据经鉴定合格后，提交归档方才能将电子文件及其元数据提交归档，接收归档方完成了清点程序即可对存储在暂存池中的电子文件及其元数据启动鉴定程序。声像类电子文件的鉴定程序，由电子文件形成部门在与电子档案管理系统物理隔离的电脑中执行，以免电子档案管理系统感染计算机病毒或木马等，确认鉴定合格率达到100%，再经终端计算机导入电子档案管理系统，或以专用移动存储介质提交给档案部门。当鉴定不合格时应根据实际进行错误处理，例如，将批次中鉴定合格的电子文件及其元数据等转入下一程序，或撤消本次提交归档操作，在业务系统或声像类电子文件存储文件夹中检查问题所在，修正后再启动归档程序，电子档案管理系统应在归档说明文件中记录鉴定结果。

a）本列项包含了归档电子文件真实性和可靠性鉴定要求。电子文件内容信息、版面格式（即逻辑结构）等与其形成时一致，未被篡改；电子文件是在组织机构执行公务过程中形成，记录了组织机构履行职能的客观事实；自电子文件拟制或办理、形成直到归档，其过程符合单位文书处理或业务流程的规定，各主要环节是由授权人员执行或操作；相关责任人是按照档案管理制度要求开展电子文件及其元数据的收集、归档工作，包括：组织机构明确的电子文件归档与电子档案管理职责、归档范围与保管期限表、分类方案、归档格式、归档时间、归档程序等。

b）本列项包含了对归档电子文件及其元数据的完整性鉴定要求。能通过计算机文件名这个指针，准确无误地将提交归档电子文件与其元数据一一对应、关联；再次确认清点程序记录的结果是否为合格，以保证电子文件件数、组件数与相应的元数据条数一致，基本元数据及其赋值齐全、完整。

能够满足前述电子文件及其元数据一一对应和齐全完整的要求，首先取决于业务系统元数据设置、元数据赋值以及建立电子文件及其元数据关联等功能的设计、开发和正确执行，摄录人员对声像类电子文件的简要著录；其次，在组织拟归档电子文件及其元数据时无遗漏。

c）本列项包含了对电子文件及其元数据可用性鉴定要求。文书、科技、专业类电子文件的计算机文件格式符合本标准 8.3.2 至 8.3.5 明确的要求；声像类电子文件的计算机文件格式要符合本标准 8.3.6 的要求；公务电子邮件、网页、社交媒体等类电子文件的计算机文件格式应符合本标准 8.3.7 的规定；各门类电子文件可正常打开、呈现；电子文件元数据的计算机文件格式符合本标准 8.4 的要求。电子文件及其元数据的计算机文件格式若不在上述范围内，则应符合本标准 8.3.1 的规定。

归档电子文件的计算机文件格式是否能够通过鉴定，取决于业务系统相关功能、数字摄录设备导出声像类电子文件的预设计算机文件格式的正确与否。计算机文件格式不合格风险主要来自于业务系统形成的电子文件，需重点管控的是由外部导入的电子文件，以及市售的、具有明显封闭性的应用软件。

d）本列项同样是对电子文件及其元数据可用性的鉴定要求。本条规定并非允许以 IT 厂商开发的专有计算机文件格式存储、归档电子文件及其元数据。在标准发布之前，历史上已经形成的，以厂商专有计算机文件格式存储的电子文件，如果已经无法转换为通用计算机文件格式，只能以专有格式归档时，必须将电子文件制作软件或阅读软件、软件安装运行所需系统软硬件最低配置要求、软件安装操作要求等一并归档。

e）本列项包含了对电子文件及其元数据可用性鉴定要求。形成时被加密的电子文件及其元数据能够正常打开、呈现，并能正常阅读；如果不能打开，就要检查电子文件及其元数据是否已解密，如果未解密就需要打回去，完成解密处理后重新提交归档。

本条所述加密电子文件，不是指根据《中华人民共和国保守国家秘密法》的规定为电子文件所定的密级。是指采用存储加密技术对电子文件的比特流做加密处理，由明文存储转为密文存储，原有制作软件或阅读器无法将其打开并将内容正确呈现在屏幕上，仅当对电子文件进行解密处理后才能正常打开、阅读。因此，经过加密的电子文件归档到档案室、移交到国家综合档案馆后，将长期受加密技术的严重制约，随着信息技术的淘汰升级、更新换代，被加密电子文件必然会成为“死档案”。为保证电子档案的长期可用，归档前必须对已经加密的电子文件作解密处理，保证电子文件能够被其制作软件或阅读器正常打开、正确呈现。

存储加密功能通常集成在业务系统中，解密也应由业务系统解密功能或解密工具实施。组织机构从保证电子文件安全出发，要求通过业务系统对其做加密保护时，就应该在设计、开发业务系统功能时同步完成电子文件归档解密功能的开发工作。如果在业务系统已经投入实用数年后再着手解密问题，可能存在一定的困难，此时的解密处理基本依赖组织机构或业务系统开发服务商是否保留了规范完整的代码、技术资料，是否具备完成该项任务的能力。为防止业务系统开发服务商为了自身利益，而恶意、偷偷地在业务系统中植入电子文件存储加密功能，组织机构应在项目终验前组织专业人员对业务系统功能、设计文档等作严格检查、把关，发现问题要及时处置。

f）本列项包含了对电子文件及其元数据可靠性鉴定要求。通过在线方式归档时，电子文件及其元数据经过的网络通道、归档接口、安全网关等是安全的；以离线方式归档时，使用的离线存储介质是专用、安全的。

电子文件及其元数据存储、传输和交换环境是安全管理的重点，主要包括业务系统、归档接口、电子档案管理系统，以及电子文件及其元数据在应用系统间的传输、移动通道。业务系统、电子档案管理系统安全管控通过网络安全等级保护或分级保护实施，本标准5.4也给出了相应要求。本条则是针对电子文件及其元数据归档过程涉及的传输、移动通道安全管理提出的鉴定标准。网络通道主要有两种，处在同一网络中的业务系统与电子档案管理系统之间的网络通道，处在不同网络、经安全网关连通的业务系统与电子档案管理系统之间的网络通道。

g）本列项包含了对电子文件及其元数据可靠性和可用性检测要求。处于归档过程中的电子文件未感染计算机病毒（含木马等恶意程序）；如果查出已经感染就要立即进行杀毒、清除木马等处理活动，查杀完毕后应确认经清洁处理的电子文件是否可正常打开、正确呈现并保持内容的完整性，确认无误后重新进入归档程序。以专用离线存储介质执行归档程序时，一次写光盘、硬磁盘等专用离线存储介质无损伤、无病毒，防止隐含的损伤危害电子文件及其元数据比特流的完整。

提交归档方、接收归档方执行本项鉴定程序时需启动防病毒系统对处于归档程序中的电子文件及其元数据作即时查杀处理，以鉴定、确认电子文件的清洁。经业务系统归档时，可由业务系统、电子档案管理系统自动启动第三方防病毒系统并形成查杀记录；以专用离线存储介质归档时，可由相关责任人启动防病毒系统完成检测、查杀工作。为了对目标计算机造成更大伤害，许多计算机病毒、木马具有潜伏期，被设定在具备某些条件后再发作。为确保经过不同网络传输和交换的电子文件及其元数据安全，必须在归档过程中将电子文件及其元数据在指定存储器中静置一段时间，例如静置 15 个日历日，再次进行病毒查杀等鉴定程序。

8.1.4　档案部门应将清点、鉴定合格的电子文件及其元数据导入电子档案管理系统预归档库，自动采集电子文件结构元数据，通过计算机文件名建立电子文件与元数据的关联，在管理过程元数据中记录登记行为，登记归档电子文件。

当接收归档方，即档案部门完成清点和鉴定程序，确认电子文件及其元数据合格后即可进入登记程序。本条明确的电子文件归档登记程序都应基于电子档案管理系统完成。需要完成将电子文件及其元数据导入预归档库、采集结构元数据、建立电子文件及其元数据关联、登记等四方面操作内容。登记程序其本要求如下：

在档案管理人员的全程监督下，通过电子档案管理系统捕获登记功能自动将电子文件及其元数据导入到预归档库，包括：将电子文件以及 XML 格式的办理过程信息等写入预归档库的暂存池，将电子文件元数据写入预归档库的元数据库，将归档说明文件中的相关信息写入归档信息数据表；以元数据为基准挂接电子文件，挂接过程中自动从电子文件内部提取结构元数据、采集计算机文件名的字符串，采集声像类电子文件的文件大小、格式信息，为相应元数据赋值，正确建立电子文件与其元数据的关联关等系；形成唯一标识符、为唯一标识符元数据赋值，可采用业务系统形成的唯一标识符，也可按照档号编制规则形成唯一标识符；在管理过程元数据中写入“归档登记”、登记时间、登记责任人等信息，可采用形成唯一标识符的日期与时间为登记时间，登记责任人为档案管理人员。

8.1.5　应依据清点、鉴定结果，按批次或归档年度填写电子文件归档登记表（见表 A.1），完成电子文件的归档。

填写《电子文件归档登记表》是电子文件归档的最后一项程序。电子档案管理系统应基于归档信息数据表，以报表形式自动生成《电子文件归档登记表》，可按一个批次或一个归档年度生成该登记表。本标准附录 A 的表 A.1 是《电子文件归档登记表》的推荐样式。具体操作时，一个门类生成一张表，打印输出后可办理归档手续，当然，该登记表也可手工填写、办理。凡依据本标准 8.1.3 给出的要求进行检验并检验合格的，即可在该登记表各检验项目的检验结果一栏填写“合格”。该登记表其他栏目具体含义如下所述：

单位名称：电子文件形成单位名称

归档时间：完成电子文件归档的日期

归档电子文件门类：填写归档电子文件所属门类，如文书、科技等，对于专业、声像类电子文件，还可直接填写具体的门类信息，例如专业（婚姻登记）、声像（照片）、声像（录像）

归档电子文件数量：以件为管理单位的，只需填写件数或张数；以卷为管理单位的，应填写卷数、卷下总件数或总张数；录音、录像类电子文件，需填写总的分钟数；填写批次归档电子文件总的字节数

归档方式：根据实际的归档方式勾选或填写其中一种

检验项目之载体外观检验：仅当采用离线归档方式时需检验归档介质外观，检验重点为：移动硬盘是否完好，数据线与数据接口是否齐全并相互匹配，一次性写光盘记录面是否清洁、无划痕，离线存储介质包装盒上是否做了必要的标示，等等。

第二节　电子文件归档时间与归档方式

鉴于电子文件虚拟化、易流失等特征，为强化对电子档案的管控，本标准明确在归档年度内应该定期归档电子文件，这也是与传统载体文件材料不同之处。对于业务系统形成的电子文件，只要设计、开发了电子文件及其元数据归档功能，设定了触发归档程序的时间节点和规则，其归档工作便是自动化的、便捷且易于实现的，弥补了手工操作的不足。网络和应用系统形成的信息高速公路，则给电子文件归档新增了在线归档方式，其离线归档在形式上有些类似传统载体档案手工归档。对于声像类电子文件，形成后就该尽快完成挑选、整理和著录工作，防止

因时过境迁或摄录人员工作岗位变动，造成未经整理、著录的声像类电子文件积压太多，出现难以准确著录或无法著录的情况，定期归档要求也可以倒逼声像类电子文件整理、著录工作。

8.2.1　电子文件形成或办理部门应定期将已收集、积累并经过整理的电子文件及其元数据向档案部门提交归档，归档时间最迟不能超过电子文件形成后的第二年6月。

《电子文件管理暂行办法》第十六条规定："电子文件应当在办理完毕后实时或定期归档，定期归档应当在第二年6月底前完成"。实时归档是指在电子文件签发、办理完毕后的瞬间即提交归档，是一种全自动化、无需电子文件形成或办理部门干预的在线归档方式，一般适用于具备一定条件的业务系统电子文件的归档。例如，业务系统与电子档案管理系统处于同一个网格，并采用 webservice 归档接口或中间数据库归档接口。

定期归档，一般是指按照一个月、三个月、半年等固定周期定时启动业务系统归档程序，将电子文件及其元数据提交归档，例如每个季度末将上个季度已经拟制、办理完毕的电子文件及其元数据提交归档，声像类电子文件的归档则由电子文件形成部门按照制度规定执行。各门类电子文件归档时间最迟不能超过其形成后的第二年6月底。本条标准在明确电子文件归档时间的同时，再次强调归档的电子文件应该是经过了系统整理的。

8.2.2　应基于安全的网络环境或专用离线存储介质，采用在线归档或离线归档方式，通过电子档案管理系统客户端或归档接口完成电子文件及其元数据的归档。

应根据业务系统、电子档案管理系统所处的网络环境、技术环境来选择归档方式。在线归档是指基于安全网络环境，将电子文件及其元数据经网络通道向电子档案管理系统归档的过程，离线归档是指采用专用离线存储介质，在线下将电子文件及其元数据向档案管理部门归档的过程。当电子档案管理系统可长期或定期与业务系统处于同一安全网络环境时，或在安全管理部门认可前提下经安全网关连通时，业务系统电子文件归档可选择在线方式，使用 webservice 归档接口或中间数据库归档接口，连通电子档案管理系统完成电子文件及其元数据的归档。当业务系统与电子档案管理系统无法经网络安全连通时，应选择离线方式进行归档。声像类电子文件形成部门可直接通过电子档案管理系统终端计算机以在线方式归档声像类电子文件，也可选择离线方式归档声像类电子文件。同时，用于电子文件及其元数据归档的网络或离线存储介质，都必须符合安全保障要求，要通过安全等级保护或分级保护、查杀病毒等措施开展安全防范工作。采用离线方式归档时，必须使用专用离线存储介质，如一次性写入光盘、专用移动硬盘、专用 U 盘等。当确实要使用非专用离线存储介质传输归档数据时，必须通过摆渡机暂存提交归档的电子文件及其元数据，延时静置、查杀病毒木马，检测合格后再将其拷贝到专用离线存储介质上，导入电子档案管理系统。

8.2.3　应结合业务系统、电子档案管理系统运行网络环境以及本单位实际，确定电子文件及其元数据归档接口并作出书面说明，归档接口通常包括但不限于以下三种：

a）webservice 归档接口；

b）中间数据库归档接口；

c）归档电子文件及其元数据的规范存储结构。

本标准推荐了三种电子文件及其元数据归档接口，其中，8.2.3 a）、8.2.3 b）所述归档接口适用于可经安全网络通道连接的业务系统与电子档案管理系统之间的数据交换，8.2.3 c）则适用于任何场景，尤其适用于离线归档。归档接口专门用于解决业务系统电子文件归档通道问题，实质是一个标准化的电子文件及其元数据中转站，是介于业务系统与电子档案管理系统之间的连接构件，供提交归档方提交数据，接收归档方采集数据之用。可通过地方性规范明确地区性的统一归档接口，也可由组织机构根据业务系统、电子档案管理系统运行网络环境、软件开发商等因素选定归档接口，并以书面技术文档形式归档保存。

（1）webservice 归档接口。webservice 是一种部署在 Web 上的应用程序，是基于 HTTP 的数据传输技术，支持异构应用系统之间、不同开发语言之间的互操作，具有良好的开放性，是建立分布式、可互操作应用程序的新平台。webservice 归档接口主要包括服务器端和客户端两部分，webservice 归档接口的主要业务在电子档案管理系统服务器端实现，业务系统经客户端与服务器端连通，通过计算机可识别的网络服务描述语言（WSDL，Web Services Description Language），实现业务系统和电子档案管理系统之间的数据交换，这是一个实时的双方“握手”机制。图 8-3 描述了一个 webservice 归档接口的示例。经 webservice 归档接口，可以交换符合接口规范要求的若干个电子文件和一组元数据，也可交换一个归档数据包，比如符合规范存储结构要求的归档数据包。

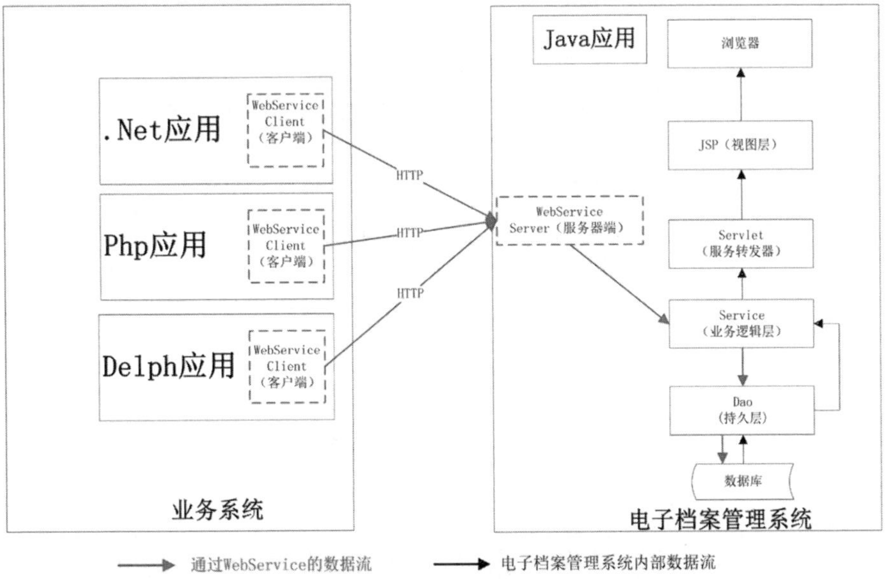

图 8-3　webservice 归档接口示例

（2）中间数据库归档接口。该归档接口由一组按照电子文件归档要求定义的数据库表文件构成，例如电子文件元数据表、电子文件原文表和归档信息表等，这些数据库表文件被配置在某数据库管理系统中，由业务系统将电子文件及其元数据写入数据库表文件，电子档案管理系统从表文件中将应归档电子文件及其元数据读出，之后再执行后面的清点、鉴定、登记和填写登记表等程序。

（3）归档电子文件及其元数据的规范存储结构归档接口，又可以称之为归档数据包。该类归档接口是一个多级文件夹设置和数据存储规则，业务系统按照规则建立文件夹，将需归档的电子文件、元数据以及归档说明文件等存储在相应的文件夹中。图 8-4 是一个规范存储结构归档接口的示例，最外层的电子文件归档数据包文件夹装裹了需归档的电子文件等数据，业务系统按规则生成电子文件归档数据包后，可存入在线暂存池或专用离线存储介质，电子档案集成管理系统即可对归档数据包进行读取操作，之后便可执行清点等归档程序。

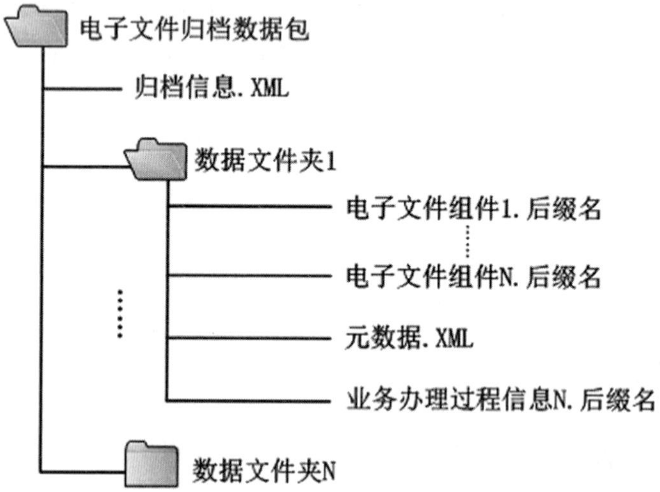

图 8-4　归档信息包示例

第三节　电子文件归档格式

本节所述电子文件归档格式是指电子文件及其元数据归档时所使用的计算机文件格式，属于业务系统生成的电子文件，本节也同时对业务系统内置计算机文件格式功能提出了要求。采用开放、通用的计算机文件格式存储电子档案内容信息，关乎电子档案的长期可用、可读和可理解，是电子档案长期保存策略的重要组成部分。为保证归档过程中以及归档后一段时期内电子文件内容信息的稳定和安全，应直接采用归档格式生成、存储电子文件并入库管理，不宜在归档完成后即刻开展电子档案计算机文件格式转换活动。本标准 8.3 所提要求用于规范电子文件归档格式，更重要的是明确了业务系统形成电子文件时应采用的计算机文件格式，以及数字摄录设备导出声像类电子文件时采用的计算机文件格式，使电子文件形成时即以符合长期保存要求的计算机文件格式存储。同时，也对电子档案管理系统相关功能提出了要求，例如，应支持采集、识别、解析以规定的计算机文件格式归档的电子文件及其组件、元数据，能够正常打开电子文件、正确呈现电子文件内容等。

计算机文件种类多样，常见的有流式文件、版式文件、图像文件、音频文件、音视频文件、图形文件、数据库文件、多媒体文件等，每类计算机文件又具有多种计算机文件格式，不同格式对应不同的计算机文件内部编码规则，即编码标准，如表 8-1 所示。由国际标准、国家标准所编制的计算机文件格式，或者格式开发商公开了编码标准的计算机文件格式通常具有开放性和通用性，任何具有一定资质和能力的软件开发商根据标准都能解析该计算机文件格式内部信息存储规则，并将其读出、转而采用新的开放格式存储电子文件，这就为电子文件的长期可用提供了格式转换和再造能力，这种特性是十分重要的。而属于格式开发商专有的计算机文件格式，只有开发商能够读懂其内部信息存放规则，在计算机屏幕上正确呈现电子文件的内容信息、排版信息、色彩信息等。格式开发商一旦不再维护该计算机文件格式时，以此格式存储的电子文件即便完好无损地存储在存储器中，也无法用其他编辑软件或阅读器打开、呈现，极有可能成为“死文件”，在电子档案管理领域不能允许出现这样的情况。

表 8-1　部分通用计算机文件格式列表

计算机文件类型	通用计算机文件格式
版式文件	OFD，PDF，PDF/A，PDF/E
流式文件	WPS，DOC，TXT
其他文本文件	XML，ET，XLS

续表

计算机文件类型	通用计算机文件格式
数据库文件	CSV，MDF
图像文件	TIF，JPG，PNG
音频文件	MP3，WAV，AAC
音视频文件	MPG，MP4，AVI，FLV
图形文件	SVG，SWF，WMF，EMF，EPS，DXF，STEP
多媒体文件	HTML，WARC，EML

本标准 8.3 以枚举方式明确各门类电子文件及其元数据归档时应采用的计算机文件格式，既给出了部分确定的计算机文件格式，又提供了参照样例和引导。在实践中，随着计算机文件格式的发展，各地档案行政管理部门可按照本标准 8.3.1 给出的要求，以书面方式正式发布新增的电子文件归档用计算机文件格式。

8.3.1　电子文件归档格式应具备格式开放、不绑定软硬件、显示一致性、可转换、易于利用等性能，能够支持同级国家综合档案馆向长期保存格式转换。

DA/T 47—2009《版式电子文件长期保存格式需求》提出了以版式格式保存电子文件时，该计算机文件格式应该具备的 11 项条件。尽管该标准是针对版式电子文件长期保存格式而编制的，其中的格式开放、不绑定软硬件、显示一致性、可转换、易于利用等需求，同样可以作为选择其他类型电子文件归档格式的标准或参考标准，具备了这些条件的计算机文件格式，国家综合档案馆则可将其转换为长期保存格式：

（1）格式开放是指该格式有公开发表的简洁明了的格式标准和技术规范、页面描述语言为多数厂商认知和掌握，没有专利和许可的限制，厂商中立，有与产品无关的专家组、标准化组织和产业联盟等维护和支持该格式；

（2）不绑定软硬件是指该格式被多种操作系统和硬件平台支持，文件的使用和展现不依赖于特定的软件，使用与设备无关的颜色规范实现准确打印、再现；

（3）显示一致性是指该格式呈现效果不因软硬件平台和阅读软件变化而变化，禁止由条件触发的显示或打印内容，禁止交互式表单和内部可执行式代码，禁止某些可能导致显示、打印不一致的技术；

（4）可转换是指支持其他格式与该格式相互转换，支持将过时的格式转为新版的格式；

（5）易于利用是指支持增值服务，方便提取数据的子集，如提取文本串、图像等，支持全文检索，文件中包含的信息符合自然阅读顺序等。

8.3.2　电子文件应以通用格式形成、收集并归档，或在归档前转换为通用格式。版式文件格式应按照 DA/T47—2009 执行，可采用 PDF、PDF/A 格式。

本条所述电子文件通用格式即是指符合本标准 8.3.1 要求的计算机文件格式。对于业务系统形成的电子文件，形成之初就应该以通用计算机文件格式存储，并以此格式收集、归档，从而保证电子文件的稳定性或长期可用性。对于本标准发布前已经完成建设并投入使用的业务系统，如若其采用的计算机文件格式不符合本标准 8.3.1 给出的要求，则应该为业务系统设计、开发格式转换功能，以便支持在归档前将电子文件转换、存储到合格的计算机文件格式中。业务系统采用的版式计算机文件格式则要满足 DA/T 47—2009《版式电子文件长期保存格式需求》明确的 11 项需求，OFD、PDF、PDF/A 便是满足需求的版式计算机文件格式。

采用版式计算机文件格式存储的电子文件，是用页面化的形式固定呈现文本、图形、图像等信息，他将排版格式、色彩等都封闭在格式之中，一旦形成，其排版格式即被固化、无法改变，不能再往里面插入文字、图片等信息，色彩的呈现也与计算机设备无关。2016 年，全国信息技术标准化技术委员会发布了 GB/T 33190—2016《电子文件存储与交换格式版式文档》，成功研制了国产化的 OFD 版式计算机文件格式，是设计、建设业务系统的首选版式格式。

与版式文件相对应的是流式排版文件，又可称为流式文件，RTF、WPS、DOC 等计算机文件格式存储的文本文件即是流式文件。当完成了流式文件内的文字、数字、表格和图像等的版面排版、字体设定等工作后，还可以不断地在任何位置插入新的内容，跟在新增内容之后的原有文字等信息会自动往下流动，并自动适应已经设定边界，且不影响原来已经设定的字体、字体大小、颜色等排版元素。

8.3.3 以文本、位图文件形成的文书、科技、专业类电子文件应按以下要求归档：

a）电子公文正本、定稿、公文处理单应以版式文件格式，其他电子文件、电子文件组件可以版式文件、RTF、WPS、DOCX、JPG、TIF、PNG 等通用格式归档；或

b）电子文件及其组件按顺序合并转换为一个版式文件。

本条所述版式格式、RTF、WPS、DOCX 等计算机文件格式存储、形成的电子文件为文本文件；位图文件又可称为图像文件、静态图像文件，以 JPG、TIF、PNG 等计算机文件格式存储、形成的电子文件属于位图文件。文书、科技、专业等门类电子文件，通常以多种类型计算机文件格式形成、存储，例如，文书类电子文件至少存在文本文件、位图文件，甚至有 ET、XLS 等格式文件，而一种计算机文件格式也经常存在于多个门类的电子文件中。本标准 8.3.3 至 8.3.7 给出的要求，均以电子文件门类为主线，以枚举方式引导计算机文件格式选用的一般要求。本条针对文书、科技、专业类电子文件归档格式提出了两种实现方式，组织机构可根据实际自行选择其中一种即可。从维护电子文件原始形态角度，推荐采用第一种方式归档。

a）采用 OFD、PDF 等版式格式归档电子公文正本、定稿、公文处理单，包括发文和收文，是为了封装、固化电子公文红头、电子印章等版面格式，使电子公文离开其形成环境后仍然能够保持其原件形式。该要求是按照业务系统自然形成的组件分别归档，能够保持、维护电子公文形成时的原始形态，是最好的实施方式。对于其他电子文件、电子文件组件，电子文件修改稿可采用 WPS、DOCX 等流式文档格式；为优化业务系统功能，工作总结、领导讲话、代表发言稿等可采用与电子公文正本一致的版式格式文件，纸质专家鉴定意见、纸质文件处理单的数字副本可采用 JPG、TIF、PNG 等通用格式归档。或者采用下面的方式与计算机文件格式归档。

b）把电子文件所有组件合并、转换为一个整体归档时，应采用 OFD 或 PDF 等版式计算机文件格式存储合并后形成的电子文件，且必须保持电子文件组件原有的先后顺序，例如组织机构签发的一份电子公文，合并后其内部电子文件组件的顺序应依然保持电子公文正本、公文处理单、修改稿的先后顺序。

无论选用哪种方式和相应的计算机文件格式，应按其提出的需求设计、开发业务系统电子文件归档功能。例如，如果选用 8.3.3 a）的方式归档电子文件，启动归档流程后，业务系统组织应归档电子文件及其元数据时，应保证电子文件组件原有形态和齐全完整，保证电子文件及其组件元数据的齐全完整；如果采用 8.3.3 b）方式归档电子文件，业务系统电子文件归档功能应包括：按电子文件组件已有排序，齐全完整、准确、正确地将其合并转换为一份电子文件，采用 OFD 或 PDF 等版式计算机文件格式存储该电子文件，按规范为其命名，采集新生成电子文件的结构元数据，通过管理过程元数据记录合并活动，连同合并前已经形成的电子文件及其组件元数据一并归档。

8.3.4　在计算机辅助设计与制造过程中形成的科技类电子文件应按以下要求归档：

a）二维矢量文件以 SVG、SWF、WMF、EMF、EPS、DXF 等格式归档；

b）三维矢量文件，需永久保存的应转换为 STEP 格式归档，其他可根据需要按 8.3.4 a）给出的要求转为二维矢量文件归档。

本条以枚举方式明确、引导部分科技类电子文件归档时应采用的矢量文件格式，主要指企业在计算机辅助设计、计算机辅助制造过程中形成的二维、三维矢量文件。8.3.4 a）明确的是二维矢量文件的通用计算机文件格式，枚举了 SVG、SWF、WMF、EMF、EPS、DXF 等六种，鉴于篇幅控制等原因，还有一些通用计算机文件格式未列出，如 DWG 格式。8. 3. 4 b）主要明确需永久保存的三维矢量文件应采用STEP 格式归档，其他保管期限的电子文件也可采用 STEP 格式存储、归档，根据今后生产需要等实际情况，可以将部分三维矢量文件转为二维矢量文件归档、保存，例如转换为产品模型的工程图。

矢量文件经业务系统（如计算机辅助设计与辅助制造等类应用系统）或阅读器呈现后即成为矢量图，对于该类业务系统，除国产市售应用软件，国外的多款应用软件也在我国占有众多市场份额，例如 Pro/E、UG、CATIA 等，这些应用系统之间的数据交换、归档，基本通过 STEP 文件实现。STEP（standard for the exchange of product model data）即产品模型数据交换标准，STEP 格式文件又称为步文件，是由 ISO 10303-21：2016《工业自动化系统和集成 产品数据表示和交换 第 21 部分：实现方法 产品交换结构的正文编码要求》定义的计算机文件格式。

8. 3. 5 以数据库文件形成的科技、专业类电子文件，应根据数据库表结构及电子档案管理要求转换为以下格式归档：

a）以 ET、XLS、DBF、XML 等任一格式归档，或

b）参照纸质表单或电子表单版面格式，将应归档数据库数据转换为版式文件归档。

如本解读第六章第一节所述，科技、专业等类电子文件常以数据库文件形成、存储，本条明确了两种数据库文件归档方式以及相应的计算机文件格式。在实际工作中，要根据数据库的数据表文件结构、电子档案管理系统捕获登记功能，以及电子档案管理实际确定选用哪一种计算机文件格式。数据表文件结构主要有两种。第一种，仅有一张数据表文件，称为一级数据表结构，例如大家熟悉的纸质档案目录数据库，数据表的字段包括档号、题名、责任者、文件编号、形成时间、附件题名、密级、保管期限、控制标识等，没有任何一个字段下链接了另一张数据表文件。第二种，由多张数据表文件组成，其中第一张数据表文件通过指针与其它若干数据表文件先、后关联，可称为多级数据表结构，例如，前述某行业培训中心业务系统中的干部职工基础信息表、培训登记表共同组成的电子文件，二者之间通过身份证件号建立链接。

a）当电子文件的数据表文件为一级数据表结构时，可选用 ET、XLS、DBF、XML 等任一计算机文件格式归档；根据软件版本的不同，ET、XLS 文件中的每一个工作表（sheet），一般能够存储的数据约为 6.5 万条到 100 万条不等，这两种计算机文件格式对数据条目数有所限制。当电子文件的数据表文件为多级数据表结构时，可选用 DBF、XML 等计算机文件格式归档；采用 XML 格式时，为便于电子档案管理系统解析、电子文件的阅读理解，XML 文件应采用中文标签并自带文档类型定义（DTD，Document Type Definition）。或者采用以下方式和计算机文件格式归档。

b）将数据库文件呈现在业务系统页面时，通常以表格等特定的版面格式展示，例如文件处理单、电子发票等。当需要保存呈现在业务系统页面的版面格式时，应选用版式文件归档数据库文件，以便固化业务系统页面呈现的逻辑格式。

8.3.6　照片类电子文件以 JPG、TIF 等格式归档；录音类电子文件以 WAV、MP3 等格式归档；录像类电子文件以 MPG、MP4、FLV、AVI 等格式归档，珍贵且需永久保存的可收集、归档一套 MXF 格式文件。

本条明确了照片、录音、录像类电子文件归档格式，其中大部分计算机文件格式广为人知，在此不做过多解读。MXF 格式是世界范围内的音视频文件交换格式，又称为素材交换格式，许多品牌的专业数字摄像机都支持用 MXF 格式将音视频文件交换并存储到非线性编辑系统，之后就可以做转码操作。MXF 格式文件可以打包多个音频文件、视频文件，其中还包含 XML 格式的元数据（如 Clip. xml），主要有全球唯一标识符、摄像机品牌与型号、拍摄的起始和结束时间、时长、帧速率、视频文件大小、音频采样率、音频采样精度、音频文件大小等。MXF 格式保存了摄像机拍摄时形成的全部原始信息，文件容量较大，也不是利用格式，不宜将其作为所有录像类电子文件的归档格式。

8.3.7 公务电子邮件以 EML 格式，网页、社交媒体类电子文件以 HTML 等格式归档。

本条提出了公务电子邮件、网页、社交媒体类电子文件的归档格式。EML 格式是电子邮件系统普遍采用的通用计算机文件格式。网页、社交媒体类电子文件可选用版式格式、HTML 格式归档，还可根据需要在归档时将其转换为 OFD、PDF、WPS、DOC 等格式归档。此外，采自国际标准的 GB/T 33994—2017《信息和文件 WARC 文件格式》规定了一种网络资源长期保存格式，该格式可作为网站、网页、社交媒体类电子文件的归档和长期保存格式。

8.3.8 专用软件生成的电子文件原则上应转换成通用格式归档。

本条所述专用软件是指生成专用格式的软件。根据电子档案长期保存要求，以软件开发商专有格式存储的电子文件，原则上要转换为通用计算机文件格式归档。为达到这一目的，需业务系统、专有格式开发商协同完成，将专有格式转换为通用格式并集成在业务系统电子文件归档功能之中。对已经确定无法将专有格式转换为通用格式的情况，而提出的要求。应按照本标准 8.1.3 d）明确的要求执行。

第四节 电子文件元数据归档格式

电子文件元数据由两个途径产生，即业务系统采集赋值和手工著录，本标准 8.4 既明确电子文件元数据归档格式，也对业务系统以规定的计算机文件格式归档元数据提出了功能要求。电子文件元数据通常存储在数据库系统，使用关系型数据库时，存储元数据的数据库文件大部分为多级数据表结构，在归档时或将元数据直接写入中间数据库归档接口，或转换为 XML 等计算机文件格式经其他两种归档接口归档。使用文档数据库时，由于生成、存储的元数据是结构化、半结构化的计算机文件，因此，只要元数据结构符合标准规范等要求，则基本无需转换便可直接经 web service、规范存储结构等归档接口归档。无论选用哪种计算机文件格式归档电子文件元数据，业务系统电子文件归档功能、归档接口、电子档案管理系统都需前后对应、相互兼容。

8.4.1　应根据电子文件归档接口以及元数据形成情况确定电子文件元数据归档格式。

需采用离线方式归档的声像类电子文件，首先由电子文件形成部门使用 WPS 表格、EXCEL 等电子表格作简要著录，从而生成声像类电子文件元数据，所选用电子表格的计算机文件格式应符合本标准 8.4.3 给出的要求。业务系统电子文件元数据归档格式则要根据具体情况确定。本标准 8.2.3 给出了三种常用的电子文件及其元数据归档接口，电子文件元数据形成情况主要指是经业务系统形成还是手工著录生成，通常从以下两种情形先确定以何种方式归档电子文件元数据，之后再根据本标准 8.4.2 给出的要求确定元数据归档格式：

（1）当采用 web service 归档接口、电子文件及其元数据规范存储结构归档接口时，应将存储在业务系统数据库中的元数据读出并转为 8.4.2 a）所述的计算机文件格式归档；

（2）当采用中间数据库归档接口时，既可以采用上述方法归档元数据，也可以直接从业务系统数据库读出元数据并写入中间数据库。

上述两种情形分别与下面的 8.4.2 a）、8.4.2 b）相对应。

8.4.2　经业务系统形成的各门类电子文件元数据应根据归档接口确定归档格式：

a）选择 8.2.3 a）或 8.2.3 c）所述归档接口时，可以 ET、XLS、DBF、XML 等任一格式归档；

b）选择 8.2.3 b）所述归档接口时，可与电子文件一并由业务系统数据库推送至中间数据库，也可再由中间数据库导出数据库数据文件。

a）当采用 web service 归档接口或归档电子文件及其元数据规范存储结构归档接口时，业务系统数据库的元数据表为一级数据表结构的，将应归档元数据全部读出后，可转换为 ET、XLS、DBF、XML 等格式中的任意一种提交归档；业务系统数据库的元数据表为多级数据表结构的，将应归档元数据全部读出并转换为 XML 格式提交归档。以 XML 格式归档的，XML 文件中的标签应使用中文标签，并自带文档类型定义（DTD，Document Type Definition）。

b）选择中间数据库归档接口方式，则由业务系统将元数据连同电子文件、归档说明文件等一并写入中间数据库，之后由电子档案管理系统在中间数据库抓取。在电子档案管理系统与归档接口不能经网络连通的特殊情况下，例如，归档接口用于连接集约式业务系统和与其相对应的集约式电子档案管理系统，但业务系统和中间数据库归档接口部署在另一网络或网域中，且不能经安全网关连通电子档案管理系统，此时，也可以配置一个元数据格式转换工具将存储在中间数据库的元数据转换为 ET、XLS、DBF、XML 等格式文件，再用离线存储介质完成后续归档工作。

8.4.3　声像类电子文件元数据、在单台计算机中经办公、绘图等应用软件形成的电子文件，可以 ET、XLS、DBF 等格式归档。

如前所述，需以离线方式归档的声像类电子文件元数据格式可采用 ET、XLS、DBF 等计算机文件格式归档。从单台计算机办公、绘图软件形成的电子文件，归档时无法将其导入业务系统进行管理时，则需采用 WPS、EXCEL 等电子表格或用 FOXPRO 等数据库系统，以手工方式在其中著录电子文件的年度、机构或问题、题名、责任者、文件编号、日期、计算机文件名等元数据信息，从而形成 ET 或 XLS、DBF 等格式的元数据文件并提交归档。

第五节　电子档案的编目

编目是“按照一定的规则进行档案著录并将条目组织成目录的过程。”[19] 据此定义，文件材料归档后，档案部门需开展档案编目工作，

[19] 国家档案局，DA/T 1—2000 档案工作基本术语，术语 6.2。

即遵循一定的规则开展档案著录与编制档案目录两项工作。DA/T 58—2014《电子档案管理基本术语》关于著录的定义是“按标准形式对电子档案的内容、结构、背景及管理活动进行描述的过程。”较之 DA/T 18—1999《档案著录规则》、DA/T 1—2000《档案工作基本术语》定义的著录，该定义更加能够揭示电子文件、电子档案管理的内在要求，通过著录不仅要揭示档案的内容与形式特征，还需记录电子档案的形成背景和管理过程，具有显著的先进性，与国际档案理事会 2000 年发布的国际标准《档案著录总则》（ISAD（G），Second Edition）保持了高度一致。电子文件归档时，关于电子文件内容特征、形式特征以及分类类目、保管期限等的著录工作均已完成。归档后档案部门需完成的编目工作包括三个部分，其一，对归档前的电子档案著录成果进行审核、修正；其二，开展纸质档案的同步整理、编目等工作，为电子档案、纸质档案编制档号、命名，将电子档案及其元数据归入电子档案管理系统正式库；其三，基于电子档案管理系统完成管理过程元数据的采集、保存与维护，如果实施了重大系统迁移、格式转换等工作，则需采集、保存技术背景与结构元数据。本标准 8.5 便是对前两项工作给出基本要求，所涉及的管理工作都要基于电子档案管理系统的相关功能完成。需要强调的是，本节所述纸质档案是指“双轨制”环境中产生的纸质文件材料经归档所形成，并非双套制下形成的电子文件的纸质拷贝。

8.5.1　应对电子档案与纸质档案进行同步整理审核、编制档号等编目活动。

根据本标准 8.1 给出的要求，电子文件归档程序完成后，经过整理、著录的电子文件及其元数据存入了电子档案管理系统预归档库。本条即是对之后的编目工作提出总体要求，即在归档前电子文件整理成果的基础上，同步开展纸质档案的整理、著录工作，并对整理成果进行审核，为电子档案、纸质档案编制档号等。本条所述的“同步”二字并不是指在审核归档前电子文件整理成果的同时，要实时整理纸质档案，而是指同一归档年度形成的电子档案、纸质档案的整理、编目工作，整体上要同步完成，以免出现档案内在有机联系被割断、档号编制不连续等情况。

档案部门接收到文书部门、业务部门提交归档的纸质文件材料后，可及时也可定期对照已经保存在电子档案管理系统预归档库中的电子档案，为纸质文件材料确定分类号，划定保管期限。当纸质文件材料属于某项业务活动组合文件时，要将该纸质文件材料的目录数据插在组合文件的适当位置。最后，为纸质文件材料的年度、机构或问题、保管期限、件号、子件号以及题名、责任者、文件编号、形成时间、密级、公开属性等元数据赋值，保存后电子档案管理系统会自动进行排序并正确呈现。其他纸质文件材料，如会议记录、统计报表、涉密文件等可放在年度归档文件的后面位置，适时进行整理、编目等工作。为了维护电子文件整理成果的稳定性，如无原则性的错误，不宜在电子档案整理审核阶段修改其件号、子件号等。

8.5.2　应对整理阶段划定的电子档案保管期限与分类结果进行审核和确认，对不合理或不准确的应进行修正。

在电子文件整理阶段，无论是业务系统根据内置规则自动形成的分类、保管期限鉴定成果，还是经手工形成的整理、著录结果，可能存在一些问题，例如，保管期限鉴定不合理，著录不充分或不正确，同一项业务活动往来电子文件未正确确立关联关系等。因此，在电子文件进入电子档案管理系统预归档库后，档案管理人员应对电子档案及其元数据进行审核和确认，对不合理、不正确或不准确的部分进行修正。

8.5.3　应在整理审核基础上，对电子档案、纸质档案重新排序，并依据排序结果编制文件级档号。

在完成了本标准 8. 5. 1 解读中所述归档纸质文件材料整理与编目，以及本标准 8. 5. 2 所述电子档案整理审核与修正工作的基础上，电子档案管理系统应自动对电子档案元数据、纸质档案目录数据重新排序，排序结果自然传给电子档案与纸质档案。在整理成果稳定后，电子档案管理系统应基于内置档号编制规则，依据排序结果自动组合档号各构成项的值，例如文书类电子档案的全宗号、档案门类代码、年度、机构或问题代码、保管期限代码、件号、子件号等元数据值，为电子档案、纸质档案编制文件级档号，并为档号元数据赋值。

8.5.4　应采用文件级档号或唯一标识符作为要素为电子档案及其组件重命名，同时更新相应的计算机文件名元数据。

唯一标识符是指在一个域内，例如一个全宗内、一家国家综合档案馆内或全省内，能够唯一标识电子档案的一串代码，由阿拉伯数字与字母组成。文件级档号是唯一标识符的一种。构成唯一标识符的各子项可以不含与档案管理有关的语义信息，该种唯一标识符的值通常由业务系统归档而来，使用该类唯一标识符为电子档案、电子档案组件命名时，会为电子档案管理带来一些不便或不妥，如直接查看存储器中的电子档案，或将电子档案从该存储器中单独拷贝出来，管理人员很难根据电子档案的计算机文件名确定其所属全宗、年度、保管期限以及档案门类等。因此，由于文件级档号包含了档案管理的语义信息，采用文件级档号作为计算机文件名构成的要素，并为电子档案及其组件命名，便可保证电子档案及其组件在脱离电子档案管理系统时，也可通过计算机文件名将电子档案与其元数据一一对应起来。例如，将文书类电子档案计算机文件命名构成规则设置为：文件级档号+“D”+组件流水号+后缀名。相关内容还可参见《数字档案室建设概论》第四章第三节第115页所述的电子档案命名规则。以下为一件文书类电子档案组件的计算机文件名示例：

X111-WS·2016-Y-BGS-0001D01. pdf

X111-WS·2016-Y-BGS-0001D02. html

X111-WS·2016-Y-BGS-0001D04. wps

以下为一件照片、一件录像类电子档案计算机文件名示例：

X011-ZP·2011-Y-01-0001. JPG

X011-LX·2005-Y-05-0004. MPG

唯一标识符、档号是电子档案、纸质档案的重要元数据，电子档案管理系统为电子档案组件命名后，应自动将计算机文件名的字符串写入相应的计算机文件名元数据中，则可正确、稳定地关联电子档案及其元数据。

8.5.5　应按照 DA/T18—1999 以及 6.2.4 给出的要求对电子档案、纸质档案做进一步著录，规范、客观、准确地描述主题内容与形式特征。

对电子档案、传统载体档案做进一步的著录，目的是更加规范、客观并准确地揭示电子档案的主题内容与形式特征。著录工作可以在归档后的整理审核、编目等任一时间节点进行。如果归档前形成的声像类电子文件著录信息不够规范、完整、准确，档案部门则要尽快着手修改、完善本标准 6.2.4 明确的元数据值，包括题名、人物、地点、业务活动描述等元数据，不清楚之处可以询问声像类电子文件形成部门，查找网站信息以辅助著录工作，否则时过境迁时许多信息已经难以查询。对相关元数据（又可称为著录项）著录时，要按照 DA/T 18—1999《档案著录规则》的要求进行。此外，DA/T 46—2009《文书类电子档案元数据方案》、DA/T 54—2015《照片类电子档案元数据方案》、DA/T 63—2017《录音录像类电子档案元数据方案》等行业标准也为电子档案相关元数据的著录提供了大量可参照示例。

8.5.6　完成整理编目后，应将电子档案及其元数据、纸质档案目录数据归入电子档案管理系统正式库，并参照 7.2.9 给出的要求分类、有序地存储电子档案及其组件。

原则上，在完成了本标准 8.5.1 到 8.5.5 所述各项整理、编目工作后，应按批次将电子档案及其元数据、纸质档案目录数据定期归入电子档案管理系统正式库。根据电子档案管理系统功能设计的不同，将电子档案归入正式库时有两种实施方法。第一，电子档案管理系统的预归档库与正式库为一处，电子档案归到正式库时不改变其存储地址，仅在某指针中标记已归入正式库；第二，电子档案管理系统预归档库只为一个暂存池，执行归入正式库操作时需将电子档案转存到正式存储器的指定地址，同时标记该状态。无论采用哪种方式，都需分类、有序地存储各门类电子档案和传统载体档案数字副本，可以参照本标准 7.2.9 提出的要求，按照档案门类、分类方案类目规划其存储结构、存储路径。

第六节　档号编制要求

档号是根据特定规则编制并赋予档案的唯一标识符，是支持档案检索、利用、管理的重要馆藏检索语言。对于传统载体档案的管理，档号的各组成项，包括全宗号、目录号、年度、机构或问题、保管期限、件号等，均书写、印制在档案首页归档章中，以及案卷封面、档案盒上；移交进入国家综合档案馆后，通过库房索引建立高于档号、粗粒度的查档索引，将其悬挂在库房门口、档案柜架等处，如此，便可通过库房楼层、库房号等快速锁定各门类、各全宗档案的存放位置，再辅以档号便可快速锁定需利用档案的确切位置。档号同样是电子档案的唯一标识符，也是重要的馆藏检索语言，此外，档号还是解决信息化环境中唯一标识某件电子档案的主要措施和手段。在电子档案管理活动中，因电子档案保管、存储在虚拟的存储器中，看不见、摸不着，尤其是在实施RAID5、纠删码等容错技术的分布式存储、云存储等环境中，一般方法很难确定一件或一批电子档案存储在哪台存储设备中，更不用说确定其存储在哪块硬盘中。在存储设备能够正常启动的前提下，在电子档案管理系统之外，能够帮助档案管理人员快速定位电子档案，或看懂电子档案来源的只有电子档案计算机文件名，因此，用文件级档号作为计算机文件名的组成部分，非常重要。

8.6.1　应按照DA/T 13—1994等标准以及电子档案全程管理要求确定档号编制规则。

DA/T 13—1994《档号编制规则》明确档号编制原则是唯一性、合理性、稳定性、扩充性、简单性，该原则仍然适用于电子档案档号的编制，且该标准明确的第二种、第三种档号结构经扩充后仍可同时适用于传统载体档案和电子档案管理要求。为了解决信息化环境下明确标识并揭示电子档案的全宗、门类等属性的问题，《数字档案室建设指南》、

DA/T 22—2015《归档文件整理规则》就 DA/T 13—1994《档号编制规则》提出的第二种档号结构进行扩展、升级，明确以件为管理单位的各门类档案档号编制规则为：全宗号-档案门类代码·年度-保管期限代码-机构（问题）代码-件号，若以卷为管理单位，则档号编制规则为：全宗号-档案门类代码-年度·保管期限代码-案卷号-件号。

8.6.2 应采用同级国家综合档案馆档号编制规则为室藏电子档案、纸质档案编制档号。

根据电子档案全程管理要求以及档案管理双轨制的实际，本条对档号编制规则提出了两方面要求，本标准 8.6.1 所述档号结构即能满足这两方面要求：

（1）档案室与国家综合档案馆应采用同一套档号编制规则。在传统载体档案管理活动中有编制室藏档号和馆藏档号的要求，如果电子档案经移交并进入数字档案馆应用系统时还需重编档号、重新命名，会给电子档案的可靠性、稳定性和安全带来隐患，同时消耗大量系统资源、降低管理效率。为此，在室藏阶段完成档号编制，以档号为要素为电子档案命名后，电子档案的档号、计算机文件名即不再变动，直到永久保存。

（2）电子档案与纸质档案采用同一套档号编制规则。双轨制下形成的电子档案与纸质档案，其内容信息与背景信息相互关联，不能以两套不同规则的档号将二者割裂开来，应使用相同编制规则形成的档号标识电子档案和纸质档案，以维护全宗下全部档案之间的有机联系，便于双轨制下电子档案与纸质档案的集中管理与全程管理。

8.6.3 档号应能唯一标识全宗内任一电子档案或纸质档案。

信息化环境中，档号要能唯一标识全宗内任一件电子档案、纸质档案，这也是档号编制规则应遵循的基本原则。为此，档号应能先后区别全宗、全宗下的档案门类，并在档号中体现整理成果。本标准 8.1.6 给出的档号编制规则能够满足本条要求，以本标准 8.5.4 解读示例中的档号为例：

X111-WS · 2016-Y-BGS-0001

X111-WS · 2016-Y-BGS-0002

X011-ZP · 2011-Y-01-0001

1011-LX · 2005-Y-05-0004

8.6.4　以档号作为电子档案命名要素时，计算机文件名应能在计算机存储器中唯一标识、有序存储全宗内任意一件电子档案及其组件。

以文件级档号作为电子档案计算机文件名构成要素时，能够唯一标识照片、录音、录像、公务电子邮件等类电子档案。但文书、专业和科技类等类电子档案常由多个组件构成，仅以文件级档号命名时就无法标识电子档案的各组件，需在文件级档号后面再加上组件的标识符，例如D+组件流水号。因而，要为不同门类电子档案制定相应的计算机文件名构成规则，例如，本标准 8.5.4 解读中的示例：

X111-WS · 2016-Y-BGS-0001D01. pdf

X111-WS · 2016-Y-BGS-0001D02. html

X111-WS · 2016-Y-BGS-0001D04. wps

X011-ZP · 2011-Y-01-0001. JPG

X011-LX · 2005-Y-05-0004. MPG

按上述计算机文件名构成规则命名的一批电子档案，例如某年度内保管期限为永久的电子档案存储在以年度、保管期限代码逐级建立并命名的文件夹中时，文件系统将自动按照电子档案计算机文件名排序结果呈现出来，实现全宗内电子档案的有序存储。

第九章　电子档案的管理

继本标准第 8 章明确了电子档案编目要求后，标准第 9 章主要对电子档案的存储、备份、利用、统计和元数据维护等管理活动提出要求。电子档案的存储是保存活动的一种，电子档案备份属于安全防护的范畴，电子档案的利用、统计与纸质等传统载体档案的利用、统计没有本质差别，而元数据维护则贯穿于所有管理活动之中。从另一个角度看，电子档案存储、备份与档案工作者熟悉的传统载体档案保管活动有相同、相通之处。“保管是维护档案完整与安全的活动。”[20] 为了维护纸质档案的完整与安全，需要开展一系列档案保管活动，例如，建设符合档案建筑设计规范等要求的档案库房，配置标准化档案装具，开展档案库房“八防”管理等。开展电子档案的保存与安全防范活动，要建设中心机房与网络基础设施，建设电子档案管理系统、存储与备份系统，建立并落实电子档案安全防范体系，定期执行电子档案“四性”检测等。但是，由于电子档案虚拟化本质，使得二者之间又存在较大区别，主要表现在保存环境、管理要求、实现方法等方面的显著差异。

第一节　电子档案的存储

顾名思义，存储是指将物品存放、保存在一个合适且安全的空间或容器里，不同种类和大小的物品需要不同的空间或容器。具体到本标准

[20] 国家档案局，DA/T 1—2000 档案工作基本术语，术语 8.1。

第9章，电子档案的存储活动是电子档案管理部门选择与电子档案管理系统、电子档案容量等相适应的存储系统，通过网络、交换机等设备与电子档案管理系统相连，按照一定规则将电子档案及其元数据等写入存储系统，并定期检测、校验存储系统及其记录媒介完好性的过程。据此，本标准9.1从存储系统配置、电子档案存储规则和存储安全等三个方面，对电子档案存储提出最基本的要求。这里所述存储系统特指由磁盘阵列等存储设备、内置控制软件和连网设备等共同构成的专用存储系统。

9.1.1　应为电子档案及其元数据的安全存储配置与电子档案管理系统相适应的在线存储设备。

在线存储是指经交换机、网卡等设备接入网络，在联网状态下与电子档案管理系统的一台或多台服务器连通，或者经网线、网卡等设备与电子档案管理系统服务器直连，能够为电子档案管理系统提供实时数据写入与读出等操作的存储系统。部署电子档案管理系统应用软件、数据库等基础软件的服务器，即通常所称的应用服务器、数据库服务器，一些组织机构选择使用应用或数据库服务器自带硬磁盘存储电子档案，由于这些硬磁盘既安装了相关应用软件，还要承载电子档案管理系统各类读写操作，其存储容量、稳定性和数据容错机制不能与专用存储系统相比，因此，不推荐采用这种方式存储电子档案。

当前市场的主流存储设备有多种类型，根据采用技术、连接方式和作用的不同，常见的有直连式存储（DAS）、网络附加存储（NAS）、存储区域网络（SAN）、分布式存储、数据连续保护（CDP）、存储备份一体机等，其中，存储区域网络又可分为IP存储区域网络（IP SAN）和光纤存储区域网络（FC SAN），而配置分布式存储不失为海量数据存储、读写的较好解决方案。选择哪种存储设备及其相关指标和参数用于电子档案储存，要根据实际需求和可用经费额度等进行综合分析再确定。第一，要分析、统计电子档案门类、容量情况，不同门类电子档案通常分开存储在不同区域，存储规则与存储系统存储空间的划分直接关联；电子档案容量则需要分析、统计电子档案及其元数据的当前容量、今后5-8年预估容量，加上数据容错所需容量，即可以作为存储设备选型与容量配置等的参考依据。第二，分析、统计电子档案管理系统用户数、并发用户数、并发读写数，以及每秒数据吞吐量等指标，这些也是存储设备选型与硬磁盘配置的重要参考。第三，拟选用的存储设备应是技术成熟、运行稳定、性能优良的国产知名品牌产品，应该具有较高的稳定性、可扩展性和兼容性，例如应与各类主流服务器、操作系统、数据库管理系统等兼容。如果采用电子政务云存储资源，则只需直接向电子政务云管理部门申请足够的存储容量，同时提出与其他应用系统存储池逻辑隔离、明确存储池边界等安全防范要求。下面仅对三种常用存储设备作简要介绍。

（1）直连式存储，简称为DAS（Direct-Attached Storage）。直连式存储的连接方式是与一台应用系统服务器直接相连，例如与电子档案管理系统的应用服务器直联，DAS运行期间依赖应用服务器CPU、操作系统等进行数据的读出、写入和存储维护管理，通常需占用应用服务器20%—30% CPU资源，其存储容量可以达到数10TB。直连式存储的数据量越大，对服务器硬件的依赖性和影响就越大，所以，直连式存储仅适用于数据量、数据读写量和用户数相对较小的电子档案管理系统。

（2）网络附加存储，又简称为NAS（Network Attached Storage）。将网络附加存储接入标准的网络，例如以太网，与一组计算机相联，即可为网络上的计算机提供文件和数据的读写访问与共享，凡有权限的计算机及其用户均可访问NAS。NAS的部署相对简单，即插即用，后期还可通过扩展柜扩容，能够快速解决用户存储容量扩展需求，这是NAS的优势所在。NAS拥有自身操作系统，对它的所有访问由该操作系统负责指挥和管理，还会消耗一定的网络资源，当针对NAS的访问量和数据量达到一定量级时，这一运转机制便成为了NAS的瓶颈。

（3）存储区域网络，简称SAN（Storage Area Network）。SAN是由若干台存储设备、交换机、网络协议等构成的一个存储网络，一个或多个应用系统服务器可以接入SAN。SAN具有高效能、高稳定性和可扩展性，且性能优良，技术成熟。对于应用服务器，SAN是挂在网络上的磁盘组，将磁盘组容量划分为若干个卷后，便可将这些卷分配给一个或多个应用系统使用，电子档案管理系统接入 SAN 网络后，系统管理员便可在电子档案管理系统中配置访问 SAN 的某个磁盘卷路径，实现应用过程中的数据读写操作，基本不会形成操作系统资源瓶颈和访问拥堵。经过十多年的发展，市场上有光纤存储区域网络（FC SAN）和以太网存储区域网络（IP SAN），FC SAN 的磁盘阵列通过光交换机、光纤跳线、HBA 卡等设备实现互联，并为接入 FC SAN 的应用服务器提供存储空间。IP SAN 则采用普通的以太网交换机、双绞线跳线、iSCSI 卡等设备互联，极大地降低了建设成本，部署相对简单，但其性能、效率和可扩展性等与 FC SAN 相比有明显差距。SAN 是组织机构为本单位电子档案管理系统设计、建设存储系统的较好选择。

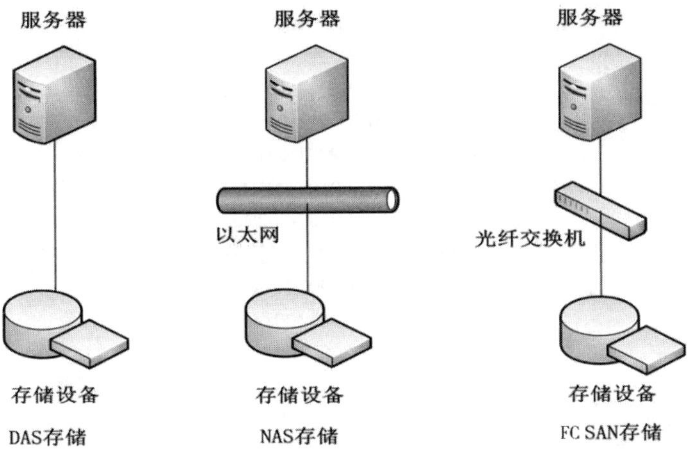

图 9-1　主要类型磁盘阵列构架示意图

9.1.2　电子档案管理系统应依据档号等标识符构成要素在计算机存储器中逐级建立文件夹，分门别类、集中有序地存储电子档案及其组件，并在元数据中自动记录电子档案在线存储路径。

在电子档案管理系统的存储器中分门别类、集中有序地存储电子档案及其组件，能够通过电子档案存储路径从另一个角度描述、展示电子档案的来源、保管期限等信息，更重要的是当遇到电子档案管理系统崩溃的极致困难时，也能根据提前规划好的存储结构逐步理清、恢复存储设备中的电子档案及其组件、数据库表等。实现分类、有序存储的较好方法是逐级建立文件夹，采用带有档案语义信息的字符串命名文件夹，档号的各构成项是最佳选择，即全宗号、档案门类代码、年度、机构或问题代码、保管期限代码等，并在以保管期限代码命名的文件夹中集中存储相应的电子档案、电子档案组件。因此，电子档案管理系统必须具备按规则逐级建立文件夹、命名文件夹并存储相应电子档案及其组件的功能。例如，某组织机构 2011 年形成的两件组合件的文书类电子档案档号分别为 X043-WS・2011-01-Y-0001、X043-WS・2011-01-Y-0002，共有 9 个组件，电子档案管理系统按内置存储规则存储两件电子档案，具体存储结构与路径如下所示：

图 9-2 电子档案管理系统存储规则示意图

9.1.3 在线存储系统应实施容错技术方案，定期扫描、诊断硬磁盘，发现问题应及时处置。

顾名思义，在线存储系统实施容错技术的目的是为了保护电子档案及其元数据的安全，容忍一定范围内存储系统硬磁盘出现的错误，例如，允许磁盘阵列的一块硬盘或整台分布式存储设备损坏并丢失保存其中的数据。错误容忍程度与投资额、容错技术选型直接关联。容错技术方案的实施与电子档案管理系统功能基本无关，容错方案被固化、设置在存储系统硬件和管理软件之中，实施时只需基于在线存储系统管理软件进行设置即可。对不同的容错技术，“容错”的具体含义、采用技术和实现方法虽有所不同，实施容错技术方案的目的是一致的，即在一定范围内当保护对象出现丢失、损坏、停运等问题时，基于容错技术可以实时修补、解决问题，并恢复到原来状态。例如，在 CD 音乐光盘中实施的里德·所罗门编码，可以保证即便有 1 个或 2 个音节损毁，CD 机播放出来的音乐听起来也是完整的。目前，适用各单位电子档案在线存储系统的容错技术方案主要有 RAID、纠删码、多副本等。

（1）独立冗余磁盘阵列，通常简称为 RAID（Redundant Arrays of Independent Disks），RAID 技术主要包含 RAID 0、RAID 1、RAID 5、RAID 50 等数个规范，侧重点各不相同，主要用于磁盘阵列的数据容错，在电子档案形成单位的应用较为广泛。其中，RAID 0 不是真正的 RAID 结构，没有数据冗余，也没有纠错和数据保护功能，RAID 0 的作用只是提高硬磁盘的读写效率和性能，不能应用于电子档案存储领域。在存储系统常用的有 RAID 1、RAID 5。RAID 1 是通过磁盘数据镜像实现数据冗余的，它在成对的独立硬磁盘上产生互为备份的数据，当一个硬磁盘失效时，系统可以自动切换到镜像磁盘上读写，而不需要重组失效的数据，当数据读写操作繁忙时，系统还可直接从镜像拷贝中读取数据，因此，RAID 1 既可以保障数据安全又能提高数据读写性能。但是，实施 RAID 1 容错技术方案的成本较高，RAID 1 容错需要采购双套存储设备，每套存储设备容量相同，且可扩展存储容量也相同。

根据设置，RAID 5 容错技术方案允许磁盘阵列中的一块或多块硬磁盘出现故障，它不对数据进行备份，是将数据以及与其相对应的奇偶校验信息分别存储到磁盘阵列的不同磁盘上，当 RAID 5 的一个磁盘数据损坏后，利用剩下的数据和相应的奇偶校验信息就能恢复被损坏的数据。在 RAID 5 容错技术方案中，有相当于一块或多块硬磁盘的存储容量不能计入可用容量，其读写效率和性能比 RAID0 略低，数据保护能力略低于 RAID 1，但投资却远远低于 RAID 1，不失为性价比较优的数据保护方案。

（2）纠删码（erasure coding，EC）与多副本。纠删码容错技术方案多用于分布式存储和云计算环境中，其容错原理是采用纠删码算法对需保护的数据进行编码，生成的结果为数据冗余（或者称为校验块），之后按规则将数据和数据冗余存储起来，当数据丢失或损坏后即可通过数据冗余进行解码，解码结果便是需恢复的数据。实施纠删码容错技术，需要提供一定容量的硬盘空间用于存储数据冗余，但与多副本容错方法相比具有冗余度低、磁盘利用率高等优点。多副本容错技术主要应用于大数据和分布式文件系统中，形成的数据通常不低于3套，要按所需存储的各类数据容量的三倍配置在线存储设备，初期和长期的经费投资较大。

表9-1　多副本技术和纠删码技术对比

两种技术	磁盘利用率	计算开销	网络消耗	恢复效率
多副本（3副本）	1/3	几乎没有	较低	较高
纠删码（n+m）	n/（n+m）	高	较高	较低

第二节　电子档案的备份

电子档案备份是电子档案安全防护不可缺少的重要内容，也是一项较为专业的工作，必须按规范要求持续开展，直到电子档案移交到国家综合档案馆或保存到期销毁之时。GB/T 22239—2019《信息安全技术 网络安全等级保护基本要求》对每个保护等级都提出了数据备份和恢复要求，DA/T 58—2014《电子档案管理基本术语》将术语“备份”列在第6章电子档案安全之下，其定义是“将电子档案或电子档案管理系统的全部或部分复制或转换到存储载体或独立的系统上”[21]，这个术语至少包含了数据级备份和应用级备份两层含义。数据级备份是指，由备份系统按照设定规则经网络自动读取应用系统在线存储设备中的完整或部分数据，并原封不动复制到备份系统存储器中，当应用系统在线存储设备中的数据损毁时，可以从备份系统中将备份的数据按照原存储结构写回在线存储设备并恢复如初，这种备份方式又可称为在线备份或热

[21] 国家档案局，DA/T 58—2014 电子档案管理基本术语，术语6.7

备。此外，采用离线存储介质对数据进行离线备份也是数据级备份的一种重要方式，且是电子档案管理的最基本要求。离线备份的最优方案是经物理磁带库或光盘库进行数据级全量备份，将备份完毕的磁带或光盘取出，完成装盒、贴说明标签、介质著录等工作后，放入恒温恒湿防磁柜中保存，这种离线备份方式又可称为冷备。顾名思义，应用级备份是对应用系统及其运行环境所实施的备份，应用级备份通常都是热备。实施应用级备份目的是遇到应用系统崩溃的危急情形时，能够立即启用备份在异地的应用系统，在最短时间内恢复全部或主要业务功能的正常运转。数据级备份和应用级备份是实施灾难备份的基础，灾难备份的作用是当主应用系统及周边环境等遇到自然灾害、恐怖袭击等灾难并瘫痪时，能够在最短时间内将业务运行切换到容灾备份的应用系统上，最大限度保持业务的连续性。灾难备份对象包括数据、应用系统、网络系统、基础设施、专业技术支持能力和运行管理能力等，这就要求开展数据级备份、应用级备份同时，还应开展双链路网络基础设施建设等诸多工作。

根据备份系统与主应用系统之间的距离，又可将备份分为近线备份、同城异地备份、远程异地备份，后面两种可统称为远程备份，这里所述的近线和远程备份都属于热备。备份系统与主应用系统部署在同一中心机房或同一办公区相邻的两个计算机机房时，可称为近线备份，是电子档案管理的必备措施。备份系统与主应用系统分别部署在同一城市的不同区域时，称为同城异地备份；备份系统与主应用系统分别部署在相距数百公里以上的两个城市，可称为远程异地备份，灾难备份通常为远程异地备份。备份方式与备份级别的关系参见表 9-2 所示。

表 9-2　备份方式与备份级别关系表

	数据级备份	应用级备份	灾难备份
近线备份（热备）	✓	✓	
远程备份（热备）	✓	✓	✓
离线备份（冷备）	✓		

当组织机构采用电子政务云计算资源、存储资源构建电子档案管理

系统及其存储系统时，如果电子政务云无法提供近线备份服务时，组织机构要自行设计、建设，可申请将近线备份系统托管在电子政务应用机房，还可申请依托电子政务云容灾备份中心建设电子档案容灾备份系统，共享电子政务云机房、供电、双链路网络和安全保障等资源。

9.2.1 应结合单位电子档案管理和信息化建设实际，在确保电子档案的真实、完整、可用和安全基础上，统筹制定电子档案备份方案和策略，实施电子档案及其元数据、电子档案管理系统及其配置数据、日志数据等备份管理。

明确电子档案备份方案与备份策略，是开展电子档案备份管理的首要任务，也是设计、建设备份系统的依据。备份方案应明确五方面要求，即：备份工作目标，备份工作职责与分工，备份方式，备份级别与对象，备份策略，备份日志与台账管理等。如果开展离线备份，还应包括离线存储介质管理要求。这里所述备份级别即指数据级备份、应用级备份和灾难备份等三个级别，实施哪级备份要视组织机构电子档案管理实际和电子档案管理系统安全保护等级情况来确定。对电子档案管理系统实施四级及以上网络安全等级保护时，必须实施灾难备份。需备份的数据与应用系统包括电子档案及其元数据、电子档案管理系统及其配置数据和日志数据、操作系统、数据库管理系统、各种支撑系统等。当电子档案管理系统实施三级及以下网络安全等级保护时，必须开展数据级备份，备份对象为电子档案、传统载体档案数字副本及其元数据，以及电子档案管理系统配置数据、日志数据等。是否对实行网络安全等保三级的电子档案管理系统开展应用级备份、怎样开展，由组织机构根据系统规模以及业务连续性要求等具体情况决定。备份策略是指数据备份策略，通常包括全量备份、增量备份和差异备份等三种，实践中一般采用全量备份与增量备份、差异备份相结合的方式，以便获得相对较高的数据备份和恢复效率。

全量备份是对数据进行完整的备份，当发生数据丢失安全事故时，无需依赖其它信息即可实现100%数据恢复，且数据恢复操作相对简便，宜采用物理带库实施数据全量备份。在实践中，通常按照若干个全量备份周期设置备份计划、备份所需容量，一个备份周期结束后将其磁带取出并离线存放，安装新一轮磁带，循环使用备份空间。例如，电子档案管理系统下拥有 20T 的数据，按照三个全量备份周期计算，应准备约 70T 的磁带备份空间，预备的磁带容量应随数据新增量而逐步增加，操作时第四轮采用第一轮备份所用磁带，如此循环往复。

增量备份是指在一次全量备份或上一次增量备份后，只对新增数据进行备份。这种备份策略优点是节省了备份空间，缩短了备份时间，但是，数据崩溃等安全事故发生时，数据恢复比较复杂，需专业工程师实施数据恢复操作。例如，周日做了一次全量备份，在接下来的六天里只对当天新增数据进行备份，可是系统在周三的早晨发生故障，丢失了大量数据，系统管理员可以先通过周日的全量备份磁带将数据恢复到周日的状态，再通过周一、周二的备份磁带先后恢复这两天的增量或修改过的数据，其中任何一盘备份磁带出了问题都会影响数据的完整恢复。

差异备份是对上一次全量备份后被修改过的数据的备份。在进行恢复时，只需使用上一次全量备份及其后的最后一次差异备份磁带进行数据恢复。例如，系统管理员先用一周时间完成了一次数据全量备份，然后在下周五至周日完成了一次差异备份，两次备份操作延续两周时间。第三周周一开始新的全量备份，如果该周某一天发生数据丢失安全事故，此时，第三次全量备份还未结束，则系统管理员、备份工程师使用前两周的全量备份、差异备份磁带先行恢复，第三周周一到发生数据安全事故前的数据，需尝试从第二次未完成的全量备份磁带中恢复，如果恢复失败，丢失的是这段时间内新增和发生过变化的数据。

为确保电子档案的真实、完整、可用和安全，一定要加强备份管理工作，相关责任人要认真履行职责、落实备份管理制度。要严格执行备份系统安全防范有关规定，在备份系统日志数据溢出之前做好日志数据的备份、保存与管理，搭建数据恢复环境，定期开展备份数据的恢复演练，使用书面台账登记重要操作行为、操作责任人、操作时间等信息。

9.2.2　电子档案的近线备份与灾难备份的基本要求如下：

本条结合我国电子档案管理实际，对近线备份和灾难备份提出了最基本要求。如表 9-2 所示，近线备份通常适用于数据级备份和应用级备份。

a）宜采用磁带备份系统进行近线备份，应定期对电子档案及其元数据、电子档案管理系统的配置数据和日志数据等进行全量、增量或差异备份；

本列项明确要通过近线备份方式开展数据级备份工作。当前，市场主流备份系统类型较多，技术架构和作用各有不同，有虚拟带库、分布式存储备份系统、物理磁带库、蓝光光盘库等，采用 NAS、SAN 也能构建备份系统。选择一种还是多种备份系统完成电子档案等各种数据的备份，由组织机构根据自身电子档案管理和电子政务建设实际统筹确定。从性价比与技术成熟度考虑，本条推荐采用磁带备份系统进行近线备份，这个磁带备份系统特指物理磁带库。磁带备份技术已有数十年历史，技术成熟、可靠，迄今为止仍是数据备份的首选产品之一，可实现自动化、海量规模化数据备份，可配置全量备份、增量备份、差异备份等多种备份策略。磁带库通常由磁带机驱动器、磁带存储槽、机械手系统、控制器、机械手、条码扫描系统、磁带入库和磁带出库装置以及备份软件等构成。新一代 LTO8 磁带技术（线性磁带开放协议，Linear Tape Open），一盒磁带容量已经达到 30TB。

电子档案近线备份的最低要求是开展数据级备份，即按照备份方案设定的备份周期和备份策略，采用物理磁带库等备份设备对电子档案及其元数据等进行周期性近线备份。如前所述，电子档案管理系统的数据级备份对象还包括电子档案管理系统配置数据和日志数据，明确这一要求，是为了保存与电子档案管理相关的操作信息。此外，一旦遇到电子档案管理系统崩溃的重大安全事故时，当重新安装部署电子档案管理系统后，可以及时将配置数据和日志数据导入系统，以便将电子档案管理系统内部记录与运行痕迹快速恢复到崩溃前的状态。

b）电子档案数量达到一定量且条件许可时，可实施电子档案管理系统和数据库系统的热备份；

本列项推荐当电子档案管理系统存储管理的电子档案达到一定数量

时，例如达到10TB、20TB以上，开展数据级备份的同时要开展应用级备份工作，即对电子档案管理系统和数据库管理系统等的热备。用电子档案容量作为判断依据，具有较好的可操作性，该量化指标的后面还关联了另一个可量化指标——本单位业务连续性要求。在没有实行应用级备份的情况下发生电子档案管理系统崩溃、瘫痪等严重故障，为了恢复系统的正常运转需要做大量的工作，至少包括：重新安装、部署应用软件，对档号构成等作初始化处理，配置用户信息与权限，建立档案门类树，导入、解析并挂接电子档案、元数据（含目录数据），恢复应用系统内的生态环境，等等。当电子档案容量超过10TB，表明电子档案件数、元数据条数可能超过数十万甚至百万，完成前面所说的应用系统重新部署等工作可能需要三天、四天甚至更长时间，但是，本单位根据业务连续性要求明确电子档案管理系统中断运行时间不得超过一天，为此，应该实施电子档案管理系统应用级备份。应用级备份系统建设费用较大，组织机构可统筹电子政务建设，采取统一设计、分步实施方式完成建设工作。

c）本单位建设灾难备份中心时，应将电子档案及其元数据、电子档案管理系统的灾难备份纳入规划之中，进行同步分析、设计和建设。电子档案的灾难备份和灾难恢复应参照GB/T 20988—2007等标准要求执行。

本列项明确，当电子档案形成单位建设电子政务灾难备份中心时，要将电子档案的容灾备份纳入其中，进行统筹规划、设计和建设。当实施电子档案管理系统网络安全四级等保时，必须建设电子档案管理系统灾难备份中心。信息化灾难备份中心建设是一项投资巨大、项目众多且涉及诸多单位的工程，其中包括灾难备份中心建筑与装饰工程、高等级中心机房工程、综合布线工程、强电工程等。换一个角度看，电子档案管理系统安全防护达到了等保四级，基本可以断定其前端的业务系统也应实施网络安全四级等保防护，同样需要建设容灾备份中心。为此，最好且最可行的方案是，将电子档案管理系统的灾难备份纳入组织机构电子政务灾难备份中心建设之中，依据GB/T 20988—2007《信息安全技

术 信息系统灾难恢复规范》等一系列标准规范，做到同步规划、同步设计和同步建设，使二者融为一体。

按照容灾要求，要根据风险分析结果并综合多方面因素确定容灾备份中心选址，例如，要避免容灾备份中心与主应用系统所在中心机房同时遭受同类风险，如水灾、地震等严重自然灾害，以及相同电网同时断电等带来的问题。选址应具有数据备份和灾难恢复所需的通信、电力等资源，以及方便灾难恢复人员和设备到达的交通条件等。

9.2.3 电子档案离线备份的基本要求如下：

本条从九个方面对电子档案离线备份提出基本要求。

a）应采用一次写光盘、磁带、硬磁盘等离线存储介质，参照 GB/T 2828.1—2012、GB/T 12628—2008、GB/T 17678—1999、DA/T 15—1995、DA/T 38—2008 等标准实施电子档案及其元数据、电子档案管理系统配置数据、日志数据等的离线备份；

本列项明确了电子档案管理数据级离线存储介质的选用要求。一次写光盘为不可擦写的离线存储介质，磁带虽可复用，必须通过磁带库按技术内在规则写入数据，一般用户很能手工修改其中的内容，应优先选用这两种离线存储介质。在本标准 9.2.2 a）的解读中已经简单介绍了磁带库与磁带的有关情况，不再赘述。根据实际应用需求，用作电子档案离线备份的一次写光盘，主要推荐采用 DVD-R、蓝光光盘（BD-R）两种。目前，DVD-R 光盘库、蓝光光盘库均有市售的产品可以选用，所需投资与磁带库采购相近。使用一次写 DVD-R 光盘作电子档案数据级离线存储介质时，其选用和管理应按照 DA/T 38—2008《电子文件归档光盘技术要求和应用规范》执行。按照该标准要求，需使用专用检测设备对空白 DVD-R 光盘的寻轨错误（TE）、聚焦错误（FE）两个参数进行检测，检测结果分别小于 0.45、0.5 时方可使用；数据记录过程结束后，需对奇偶校验内码错误（PIE）、奇偶校验外码失败（POE）、信号不对称度（ASYM）、数据对时钟抖晃（DC Jitter）等参数进行检测，检测结果符合该标准规定的，可以判定 DVD-R 离线存储介质刻录成功，可以转入后续保存等管理过程。但是，由于 DVD-R 光盘容量有限，一张光盘容量为 4.7GB，不太适合稍大容量数据的离线备份，耗时长且今后的管理工作量大，管理成本相对较高。

一次性写蓝光光盘（BD-R）的容量较大，主流产品一张蓝光光盘（BD-R）的容量有 50GB、100GB 不等，蓝光光盘库的容量可以按需配置，从 10TB 到数百 TB 都可以满足要求，与 DVD-R 光盘库相比较，在备份容量和管理效率等方面具有明显的优势。一次写蓝光光盘（BD-R）的选用与管理按照档案行业标准 DA/T 74—2019《电子档案存储用可录类蓝光光盘（BD-R）技术要求和应用规范》执行。在蓝光光盘库选型过程中要注意数据写入技术路线的区别，至少有两种方式。一种是将备份数据顺序写入每一张蓝光光盘（BD-R），这样形成的电子档案离线存储介质脱离蓝光光盘库后，插入任一个蓝光光盘播放器都能完整读取、显示其中备份的数据。另一种是对蓝光光盘库中的蓝光光盘实施 RAID 容错保护，例如实施 RAID5 容错技术，允许一定数量的蓝光光盘出现不能读取等问题，以增强备份数据的安全性，但是，这样形成的蓝光光盘只能在制作它的光盘库或同品牌光盘库中才能读取、显示，离开光盘库后将形同废盘。

服务器和磁盘阵列等设备专用的 SAS 硬盘、PC 机和移动硬盘使用的 SATA 硬盘都属于硬磁盘。本条所述采用硬磁盘作为电子档案离线存储介质，不是指要把在服务器、磁盘阵列等存储设备中存储了电子档案等数据的硬磁盘从设备中取出做离线备份，这是不可行且没有可操作性的。本列项所述采用硬磁盘作为电子档案离线存储介质主要是指 SAS 硬盘和移动硬盘，SAS 硬盘的质量和性能都远优于移动硬盘，可以通过 SAS 转 SATA 硬盘数据连接线，将 SAS 硬盘与 SATA 接口连通，就可在 PC 机上实现 SAS 硬盘的数据读、写操作。采用硬磁盘作为离线存储介质有两个不足之处。第一，主要以手工方式完成电子档案数据的离线备份，需要档案管理人员确认硬磁盘可用存储空间后，基于电子档案管理系统离线备份功能或者直接从存储系统中，手工选定相应大小的需离线备份数据，并发送或复制、粘贴到指定的硬磁盘存储目标文件夹中。第二，由于硬磁盘存储的数据容易被修改、删除，为离线备份的电子档案数据安全留下隐患，为此，要加强对硬磁盘离线存储介质的安全管控，采取有效措施杜绝恶意修改行为，例如，封闭硬磁盘包装盒开口并标注备份时间与封闭时间，再将其封存在恒温恒湿防磁柜中，同时，使用纸质台账记录离线存储介质编号、制作时间、封存时间、制作责任信息等。

电子档案管理系统配置数据、日志数据均存储在数据库管理系统中，离线备份前档案管理人员或技术人员要使用电子档案管理系统数据备份功能，以数据库自有格式将这些数据从数据库管理系统中导出，或者采用ET、XLS、DBF等通用计算机文件格式将这些数据从数据库管理系统中导出并存储在指定的临时文件夹中，例如命名为“系统数据”的文件夹。导出前，电子档案管理系统应自动按照内置命名规则形成导出数据的计算机文件名，并自动为其命名，例如，命名规则可以设定为：全宗号-LXBF-数据类别代码-日期-流水号，其中，LXBF指代离线备份，数据类别代码指配置数据、日志数据等的代码，流水号可以在年度下编制。数据在临时文件夹存储结束后，应编制本次离线备份说明文件，说明内容包括：备份对象类别、备份对象数量和大小，数据的计算机文件格式，备份时间，备份责任人，等等。之后，通过光盘库、磁带库或电子档案管理系统，将上述导出的数据、离线备份说明文件等备份到离线存储介质中。

电子档案数据离线存储介质的各项管理活动应按照或参照相关标准执行，管理活动包括离线存储介质及其包装盒的编号、规范介质内部数据存储结构、标识、检测、著录、保存等。一次性写入光盘的管理按照DA/T 38—2008《电子文件归档光盘技术要求和应用规范》、DA/T 74—2019《电子档案存储用可录类蓝光光盘（BD-R）技术要求和应用规范》的有关要求执行。关于硬磁盘的管理，本标准推荐参照执行的标准是GB/T 12628—2008《硬磁盘驱动器通用规范》，主要参照内容是关于硬磁盘的包装、运送和贮存等相关要求。由国家档案局组织编制的档案行业标准DA/T 75—2019《档案数据硬磁盘离线存储管理规范》已经发布，以硬磁盘离线备份电子档案数据时，只需按照该标准执行。

b）电子档案离线存储介质至少应制作一套。可根据异地备份、电

子档案珍贵程度和日常应用需要等实际情况，制作第二套、第三套离线存储介质，并在装具上标识套别；

无论采用哪种离线存储介质实施电子档案离线备份，必须对全部电子档案数据至少制作一套离线存储介质，也是第一套离线存储介质。为确保介质安全，该套离线存储介质仅作备份之用，避免因为过多的提取、数据拷贝等操作造成介质的伤害。应对离线存储介质编制套别代码并说明用途，例如，A 套（备份），B 套（异地备份），C 套（日常利用），将套别代码打印在离线存储介质包装盒的标识标签中，便于介质的管理。对以下情况可考虑制作第二套、第三套离线存储介质：

（1）保管期限为永久的电子档案、记录重大活动的电子档案，可考虑制作第二套离线存储介质做异地保存，例如 9.2.3 e）所述送到同级国家综合档案馆保存；

（2）部分电子档案，如文书、照片等门类电子档案，如果在日常档案利用工作中存在复制并将复制件带离档案部门的需要，且电子档案管理系统不具备针对性的电子档案下载、另存功能时，可考虑对这部分电子档案制作一套离线存储介质供日常复制所用。

c）应对离线存储介质进行规范管理，按规则编制离线存储介质编号，按规范结构存储备份对象和相应的说明文件，标识离线存储介质。禁止在光盘表面粘贴标签；

离线存储介质编号主要用于标识介质，需打印或书写在离线存储介质的标识标签中，并将其著录在离线存储介质的管理数据库中，建立离线存储介质与管理数据的一一链接。从电子档案数据离线存储介质的长期管理考虑，推荐采购或开发专门的管理工具软件用于离线存储介质的著录、分析、统计、生成检测参数曲线等管理活动。或者采用 ET、XLS 格式的电子表格建立简单的离线存储介质管理数据库，著录项目可包括编号、产品系列号、介质类别、套别、批次编号、档号范围、制作时间、保管期限、密级、备份责任人等。

光盘库、磁带库在制作完成离线存储介质后，通常会自动生成或自带一个条形二维码，这个二维码即可作为一次写光盘、磁带的编号，如果没有则需自行设定离线存储介质编号编制规则。硬磁盘的编号，可以用其自带的产品系列号进行标识，该系列号通常印在硬磁盘的盘体上，并具有明确的语义信息，例如，希捷硬磁盘的产品系列号编制规则为"ST+硬盘尺寸+容量+主标识+副标识+接口类型"；也可按自行设定的离线存储介质编号规则生成编号，这种编号简单且容易辨别，例如编号规则可以设定为：全宗号+离线存储介质类别代码+年度+流水号。

光盘库、磁带库制作的电子档案数据离线存储介质，按其自有规则形成内部的数据存储结构，虽不能也无需手工设定，却能保持备份对象在存储器中原有存储结构，而且，只有按自有规则存储，光盘库、磁带库才能自动检测、读取和恢复离线备份的电子档案数据。采用硬磁盘作离线存储介质时，方需要编制离线备份说明文件，可参照 GB/T 17678.1—1999《CAD 电子文件光盘存储、归档与档案管理要求 第一部分：电子文件归档与档案管理》的有关要求，规范硬磁盘中电子档案数据的存储结构。

光盘库、光盘检测仪和光盘播放器等设备在光盘中读、写数据时，光盘始终处于高速旋转状态之中，如果在电子档案数据离线存储光盘的印刷面粘贴了标识标签，不仅胶水或不干胶有可能腐蚀光盘表面，在检测、读取数据过程中光盘高速旋转的离心力还会掀起标识标签，因光盘重量不均匀造成光盘旋转不平衡、严重晃动，最终可能损毁光盘及读取设备。因此，必须禁止在光盘表面粘贴标识标签等。

d）离线存储介质的保管除参照纸质档案保管要求外，还应符合下列条件：

——应作防写处理。避免擦、划、触摸记录涂层；

——应装盒，竖立存放或平放，避免挤压；

——应远离强磁场、强热源，并与有害气体隔离；

——保管环境温度选定范围：光盘 17℃～20℃，磁性载体 15℃～27℃；相对湿度选定范围：光盘 20%～50%，磁性载体 40%～60%。具体要求见 DA/T 15—1995、DA/T 38—2008。

电子档案数据离线存储介质通常保存在档案库房档案柜中，或放置在档案库房的恒温恒湿防磁柜中，一次写光盘和磁带、硬磁盘等磁性载体的管理，同样需要实施“八防”管理，包括防火、防潮、防尘、防鼠、防盗、防强光、防虫、防水。保管场所应定时记录温湿度，并具备温湿度异常报警提醒功能。

除此之外，还需按照本列项所述其它四个方面要求管理电子档案离线存储介质，其中，防写处理主要针对磁带、硬磁盘；记录涂层是指光盘的记录面，另一面为印刷面；一次写光盘、磁带的硬磁盘都要一片（盒、块）一片单独装盒保存，竖立或平放在恒温恒湿防磁柜中，避免因挤压损坏离线存储介质及其外包装盒。将离线存储介质存放在档案库房中通常能够远离强磁场、强热源和有害气体；为了满足保存环境温湿度要求，要为一次写光盘、磁性载体分别配置恒温恒湿防磁柜。主要通过建立管理制度，落实标识、登记、著录、封存、统计、定期核查等严格的管理措施来实现保护目标。

e）电子档案或电子档案离线存储介质自形成起一年内可送同级国家综合档案馆电子档案中心进行备份；

2008 年以来，按照国家档案局要求，部分省、市档案局、档案馆为了更好地保障电子文件（档案）安全，强化电子文件的证据保全，在本地区统筹推进电子文件（档案）中心建设，将国家综合档案馆作为同级组织机构电子档案数据的同城异地备份地。实践表明，组织机构依托同级国家综合档案馆开展电子档案数据同城异地备份工作，具有选址可行、业务相通、工作目标一致等优势。

本列项推荐组织机构依托同级国家综合档案馆开展电子档案数据同城异地热备、冷备等两种备份方式，如果付诸实施，选择其中一种方式即可。通过网络和部署在国家综合档案馆的备份系统开展电子档案数据同城异地热备，具有自动化、高效、专业和安全的优势。该方式以浙江全省实施的电子文件登记备份工作为典型代表，各类业务系统电子文件和政务数据的登记备份经电子政务外网与同级国家综合档案馆备份系统相连，以热备方式完成。从操作层面看，本列项所述电子档案离线存储介质送到同级国家综合档案馆备份的方式，相对于同城异地热备其适用性较高，具有较好的可操作性，易于实现，且管理成本、技术要求较低。根据后续检测等管理要求，一次写光盘、硬磁盘适合作为电子档案数据同城异地离线备份介质。

具体操作要点如下：

（1）组织机构负责提供恒温恒湿防磁柜，并负责保管恒温恒湿防磁柜的钥匙；负责离线备份期间电子档案数据离线存储介质的检测、转换、登记著录、作废介质销毁等管理工作；

（2）国家综合档案馆负责提供符合“八防”要求、相对独立的档案库房用于放置恒温恒湿防磁柜，并提供相应的工作场所及电源、操作台椅等设施；负责恒温恒湿防磁柜及存放其中的电子档案数据离线存储介质的保管；

（3）电子档案数据离线存储介质包装盒上应有规范的标识标签，开口被封闭；

（4）在电子档案数据离线存储介质的移进交接、入库检测、移出交换等工作中，双方必须履行书面手续，程序规范。

f）应定期对磁性载体进行抽样检测，抽样率不低于10%；抽样检测过程中如果发现永久性误差时应扩大抽检范围或进行100%的检测，并立即对发生永久性误差的磁性存储介质进行复制或更新；

g）对光盘进行定期检测，检测结果超过三级预警线时应立即实施更新；

复制是指“在同种类型的载体上制作完全相同的副本。”[22] 针对这两个列项要求，离线存储介质的复制是指将一块硬磁盘或一张一次写光盘中的电子档案数据复制到另一块（张）相同类型的离线存储介质中。离线存储介质的更新是指经磁带库、光盘库等备份系统，基于在线存储系统中的数据重新制作一批或多批电子档案数据离线备份介质。经复制或更新形成的磁性载体、光盘等电子档案离线存储介质，如果其数量与被替换的源离线存储介质相同，则可继续使用相对应的源离线存储介质

[22] 国家档案局，DA/T 58—2014 电子档案管理基本术语，术语 5.7

编号，如果新的离线存储介质容量更大，需要存入新的电子档案数据时，可重新为新制作的离线存储介质编号，这些情况都应记录在管理台账中。

f）磁性载体的检测与复制、更新。本列项所述磁性载体特指用于电子档案数据离线备份的磁带和硬磁盘，包括在本地、同城异地保存的磁性载体，至少一年开展一次磁性载体的联机检测。磁带检测按备份批次进行，抽取的若干批次磁带数量不应低于离线存储磁带总量的10%。磁带检测工作由磁带库完成，应将一个批次的磁带全部载入磁带库，启动磁带库磁带校验功能，出现校验或读取错误时应立即实施磁带更新，取出校验错误磁带或整个批次磁带，载入质量完好并可用的磁带，基于电子档案管理系统存储设备中的电子档案数据，重新制作相应批次电子档案数据离线存储磁带。之后，还需扩大磁带检测比率，如果仍然存在校验和读写错误，除了进行磁带更新等管理活动外，应继续扩大磁带检测范围，直到100%的检测，同时对经检测确定为有永久性误差的磁带进行更新。

硬磁盘的检测，最好选择符合 S. M. A. R. T. 规范或硬磁盘生产厂商专用检测规范要求的检测工具进行检测。S. M. A. R. T. 是用于监控硬磁盘状况和报告潜在问题的技术。检测内容包括硬磁盘的磁头、盘片、马达、电路的运行情况、历史记录等信息，通过与预设的安全阈值进行比较、分析得出硬磁盘的检测报告，当出现安全阈值范围以外的情况时，可以向用户发出警告。当硬磁盘坏块数量>0时，应立即将电子档案数据复制到新的硬磁盘中，复制操作成功后方可确认复制活动的完成。否则，必须基于电子档案管理系统中的电子档案数据，重新制作相应的电子档案数据离线存储硬磁盘。硬磁盘的检测比率应按照本条标准给出的要求执行。

g）光盘检测。DA/T 38—2008《电子文件归档光盘技术要求和应用规范》以三级预警线为依据，明确了电子档案数据离线备份 DVD-R 光盘的检测要求。当 DVD-R 光盘奇偶校验内码错误（PIE）参数检测结果未达一级预警线时，每两年检测一次；检测结果处于一级预警线和二级预警线之间时，每年检测一次；检测结果处于二级预警线和三级预警线之间时，每半年检测一次；当检测结果达到、超过三级预警线或出现不可校正错误时，应立即开展电子档案数据离线备份 DVD-R 光盘的更新工作。如果光盘库按照顺序写入数据的技术路线制作离线备份介质时，此时只需基于光盘库或便携式 DVD 光盘刻录机重新制作超过三级预警线或出现可校正错误的离线备份介质；如果光盘库按照 RAID5 数据安全保护技术制作离线备份介质时，则需基于相应的光盘库对问题光盘涉及的整批次光盘进行更新，重新制作整个批次的新备份光盘。

DA/T 74—2019《电子档案存储用可录类蓝光光盘（BD-R）技术要求和应用规范》明确了蓝光光盘（BD-R）记录前与记录后的检测要求，也设置了蓝光光盘（BD-R）三级预警线，以及处于不同阶段的蓝光光盘检测周期，主要检测参数为随机误码率（RSER）、最大突发误码（BE）、不可纠正错误（UE）等三个参数。当检测结果达到、超过三级预警线时，就需立刻对这些电子档案数据离线备份蓝光光盘（BD-R）进行更新，与 DVD-R 光盘一样，需根据数据写入技术路线采用不同的方式，针对源盘存储的电子档案数据重新制作若干张或整批次蓝光光盘（BD-R）离线存储介质。根据性价比和使用效率等情况，推荐使用便携式 BD-R 检测机开展电子档案数据离线备份光盘检测工作。据测算，完成一张 DVD-R 光盘检测、检测数据记录、光盘包装盒标示、介质著录等工作的平均时间为 8 分钟/张，蓝光光盘（BD-R）检测工作所需时间只会更长。光盘检测是一项定期开展的工作，应尽可能地对电子档案数据离线备份光盘作百分之百的检测，当确实无法做到百分之百检测时，可参照 GB/T 2828. 1—2012《计数抽样检验程序第 1 部分：按接收质量限（AQL）检索的逐批检验抽样计划》确定备份光盘的抽检比率，DA/T 38—2008《电子文件归档光盘技术要求和应用规范》、DA/T 74—2019《电子档案存储用可录类蓝光光盘（BD-R）技术要求和应用规范》明确了具体使用方法和要求。

h）离线存储介质所采用的技术即将淘汰时，应立即将其中存储的电子档案及其元数据等转换至新型且性能可靠的离线存储介质之中；

本标准术语 3. 15 对转换的定义是“在维护真实性、完整性和可用性前提下，将电子档案从一种载体转换到另一种载体或从一种格式转换成另一种格式的过程。”据此，当已经制作形成的某类电子档案数据离线存储介质将要淘汰时，应将这些电子档案数据转存到另一种新型离线存储介质中，并且，在转换过程中必须确保电子档案的真实、完整与可用。离线存储介质所采用的技术是一个技术体系，包括介质载体生产技术、介质信息记录技术、介质存储的信息读写技术、与其相关的软硬件生态环境技术等。一种离线存储介质被淘汰，意味着该种存储介质的技术体系退场，经过一段时间后，由于缺少读取、呈现的软硬件设备，该类离线存储介质中的电子档案数据就面临无法读取的安全隐患。20 世纪和本世纪初被广泛应用的 5 英寸、3.5 英寸软盘的淘汰是一个典型实例。档案部门和信息化部门应时常关注离线存储介质应用和市场销售情况，一旦出现电子档案数据离线存储介质可能被淘汰的情况时，就要结合实际确定该类电子档案数据离线备份介质的转换方案，并按照规范要求有序实施。在选择新型离线存储介质时，需重点考察该类介质的技术体系成熟度、性能与可靠性，以及本地区市场与技术支持度、存储量和整体价格等因素，综合考量后再决定新离线存储介质的技术选型。

完成电子档案数据离线存储介质转换工作后，应按照或参照前述 9.2.3 b）c）d）f）g）给出的要求，开展离线存储介质的管理工作。

i）确认离线存储介质的复制、更新和转换等管理活动成功时，再按照相关规定对原离线存储介质实施破坏性销毁。应对离线存储介质管理活动进行登记，登记内容参见表 A.2。

按照 9.2.3 f）g）给出的要求成功完成电子档案数据离线存储介质的复制、更新、转换后，应在台账中登记、记录管理活动，可参照本标准附录 A 的表 A.2 设计管理台账格式和内容，如表 9-3 所示。同时，按 9.2.3 b）c）d）明确的要求完成了相关管理活动后，方能将出现永久性误差、块错误、检测参数达到或超过三级预警线等问题的原离线存储介质，送到经国家有关部门认定的权威机构进行破坏性销毁。

表 9-3　电子档案离线存储介质管理登记表

<table>
<tr><td>单位名称</td><td colspan="2"></td></tr>
<tr><td>管理授权</td><td colspan="2"></td></tr>
<tr><td>责任部门</td><td colspan="2"></td></tr>
<tr><td>管理类型</td><td colspan="2">□复制　　□更新　　□转换</td></tr>
<tr><td>源介质描述
（类型、品牌、参数、数量等）</td><td colspan="2"></td></tr>
<tr><td>目标介质描述
（类型、品牌、参数、数量等）</td><td colspan="2"></td></tr>
<tr><td>完成情况
（操作前后电子档案及其元数据内容、数量等一致性情况）</td><td colspan="2"></td></tr>
<tr><td>管理起止时间</td><td colspan="2"></td></tr>
<tr><td>操作者</td><td colspan="2"></td></tr>
<tr><td>填表人（签名）
年　月　日</td><td>审核人（签名）
年　月　日</td><td>单　位（签章）
年　月　日</td></tr>
</table>

第三节　电子档案的利用

DA/T 58—2014《电子档案管理基本术语》对利用的定义是“查找、使用或检索电子档案的权利、机会和方法。”该定义与 DA/T 1—2000《档案工作基本术语》的定义“利用者以阅览、复制、摘录等方式使用档案的活动。”[23] 相比，具有更加丰富的内涵。它除了明确电子档案利用是一种方法外，还强调是组织机构和个人的权利、机会，与当代国内外文件和档案管理理念、概念接轨，与国际档案理事会发布的

---

[23] 国家档案局，《档案工作基本术语》（DA/T 1—2000），术语 7. 1

《档案利用原则》有关要求保持了一致。由国际档案理事会最佳实践与标准委员会利用工作小组起草的《档案利用原则》，经 2012 年 8 月 24 日第十七届国际档案大会通过并发布，其第一条原则便强调公众利用档案的权利：“公众有权力利用公共机构的档案，公共和私人组织都应该尽可能最大限度地开放档案”。

如何支持用户按规则查找、利用到权限范围内电子档案，要以电子档案管理和利用制度为依据，除了档案著录质量与数据化支持，更多地依靠电子档案管理系统检索功能给予的支撑，关于这一点读者可以阅读 GB/T 29194—2012《电子文件管理系统通用功能要求》的 5.2.6.1 等章、条明确的要求，以及《数字档案室建设概论》《电子文件管理教程》[24] 等著作、文献。在电子档案管理系统中查找、检索某主题或某件电子档案时，检索、利用指令会自动覆盖纸质档案目录数据、传统载体档案数字副本等档案数字资源，本标准 9.3 给出的要求也基本适用这些档案数字资源的提供利用。

9.3.1 电子档案的提供利用应严格遵守国家相关保密规定。

本条针对涉密电子档案而提出。在涉密电子档案提供利用工作中，必须遵守《中华人民共和国档案法》《中华人民共和国保守国家秘密法》等国家有关法律法规的保密规定。《中华人民共和国档案法》第二十条规定涉及国家秘密的档案的管理和利用，应当依照国家秘密的法律和行政法规的规定办理。首先要遵守的即是《中华人民共和国保守国家秘密法》及其实施条例等，最重要的安全保障措施便是对涉密电子档案管理系统实行信息安全分级保护。要按分级保护要求，建立相应的涉密电子档案管理制度，将涉密电子档案利用要求包含其中，属于该系统的涉密电子档案利用终端等设备，以及涉密电子档案的各种利用活动都应纳入分级保护测评之中，涉密电子档案的检索、浏览、复制、下载、打印等必须通过规范的程序后方能实施。根据《中华人民共和国

[24] 冯惠玲 刘越男等，《电子文件管理教程》，中国人民大学出版社，ISBN：9787300245997，2017-08

保守国家秘密法》第十七条规定，对涉密电子档案管理系统的设备和利用终端，以及涉密电子档案的离线存储介质应做出国家秘密标志。

9.3.2 应根据工作岗位、职责等要求在电子档案管理系统为利用者设置相应的电子档案利用权限。

电子档案管理系统通常面向组织机构内部提供服务，在其中为本单位干部职工注册用户之后，接着就需要为其配置相应的权限。权限通常分为功能权限和数据权限，采集、整理、编目、检索、统计等操作权限属于功能权限，规定可查阅和利用的电子档案及其元数据范围的权限称为数据权限，本条所述电子档案利用权限即是数据权限。一套合理的电子档案利用权限配置方案，必须能够最大限度地保障用户的电子档案利用权利和电子档案信息安全。要根据工作岗位、职责等要求为用户设置利用权限，例如，组织机构负责人、办公厅（室）主任等可以查阅、利用所有电子档案，党委（组）秘书能够利用党组会议记录等，还可以按电子档案门类、机构或问题、文件编号、公开属性、密级等为用户赋予数据权限。档案门类代码、机构或问题代码、文件编号、公开属性、密级等都是电子档案的实体元数据，既能描述电子档案的形式特征，又可以作为电子档案安全利用的分类标识，为电子档案管理系统自动执行用户数据权限提供依据。

9.3.3 利用者应在权限允许范围内检索、浏览、复制、下载电子档案、电子档案组件及其元数据。

本条对电子档案管理系统的利用功能提出要求。为用户配置好数据权限后，电子档案管理系统即可依据数据权限自动向该用户开放权限允许的电子档案元数据检索范围和浏览范围，同时限制其不可利用的电子档案。例如，为某用户赋予了文书、照片等两个门类以及相应的机构或问题类目的数据权限，该用户便可在电子档案管理系统中检索、阅览到上述范围的电子档案及其元数据，但无权查阅其他门类和内设机构的电子档案。除通过数据权限保障用户电子档案利用权利外，还可以通过固化在电子档案管理系统的利用审批程序，批准或否定用户提出的电子档案利用申请。

组件的控制利用重点是电子公文等类电子档案，部分组件不宜对所有用户开放，例如，在文件处理单、修改稿等组件中可能记录了某些非常敏感的领导审批意见、修改意见等，不适合所有用户查阅，便需要通过组件利用控制功能在利用过程中进行审批、自动屏蔽等。

除在计算机屏幕上浏览电子档案内容外，复制、下载、打印电子档案也是利用方式。下载是指完成下载利用审批程序后，电子档案管理系统自动将电子档案另存到指定存储路径。复制是指通过复制审批后，由电子档案管理系统将电子档案下载到了指定路径，档案管理人员负责将其拷贝到专用离线存储介质中，或者直接从第二套离线存储介质中复制特定的电子档案到专用离线存储介质中。打印是指完成打印审批后，电子档案管理系统将其发送到打印机并打印成纸质复制件。以复制方式提供电子档案利用时，为了保证电子档案安全，防止不该有的传播，最好为电子档案复制件附上限时打开、禁止再复制或禁止打印的加密锁。

9.3.4 电子档案及其元数据的离线存储介质不得外借，其使用应在档案部门的监控范围内。

离线存储介质上通常存储有大量电子档案及其元数据，如果将其借出并放置在其他部门，存在较大的电子档案安全风险，因此，应禁止电子档案离线存储介质借出档案部门。确需使用离线存储介质的，例如，在复制电子档案、介质转换、介质检测等工作中就需要使用电子档案离线存储介质，应按规定进行审批，通过审批后，必须在档案部门或在档案部门的监控之下使用。

9.3.5 对电子档案采用在线方式提供利用时，应遵守国家有关信息安全的相关规定，从技术和管理两方面采取严格的管理措施。

在线利用方式是指，用户使用电子档案管理系统客户端经过网络通道连入应用服务器，登录电子档案管理系统并检索、利用电子档案。本条主要针对非涉密电子档案利用给出相应的要求。与本标准 9.3.1 明确的要求相似，电子档案提供利用须纳入网络安全等级保护范畴，从管理和技术两个方面着手保障检索利用过程中的电子档案安全。首先，要根据网络安全等级保护要求制定并落实电子档案利用管理制度，明确管理职责、利用权限、审批程序和利用方式；其次，以电子档案利用管理制度为依据，设计、建设电子档案管理系统利用功能，开展网络安全等级保护测评以及日常管理工作，使得用户可以在安全的系统环境中利用电子档案，通过审批后再打印、下载和复制。

第四节 电子档案的统计

"统计"的第一种含义是指合计、总计的意思，另一个解释是对有关某一事物或现象的数据的搜集、整理、计算和分析等，《档案工作基本术语》对档案统计的定义属于后一种："对反映和说明档案及档案工作现象的数量特征进行搜集、整理和分析的活动。"[25] 档案统计是一项专业性较强的工作，通过对收集、汇聚的各种数据进行整理、分析后形成的统计成果，可以揭示档案工作现状、发展情况和存在的问题等，对提升档案管理的科学性有着重要作用。例如，对汇集形成的区域内所有档案机构的有关电子档案的数据进行分析，形成的统计成果对整个区域档案工作具有重要的指导意义。在档案统计工作中，统计数据分析是一项十分专业、具有难度的工作，对于组织机构一到两名专职或兼职档案管理人员来说是困难的。为此，本标准 9.4 重点给出统计指标要求，未对统计数据分析给出要求，组织机构按照档案事业统计年报要求收集、积累有关电子档案室藏量和利用人次等的数据，向同级档案主管部门报送统计数据的同时，可结合本单位实际进行统计分析。

9.4.1 应按照档案统计年报要求及本单位实际需要对各门类电子档案情况进行统计。

室藏电子档案的统计指标设计依据是全国档案事业统计年报，以及

---

[25] 国家档案局，DA/T 1—2000 档案工作基本术语，术语 9.1

本单位的统计需求，主要的统计指标包括室藏电子档案数量、电子档案利用等两个方面，正如本标准 9. 4. 2 与 9. 4. 3 提出的明确要求，这两大类数据统计工作均可由电子档案管理系统统计功能完成，前提是把需要收集的统计指标纳入系统内的统计数据表、统计数据模板，再根据所需的统计数据、计算公式设计开发统计功能，以实现自动化的运算、统计与分析。关于电子档案室藏量、利用人次等方面的统计结果可作为填写全国档案事业统计年报的依据，还可以定期生成统计报表并归档保存。为了进一步了解电子档案统计要求和电子档案管理系统统计功能，读者可以扩展阅读 GB/T 29194—2012《电子文件管理系统通用功能要求》5. 2. 4 给出的统计管理功能要求，以及《数字档案室建设概论》第三章第三节电子档案管理业务功能的相关内容。

9. 4. 2　可按档案门类、年度、保管期限、密级、卷数、件数、大小、格式、时长、销毁、移交等要素，对室藏电子档案数量等情况进行统计。

本条给出的统计要素用于统计室藏各门类电子档案数量，组织机构还可以根据本单位统计需要增加统计口径和统计指标。本条所列部分统计要素为统计口径，包括档案门类、年度、保管期限、密级、格式、销毁和移交等，卷数、件数、大小、时长等为统计指标。其中，大小是指某统计口径下的电子档案大小总量，格式是指计算机文件格式，时长是指录音或录像类电子档案的时间总长度。各项统计指标的计量单位应依据全国档案事业统计年报确定，例如，件数的计量单位为件，大小的计量单位为 GB，时长的计量单位为小时，组织机构自定义的统计指标可自行确定。根据统计口径的不同需求对统计指标进行组合，同时，要在电子档案管理系统中实现。全国档案事业统计年报《（五）档案室电子档案基本情况年报》（档基 3 表附表）提出的室藏电子档案统计口径包括：所有年度、本年度，文书、数码照片、录音、录像类电子档案和数字副本，接收、移交；统计计量单位有件、张、GB 和小时，分别对应本条所提统计指标件数、大小、时长。下面仅以文书类电子档案室藏量统计口径及统计指标举例说明：

示例1：统计口径为保管期限，统计指标为件数、大小。可以分别统计保管期限为永久、定期30年、定期10年的文书类电子档案的件数、大小，也可以统计三种保管期限文书类电子档案的总件数、总大小。

示例2：统计指标仍为件数、大小，增加年度统计口径，则可对任一年度文书类电子档案总件数、总大小求和，对任一年度下三种保管期限的文书类电子档案分别统计件数、大小。

示例3：某年度各门类电子档案移交统计口径为档案门类、格式等，统计指标为卷数、件（张）数、大小、时长等；如果移交范围包括保管期限为30年的电子档案，统计口径应包括保管期限。

9.4.3　可按年度、档案门类、保管期限、卷数、件数、利用人次、利用目的、复制、下载等要素对电子档案利用情况进行统计。

本条给出的统计要素用于统计室藏各门类电子档案利用情况，组织机构还可以根据本单位统计需要增加统计口径和统计指标。全国档案事业统计年报《（五）档案室电子档案基本情况年报》（档基3表附表）就电子档案利用提出的统计要求有两个方面，本年度文书、照片、录音、录像等类电子档案和数字副本的利用人次、件次，学术研究、经济建设、工作查考、宣传教育、其他等类电子档案利用目的的件次。基于本条给出的统计要素，还可以做进一步的统计，例如，可以按保管期限统计利用人次、件次，按电子档案门类统计电子档案复制、下载的件次，等等。

第五节　电子档案元数据的维护

在电子档案保存和管理过程中，要对电子档案元数据进行维护、管理，支持管理过程元数据的持续更新，防止元数据丢失、损毁、被恶意篡改，从而为电子档案真实性、可靠性、完整性和可用性提供保障。元数据维护与传统载体档案纸质接收文据、鉴定意见与报告等台账管理目的是一致的，只是管理方式有显著不同，它主要依靠电子档案管理系统、备份系统等设备自动完成。在电子档案室藏阶段，元数据维护要与电子档案管理活动同时进行，要通过可靠存储、备份等措施保证已经形成的电子档案元数据的可用和安全，在电子档案管理过程中需采集、保存新生成的管理过程元数据和结构元数据。

9.5.1　应基于电子档案管理系统在电子档案管理全过程中持续开展电子档案元数据采集、备份、转换和迁移等管理活动。

本条对电子档案元数据维护提出总体要求，即在电子档案管理全过程中，通过电子档案管理系统持续地开展电子档案元数据的采集、备份、转换和迁移等管理活动，本标准9.5.2到9.5.6给出了进一步要求。电子档案元数据管理活动主要包括：当电子档案管理系统执行了将某类计算机文件格式转换为新的计算机文件格式操作后，需自动采集新的电子档案结构元数据；需根据备份策略，定期或周期性地备份电子档案元数据；需根据电子档案管理系统迁移、元数据管理等需求，将存储在电子档案管理系统中的元数据转换为其他计算机文件格式以便保存和备份；当电子档案管理系统更新、换代时，需将原电子档案管理系统中的元数据迁移到新的系统之中。

9.5.2　实施电子档案管理系统升级或更新、电子档案格式转换等管理活动时，应自动采集新增的电子档案背景、结构元数据，包括信息系统描述、格式信息、音频编码标准、视频编码标准、技术参数等。

电子档案管理系统核心业务功能、电子档案管理系统应用软件、系统软硬件核心设备或技术架构等进行重大更新、升级时，都需要将关于升级、更新后电子档案管理系统的描述文本写入信息系统描述元数据之中。例如："因本系统原在线存储磁盘阵列（IP SAN）已经使用十年并出现运行和性能不稳定情况，于2016年2月1日至3月18日间将在线存储磁盘阵列升级、更新为FC SAN，其品牌与型号为××××××。"

当保存在电子档案管理系统的某一部分电子档案转换为新的计算机文件格式存储时，电子档案管理系统要在相应电子档案的结构元数据中写入新的一组元数据值，包括：

（1）为文书、科技、专业、声像、公务电子邮件等各门类电子档案的格式信息元数据赋值，例如，将文书类电子档案由 PDF 格式转换为 OFD 格式时，要自动为格式信息元数据赋值：OFD。具体要求可参见 DA/T 46—2009《文书类电子文件元数据方案》等标准；

（2）对录音、录像类电子档案实施格式转换时，还需将新的计算机文件格式的相关参数写入音频编码标准、视频编码标准等结构元数据中，比如音频编码标准：PCM，视频编码标准：H. 262。对照片类电子档案实施格式转换时，还需将新格式的一组图像参数写入相应元数据，包括水平分辨率、垂直分辨率、图像宽度、图像高度、色彩空间等。

9. 5. 3　应参照 GB/T 26163. 1—2010 等标准持续并自动采集电子档案管理过程元数据，应记录的电子档案管理过程包括登记、格式转换、迁移、鉴定、销毁、移交等，具体见 8. 1. 4、10. 2. 5、10. 3. 4 给出的要求。

GB/T 26163. 1—2010《信息与文献 文件管理过程 文件元数据 第 1 部分：原则》（ISO 23081—1：2006，IDT）是编制电子档案元数据标准的重要依据，鉴于我国已经发布的档案行业元数据标准只覆盖文书、照片、录音和录像等四个门类电子档案，为解决实践过程中可能出现的新的管理过程元数据采集需求，本条引用了该标准。本条所述登记、格式转换、迁移、鉴定、销毁、移交是电子档案生命周期中重要的管理活动，需要电子档案管理系统在管理过程元数据中自动记录这些管理活动的相关信息，同时建立与相应电子档案的关联。本标准 8. 1. 4 明确在电子文件归档环节记录登记活动，本标准 10. 2. 5 要求记录电子档案、元数据库的转换、迁移等管理活动，本标准 10. 3. 4 要求记录电子档案销毁鉴定、销毁等管理活动。本解读第三章表 3-1《三项行业元数据标准管理过程元数据列表》列出了 DA/T 46—2009《文书类电子文件元数据方案》等三项行业标准的管理过程元数据，每一项管理活动至少要用两组元数据来描述，将描述文字等记录在元数据库之中。例如，对照片类电子档案格式转换时，电子档案管理系统应自动记录以下管理过程元数据值：

机构人员标识符：02868

机构人员名称：张某亮

管理行为：格式转换

管理时间：2018-10-06T10：19：10+00：00

管理活动描述：根据电子档案长期保存和利用要求，将本电子档案由 RAW 格式转换为 TIF 格式

9.5.4　应通过备份、格式转换、迁移等措施管理电子档案元数据，包括电子文件归档接收的以及归档后形成的电子档案元数据，具体见 9.2、10.2、10.3.4 给出的要求。

在电子档案管理全程，维护、管理元数据管理的主要措施有备份、格式转换和迁移等。本标准 9.2 给出了电子档案及其元数据的备份要求，本标准 10.2 明确了在什么条件下要对电子档案元数据实施格式转换和迁移的处置活动，本标准 10.3.4 则明确了电子档案被销毁后，要将相应的电子档案元数据移入销毁数据库，并从在线存储设备、异地容灾备份系统中彻底删除。

元数据备份范围要根据电子档案真实性、可靠性、完整性和可用性保障措施确定。如果采用 DA/T 48—2009《基于 XML 电子文件封装规范》明确的封装格式或关联式封装格式管理、存储电子档案及其元数据，则需备份 XML 格式的电子档案封装包和元数据库，电子档案封装包的备份按照本标准 9.2 明确的要求执行，元数据库则由电子档案管理系统定期以数据库管理系统文件格式导出，再按照本标准 9.2 的要求备份到磁带库等备份系统中。如果不实施电子档案及其元数据的封装，只需按照前述要求备份元数据库。

元数据的格式转换、迁移是指，当存储电子档案元数据的数据库管理系统更新为其它品牌产品时，需将元数据迁移到新的数据库管理系统中，之后，定期备份时便转换成为了新数据库管理系统文件格式；当电

子档案管理系统的数据库服务器或存储系统升级、更新时，需将电子档案元数据库迁移到新的存储设备之中。

9.5.5 应禁止修改电子档案背景、结构和管理过程元数据，对题名、责任者、文件编号、日期、人物、保管期限、密级等元数据的修改应符合管理规定，修改操作应记录于日志文件中。

电子档案背景、结构和管理过程元数据的主要作用是记录、揭示电子档案的形成背景、物理结构和管理过程，是电子档案凭证价值的重要证据链，也是实现电子档案长期保存和长期可用的重要保障，因此，必须在电子档案管理系统中将这些元数据设置为禁止修改项。在日常管理或查档利用工作中，如果发现题名、责任者、文件编号、日期、人物、保管期限、密级等元数据存在著录错误，应该只允许授权用户对其修改、保存，相应的日志文件还应记录这种修改操作行为及责任信息，包括执行修改操作的用户名、修改时间、修改对象与内容等。

9.5.6 应确保电子档案与其元数据之间的关联关系得到维护。

在电子档案元数据备份、格式转换和迁移等管理活动中，必须保持电子档案与元数据之间的关联关系，使得元数据能够持续描述电子档案的内容、背景、结构和管理过程。具体要求即是保持电子档案计算机文件名不变，确保电子档案的计算机文件名元数据值不变，如果以关联式封装包存储、管理电子档案及其元数据，则元数据的 XML 格式文件的命名规则应与电子档案的保持一致。

第十章　电子档案的处置

与传统载体档案管理一样，处置是重要的电子档案管理活动。根据 DA/T 58—2014《电子档案管理基本术语》的定义，处置是对室藏到期电子档案进行鉴定，并根据鉴定意见实施电子档案留存、移交或销毁等管理活动，鉴定是开展处置活动的前提和基础。转换和迁移是电子档案特有的管理活动，实施转换或迁移的目的是为了继续留存电子档案，并同时保证其真实性、可靠性、完整性和可用性，因此，转换和迁移也可以视为电子档案处置活动，这是与传统载体档案处置内涵不同之处。此外，根据《中华人民共和国保守国家秘密法》及其实施条例规定，国家秘密事项的解密工作由定密机关负责，涉密电子档案、包括已经移交进馆的涉密电子档案解密便成为组织机构应开展的电子档案管理活动。依据解密审核意见对涉密电子档案实施解密、延长保密期限或变更密级等管理活动，实质是对涉密电子档案的密级、保密期限作出恰当的处置，鉴于此，本标准将解密活动也纳入电子档案处置活动之中。

本标准第 10 章所述大部分电子档案处置活动都要基于电子档案管理系统以半自动或全自动化方式展开、完成，例如，电子档案鉴定以及根据鉴定意见实施的续存、销毁和移交等活动，应基于电子档案管理系统的鉴定处置功能及其业务流程进行，电子档案计算机文件格式转换也是如此。为此，组织机构在建设电子档案管理系统时，相关功能需满足标准第 10 章给出的要求，本解读第五章第二节对此作了简要阐述，读者可以扩展阅读 GB/T 29194—2012《电子文件管理系统通用功能一般要求》、《数字档案室建设概论》第三章等标准、专著的有关内容。

第一节　电子档案的鉴定与审查

本条标准所述鉴定特指室藏电子档案保存到期时的价值鉴定，以便作出电子档案移交、续存或销毁的处置意见。移交鉴定相对简单，档案部门只需将拟移交电子档案纳入移交审批流程，通过审批后即可依法向同级国家综合档案馆移交需永久保存的电子档案。定期保管的电子档案室藏到期后，其销毁鉴定难度稍大，必须基于准确的价值鉴定方能给出销毁或续存意见。审查是指对保密期已满电子档案所做的解密审查，以便给出解密、变更密级或延长保密期的意见。

由于一些主观和客观原因，当短期或定期保存的纸质档案保管期限已满时，组织机构一般不予鉴定、销毁，为组织机构档案管理带来一定负担。电子档案长期保存所需存储容量（含备份）至少为三倍、甚至更多，即在线存储一套、近线备份一套、离线备份一套，随着技术升级和设备生命周期临近完结，电子档案数量的逐年增长，存储、备份系统和离线存储介质等都需要适时扩容、更新和升级，加上安全防范、专业人员管理等各方面的投入，使得电子档案管理成本远远高于传统载体档案管理。如果对室藏到期、保管期限为定期的电子档案也一味采取续存、不予销毁的做法，将给组织机构造成更为沉重的负担，因此，要积极开展属于定期保存的、保管到期电子档案的鉴定与处置工作。

10.1.1　应定期对电子档案进行销毁鉴定和解密审查，鉴定、审查程序应符合国家有关规定。

电子档案销毁鉴定、解密审查并不是日常业务工作，一般情况下可结合本单位实际制定年度电子档案销毁鉴定和解密审查计划并定期实施。例如，根据电子档案管理系统的消息提醒或检索核查，确定有一批保管期限为 10 年的电子档案室藏期已满或者即将到期，则可安排在第二年开展鉴定与处置工作。

根据国家档案局 2018 年 10 月 11 日发布的《机关档案管理规定》

（国家档案局令第 13 号）第四章第五节第四十三条，保管到期档案的鉴定应在档案工作协调机制下进行，由办公厅（室）负责人主持，档案部门会同相关业务部门有关人员共同开展，必要时可邀请相关领域专家参与。那么，保存到期电子档案的鉴定程序主要有四个环节：组成档案鉴定小组，对保存到期电子档案逐条鉴定并给出续存或销毁意见，上报审批，档案鉴定小组形成本次鉴定报告。对于电子档案的解密工作，《中华人民共和国保守国家秘密法实施条例》未对国家秘密事项的解密程序作出具体要求，需由定密机关或其上级主管部门制定解密程序，涉密电子档案的解密程序可照此执行。

10.1.2　档案部门应根据本单位档案保管期限表进行电子档案销毁鉴定，提出被鉴定对象的续存或销毁意见，必要时可协商相关职能部门。销毁鉴定意见经上级领导或主管部门审核、批准后方可实施。

确定开展销毁鉴定的依据是组织机构编制的档案保管期限表和电子档案保管期限。结合《机关档案管理规定》提出的要求，可由档案部门在电子档案管理系统销毁鉴定模块中发起一批保管到期电子档案的销毁鉴定流程，由档案管理人员结合当前和今后一段时间的工作需要，审阅电子档案内容，对照保管期限表和电子档案保管期限，分析是否可以销毁，并根据判断先行给出销毁或续存的意见，再发给相关职能部门（即业务部门）的鉴定小组成员会商，形成鉴定小组一致认同的鉴定意见。鉴定意见包括销毁或续存结论、续存的具体年限，例如“续存，5 年”。之后，再经电子档案管理系统鉴定流程或以书面形式报上级领导或主管部门审批，鉴定小组必须依据审批意见在电子档案管理系统确认、提交销毁鉴定结果，形成的书面鉴定报告应归档保存。经鉴定为销毁的，根据本标准 10.3 给出的相关要求开展销毁处置活动。经鉴定为续存的，应更新保管期限、保管期限代码、档号等与保管期限有关的元数据值，新的保管期限宜采用原保管期限与延长保管的年限之和，便于下一次销毁鉴定的实施，例如，某份电子档案首次鉴定的保管期限为 10 年，经销毁鉴定确定需再保存 5 年，则新的保管期限为 15 年。

10.1.3 电子档案的解密审查应由档案部门、保密部门共同实施，必要时可协商相关职能部门。解密审查意见经上级领导或主管部门审核、批准后方可实施。

应由档案部门和保密部门共同提出并牵头实施电子档案解密审查工作。应成立电子档案解密审查小组，档案部门和保密部门为解密审查小组固定成员，根据《中华人民共和国保守国家秘密法实施条例》等规定，涉密电子档案拟制、办理部门应成为解密审查小组成员。解密审查小组按照组织机构制定的解密程序，在涉密电子档案管理系统中对涉密电子档案进行逐条审查，并形成解密审查小组一致认定的审查报告，以电子或书面形式报上级领导或主管部门审核、审批，通过审批后再将解密审查结果在电子档案管理系统中予以确认，更新密级元数据的值，通过日志记录解密全过程。书面电子档案解密意见应归档保存。如果使用的是非涉密电子档案管理系统，且其中存储了涉密电子档案的档号等不涉密元数据条目，也可在电子档案管理系统中针对这些元数据条目发起解密审查流程，同时需要配置一台涉密单机，同步查阅相应的涉密电子档案原文，完成解密审查流程，根据审核结果更新电子档案管理系统中相应的元数据、电子档案原文。

10.1.4 应根据电子档案所标密级并结合国家有关政策、要求，参照 GB/T 7156—2003 等标准定期对涉密电子档案进行密级审查，实施解密、延长保密期限或提升密级等处置活动。

组织机构必须根据电子档案原有密级，以及与国家安全、社会热点等有关政策、要求，实施涉密电子档案的解密、延长保密期限或提升密级等活动。《中华人民共和国保守国家秘密法》等法规规定国家秘密的保密期限，绝密级不超过 30 年，机密级不超过 20 年，秘密级不超过 10 年。GB/T 7156—2003《文献保密等级代码与标识》明确了公开、限制、秘密、机密、绝密等五个级别的含义，以及五个级别的等级代码与标识，如表 10-1 所示，可用于在密级元数据中标识电子档案的密级。一般情况下，当涉密电子档案保密期满后或即将期满即可启动解密审查工作，《中华人民共和国保守国家秘密法》第十五条至第十九条、《中华人民共和国保守国家秘密法实施条例》第十六条至第十八条等对国家秘密事项的解密、延长保密期限和密级变更等给出了基本要求，应根据这些条款规定执行涉密电子档案的解密审查。

表 10-1　文献保密等级代码表

数字代码	汉语拼音代码	汉字代码	名　　称
1	GK	公开	公开级
2	XZ	限制	限制级
3	MM	秘密	秘密级
4	JM	机密	机密级
5	UM	绝密	绝密级

10.1.5　到期电子档案移交进馆前，应进行解密审查。

根据《中华人民共和国保守国家秘密法实施条例》第十六条第三款规定，已移交同级国家档案馆涉密电子档案的解密工作由原定密机关、单位负责，为提高效率、简化手续，便于移交进馆电子档案的提供利用，提出本条规定。据此，组织机构依法向国家综合档案馆移交电子档案时，应首先对其中的涉密电子档案进行解密审查，并根据解密审核意见实施解密或延长保密期限等处置活动。根据《电子档案移交与接收办法》，自电子档案形成之日起满 5 年应向国家综合档案馆移交，因此，移交前的解密审查对象通常为秘密级电子档案，重点是秘密 5 年及以下保密期限的电子档案。

第二节　电子档案的转换与迁移

开展电子档案转换或迁移工作是确保电子档案“四性”，实现电子档案长期保存的重要措施之一，也是电子档案管理领域特有的管理活动，具有较强的信息技术专业性。转换是将电子档案及其元数据从一种存储载体转存到另一种存储载体，或者将电子档案及其元数据从一种计算机文件格式转换成另一种计算机文件格式的过程。例如，将离线存储在物理磁带中的电子档案及其元数据转存到蓝光光盘中，通常的做法是首先通过磁带机或磁带库将磁带中的电子档案等读出并写入服务器或磁盘阵列的可用存储空间中，再经蓝光光盘库将其写入蓝光光盘之中。又例如，将以 WPS 格式存储的文书类电子档案转换为 OFD 或 PDF/A 格式，此时，需要采购 OFD 或 PDF/A 开发包，编写相应的计算机文件格式转换程序，测试成功后方可执行格式转换操作。迁移则是将电子档案从一个系统转移到另一个系统的过程，包括与电子档案及其元数据存储、管理密切相关的电子档案管理系统、操作系统、数据库管理系统和存储系统等。例如，要更换电子档案管理系统软件，通常还涉及数据库管理系统的更新或对接，则需要编写程序将原电子档案管理系统的元数据库、日志数据库等迁移到新的系统，并与存储在磁盘阵列等存储系统中的电子档案逐一对接，是一项大的、耗时较长的管理活动。目前，可用于规范、指导电子档案转换和迁移活动的主要标准是 ISO 13008—2012《信息与文献 数字档案转换和迁移过程》，结合电子档案管理实际，本标准融入了该国际标准的基本要求和方法，本节将对其主要内容作进一步解读，在实际操作过程中还需各单位档案和信息化等职能部门在进一步阅读、理解该标准的基础上，结合实际予以实施。

需要特别说明的是，转换和迁移活动结束后对源系统存储介质、源离线存储介质的处理，可以参照本标准 10.3.3 至 10.3.7 给出的有关规定执行。

10.2.1 应在确保电子档案的真实、可靠、完整和可用基础上，参照 ISO 13008—2012 等标准实施电子档案及其元数据的转换或迁移。

根据本标准对转换（术语 3.15）、迁移（术语 3.16）的定义，在电子档案转换、迁移全过程，必须以保证电子档案“四性”为基础，以便维护电子档案的凭证效力，这也是转换和迁移活动应遵循的原则。

否则，如果完成转换或迁移活动后，出现电子档案内容被篡改、丢失电子档案或电子档案部分内容信息、不能正常呈现并阅读、电子档案内在历史联系被破坏等情况，则可认为电子档案不具备“四性”，可以判断转换或迁移活动失败或不成功。ISO 13008：2012《信息与文献 数字档案转换与迁移过程》强调，要根据组织机构及业务框架确定转换和迁移的实施要求，要编制转换、迁移规划，包括业务需求、行政管理需求和技术需求等，要建立转换或迁移程序，控制风险，记录过程元数据，在转换或迁移前、后应分别进行测试、验证，并进行全程跟踪。

根据上述电子档案转换和迁移原则，并参照 ISO 13008：2012《信息与文献 数字档案转换与迁移过程》，在电子档案转换或迁移全过程要实施必要的管理和技术措施：

第一，建立并落实管理制度。要明确职责与分工、实施程序、安全保障、档案管理、保障措施等，涉及技术、业务、财务、采购、纪检、保密、后勤等职能部门。

第二，明确并有效执行规定的程序。本标准 10. 2. 3 所述程序包括八个步骤，即确认转换或迁移需求、评估转换或迁移风险、制定转换或迁移方案、审批转换或迁移方案、转换或迁移测试、实施转换或迁移、评估转换或迁移结果、报告转换或迁移结果。

第三，全程监控与检查。转换或迁移项目实施主要责任部门要依据制度、实施方案等，对转换或迁移测试、实施转换或迁移、评估转换或迁移结果等步骤进行全过程监控、督查，及时处理出现的问题，保证项目顺利实施。

第四，整理并归档保存转换、迁移过程记录台账。规范转换或迁移台账的建立、归档等管理，记录每个步骤的主要情况、结果、责任信息、时间等，使过程可回溯、可查核，目的是为转换或迁移后的电子档案“四性”提供证据，使过程可回溯、可查核。本标准附录 A 提供了可参照使用的电子档案离线存储介质管理、格式转换与迁移登记表样式。对于格式转换，应通过管理过程元数据以全自动方式在电子档案管理系统的转换流程中予以记录。

10.2.2 出现以下但不限于以下情况时，应实施电子档案及其元数据的转换或迁移：

在电子档案长期保存期间，触发转换或迁移活动的动因有许多，本条给出了部分动因，包括两类转换动因和两类迁移动因：

a）电子档案当前格式将被淘汰或失去技术支持时，应实施电子档案或元数据的格式转换；

本列项所述为格式转换动因。至少在三种情形下，存储电子档案或元数据的计算机文件格式将被淘汰或者失去软件厂商的技术支持，要启动电子档案、元数据格式转换活动。第一，电子档案赖以生存的计算机生态系统将迎来颠覆性革命，新的计算机生态系统无法兼容、识别和呈现以当前格式存储的电子档案、元数据，这种情形虽较为极端也不能视为不可能发生的事。第二，计算机文件格式开发商早已歇业或转型它业，更高版本或全新的操作系统等不能兼容该格式，而其他技术支持厂商也不能提供服务。例如，某字处理软件在DOS操作系统、早期视窗操作系统中生成的电子文档，在其近年来发布的高版本软件中便无法打开，或者打开后出现排版格式错位、内容信息不完整、乱码等不兼容的情况。第三，电子档案的格式原本就是一种封闭的、不通用的格式，归档时不得已而采用了该格式，格式开发商即将停止技术支持。

b）因技术更新、介质检测不合格等原因需更换离线存储介质时，应实施电子档案或元数据离线存储介质的转换；

本列项所述为载体转换动因，转换对象是离线存储介质。离线存储介质转换动因主要包括技术更新、介质检测不合格等。技术更新动因是指在采用两种不同技术路线的离线存储介质之间的转换，如在硬磁盘与光盘之间的转换、光盘与物理磁带之间的转换。为了应对存储技术更新换代，或基于电子档案及其元数据管理要求，都可以触发离线存储介质的转换，最典型的案例是20世纪末期3.5寸软磁盘被更坚固、更大容量和读写更快速的移动硬盘替代。对于介质检测不合格而引起的介质转换动因，以备份有电子档案及元数据的 DVD-R 光盘为例，经检测有一个批次的 DVD-R 光盘达到或超过了 DA/T 38—2008《电子文件归档光盘技术要求和应用》规定的三级预警线，从管理效率和成本等因素考虑，决定将该批光盘备份的电子档案及元数据转而离线备份到移动硬盘或蓝光光盘中，这即是因源离线存储介质检测不合格而实施的载体转换活动。

在实践中，在线热备存储介质也存在转换需求，当计划将电子档案管理系统近线或远程热备系统更换为另一种技术路线的热备系统，例如在光盘库与磁带库之间的更换即引出了热备系统存储介质转换动因。

c）支撑电子档案管理系统运行的操作系统、数据库管理系统、台式计算机、服务器、磁盘阵列等主要系统硬件、基础软件等设备升级、更新时，应实施电子档案管理系统、电子档案及其元数据的迁移；

本列项所述为系统硬件或数据库等基础软件变更等引起的迁移动因。根据标准给出的要求，其动因主要但不限于以下情形：

（1）部署、支撑电子档案管理系统的操作系统升级、更新，例如采用国产操作系统替换微软的视窗（WINDOWS）操作系统，触发电子档案管理系统应用软件、数据库管理系统的重新部署，就需要迁移部分或全部电子档案及其元数据；

（2）需更新电子档案管理系统的数据库管理系统时，例如，采用国产数据库管理系统代替非国产数据库时，需要开展电子档案元数据库的迁移；

（3）用于部署电子档案管理系统的高性能台式计算机或物理服务器要更新时，且电子档案、元数据全部或部分存储在这两类设备的存储器中，则应在完成电子档案管理系统应用软件、数据库管理系统的安装部署后，实施电子档案及其元数据的迁移；

（4）当存储电子档案及其元数据的磁盘阵列即将停用、被淘汰时，需要将电子档案、电子档案元数据由源磁盘阵列向目标硬盘阵列或其他类型的在线存储系统迁移。

d）电子档案管理系统更新时，应实施电子档案及其元数据的迁移。

本列项所述为电子档案管理系统应用软件更新引起的迁移需求。此处的更新是指停用当前应用软件，转而使用另一套全新的电子档案管理系统应用软件，这种情况下，通常需要重新规划或调整电子档案的存储规则，重装数据库管理系统，应用软件和基础软件等安装、集成到位后，便要实施电子档案及其元数据的迁移。

10.2.3　应按照确认转换或迁移需求、评估转换或迁移风险、制定转换或迁移方案、审批转换或迁移方案、转换或迁移测试、实施转换或迁移、评估转换或迁移结果、报告转换或迁移结果等步骤实施电子档案及/或元数据的转换或迁移。

电子档案及其元数据转换、迁移的程序主要包括八个步骤，由于完成转换、迁移程序有时耗时较长，各步骤的执行不一定紧密相连，需在实践中予以掌控。

第一步，确认转换或迁移需求。转换或迁移需求出现后，应说明动因，需对源系统及其技术架构、设计文档、采购时间、现状，源计算机文件格式、涉及的电子档案及元数据数量、存储结构等，从标准化程度、技术支持及开放度、转换或迁移对象的范围与规模等作进一步调研、分析与检测，对转换或迁移需求进行论证。确需实施，则应提出拟用目标系统、计算机文件格式及其技术架构或技术路线等，说明需准备的软硬件设备和测试环境、安全保障、采购、经费等需求。对于重要的格式转换、在线存储系统转型、近线备份系统转型、应用软件及基础软件更新升级等项目，转换或迁移程序的启动可以提前到设计、论证阶段，同步跟进调研转换或迁移的经费、技术、基础设施等的需求。

第二步，评估转换或迁移风险。主要从三个方面进行安全风险评估，包括：拟采用技术的标准化程度及可靠性、兼容性和安全性等；转换或迁移环境的安全与可用，包括网络、场地、供电、计算机病毒防范、人员管理等；转换或迁移保障条件，包括职责落实、专业技术人员配备、经费等。

第三步，制定转换或迁移方案。结合前两个步骤工作成果，编制转换或迁移方案，明确动因、源系统及转换或迁移对象情况、目标、技术路线与架构、安全风险管控、采购与经费需求等。对于重大的转换或迁移项目，应组织相关专家对转换或迁移方案进行论证。

第四步，审批转换或迁移方案。将转换或迁移方案提交单位有关领导审批，通过审批后即可开展采购、系统建设、人员培训等一系列工作。

第五步，转换或迁移测试。在正式开始转换或迁移前，在目标系统中或按照预定的方法，采用不同数量级的电子档案及元数据进行操作、验证，直到确认可行性。

第六步，实施转换或迁移。通过测试后，正式实施电子档案、元数据的转换或迁移，并紧密监控。

第七步，评估转换或迁移结果。转换或迁移过程完成后，可对结果进行评估，形成评估报告，如有必要可进行第三方检测与评估。应依据方案、采购需求等，对目标系统中的电子档案及元数据进行评估，包括：电子档案及元数据数量，电子档案及元数据内容信息真实性与完整性，计算机文件格式，正确呈现与检索、利用，电子档案内在的历史联系，电子档案与元数据的一一对应，管理过程元数据采集，计算机病毒，信息泄漏等。

第八步，报告转换或迁移结果。向单位和相关方面报告转换或迁移项目实施的评估结果，提交评估报告。

10.2.4　应在确信转换或迁移活动成功实施之后，根据本单位实际对转换或迁移前的电子档案及其元数据进行销毁或继续留存的处置。

完成了电子档案及元数据转换或迁移程序后，经过一段时间（半年、一年或更长时间）实际应用的验证，未发现存储在目标系统、载体或格式中的电子档案及其元数据出现损害“四性”的问题，例如，电子档案及其元数据的数量与源系统的数量不一致，电子档案与其元数据的数量不一致，电子档案与其元数据之间的关联有不匹配、不对应的问题，电子档案逻辑格式或内容信息与源系统中的不一致，没有在管理过程元数据中记录转换或迁移活动，等等，方能提出对源系统、载体或格式中的电子档案及其元数据的销毁、彻底删除等处置意见，经单位领导审批并获得授权后方能执行。

10.2.5 电子档案及其元数据库的转换、迁移活动应记录于电子档案管理过程元数据中，并填写电子档案格式转换与迁移登记表（见表 A.3）。

为维护电子档案“四性”，需通过书面台账和管理过程元数据两方面措施记录电子档案及其元数据转换或迁移过程的责任信息。关于转换和迁移活动的实施方案、审批意见、验证记录和评估报告等台账记录了单位和个人责任信息，管理过程元数据通常用来在电子档案管理系统中记录具体实施转换或迁移活动的个人责任信息、时间等。需要说明的是，电子档案及其元数据离线存储介质的转换活动无需记录到相应的管理过程元数据中。记录转换和迁移过程元数据，需以电子档案管理系统管理过程元数据捕获功能为支撑。一般情况下，以半自动化方式批量为载体转换、迁移过程元数据赋值，即由授权用户基于系统内管理过程元数据的信息输入框一次性录入相关信息，确认后由系统为涉及的电子档案管理过程元数据批量赋值；以全自动化方式完成格式转换过程元数据的赋值，即在格式转换实际流程中实时、全自动地为相应电子档案的管理过程元数据赋值。以 DA/T 46—2009《文书类电子文件元数据方案》管理过程元数据为例，某文书类电子档案格式转换过程元数据如下表所示：

表 10-2　电子档案格式转换过程元数据示例

元数据	元数据值
业务行为	格式转换
行为时间	2016-11-04T10：18：10+00：00
行为依据	DA/T 47—2009《版式电子文件长期保存需求》
机构人员类型	个人
机构人员名称	王某芸
机构人员代码	0046018
……	……

在电子档案及其元数据格式转换、迁移活动通过评估后，要以整个批次为对象填写《电子档案格式转换与迁移登记表》（本标准附录 A 的表 A. 3）并归档保存。该登记表各项目名称及含义如下：

单位名称：负责电子档案转换或迁移的单位名称

管理授权：单位或上级部门批准实施电子档案及其元数据格式转换或迁移文件的名称、批准时间及简要说明等

管理类型：勾选“格式转换”或“迁移”中的一种

源格式或系统描述：对源计算机文件格式的类型、生产厂商、格式名称、版本，或者源系统的设备类型、采购时间、生产厂商、型号、主要技术参数等作出描述

目标格式或系统描述：对目标计算机文件格式的类型、生产厂商、格式名称、版本，或者目标系统的设备类型、采购时间、生产厂商、型号、主要技术参数等作出描述

完成情况：说明转换与迁移活动完成前后电子档案及其元数据数量核对结果，对转换或迁移活动的评估结果，评估责任机构和责任人，评估时间，评估报告名称等

操作起止时间：实施本批次电子档案及其元数据格式转换或迁移活动开始与结束的年、月、日

操作人：实施转换或迁移的操作人姓名、工作部门等

10.2.6 重新对经过格式转换后的电子档案及其元数据进行备份。

电子档案及其元数据格式转换活动完成后，要按照制定好的备份策略，对以目标计算机文件格式存储的电子档案及其元数据进行完整备份，要确保已经配备并正在使用的各种备份系统，如磁盘阵列、磁带库、光盘库等对其做了全量备份，按照标准规范要求使用离线存储介质做了离线备份。以源计算机文件格式存储的电子档案及其元数据的处置，则按本标准 10.2.4 给出的要求执行。

第三节 电子档案的移交与销毁

根据 DA/T 58—2014《电子档案管理基本术语》，电子档案移交是按照国家有关规定将电子档案的保管权交给档案馆的过程，而销毁则是指消除或删除失去价值的电子档案并使之无法恢复的过程。由于电子档案虚拟化特性，电子档案移交和销毁的要求、程序和方法等与传统载体档案的移交与销毁有所不同。例如，在移交接收程序方面，电子档案交接双方都需进行“四性”检测，可采取在线或离线方式交接，可以电子、书面两种或其中一种方式办理交接文据。为保证电子档案安全，电子档案通常有两套备份，与在线存储的应销毁电子档案相对应的备份件自然属于销毁对象。因此，要按照电子档案管理要求开展电子档案移交、销毁工作。

10.3.1 保管期限为永久的电子档案及其元数据自形成之日起 5 年内应向同级国家综合档案馆移交，移交工作按照《电子档案移交与接收办法》和同级国家综合档案馆的要求执行。

根据《中华人民共和国档案法实施办法》以及地方档案法规规定，中央和省级、设区市、县级立档单位应分别自档案形成之日起满 20 年、10 年、5 年向同级国家综合档案馆移交档案，纸质等传统载体档案的移交一直按此规定执行。根据电子档案管理要求，国家档案局于2012年8月29日印发《电子档案移交与接收办法》（档发〔2012〕7号），明确了电子档案移交期限，其第六条规定属于国家综合档案馆接收范围的电子档案，“档案移交单位一般自电子档案形成之日起5年内向同级国家综合档案馆移交。对于有特殊要求的电子档案，可以适当延长移交时间。涉密电子档案移交时间另行规定。”

当前，我国档案工作仍处于数字转型过程之中，新的档案管理工作机制还没有完全建立，法规标准体系有待进一步完善，职责分工出现新的要求，在传统载体档案管理任务没有减轻、原有问题未得到根本解决的情况下，各单位档案部门又新增了电子文件归档与电子档案管理任务，档案管理人员数量和知识结构等还难以满足信息时代档案工作要求。这种现实情况下，自档案形成之日起满20年、10年的移交期限可能对室藏电子档案管理带来一些安全隐患和不确定性，例如，在电子档案长期保存期间是否会出现计算机信息系统更替、管理不善等原因造成电子档案及其元数据流失、损毁、被篡改、不可读等问题？为此，国家档案局结合我国档案管理实际，明确了电子档案形成五年内移交进馆的要求，以便国家综合档案馆对应进馆电子档案进行集中的、规范化和标准化管理，以保障电子档案的“四性”与安全。《电子档案移交与接收办法》明确了电子档案移交接收方式（离线或在线方式）和检测要求，规定了电子档案移交、接收的主要流程。电子档案移交的主要流程包括组织和迁移转换电子档案数据、检验电子档案数据、移交电子档案数据等步骤，电子档案接收的主要流程是检验电子档案数据、办理交接手续、接收电子档案数据、著录保存交接信息、迁移和转换电子档案数据、存储电子档案数据等步骤。规定电子档案检验合格后方能办理交接手续，并填写《电子档案移交与接收登记表》。

在具体工作中，国家综合档案馆会根据国家标准和工作实际细化程序及要求，建设相应的电子档案移交接收系统，统一数据标准、移交接口、移交网络等，例如规定电子档案移交数据包结构和格式，各单位在电子档案移交工作中应遵照执行。

10.3.2 纸质、银盐感光材料等各门类传统载体档案应以数字副本及其目录数据移交进馆，以确保移交年度内档案数字资源的完整性。纸质档案数字化转换应按照 DA/T31、ISO/TR 13028—2010 以及同级国家综合档案馆的要求执行。

本条所述以银盐感光材料为记录载体的档案主要指纸质照片及其胶片，所述数字化是指档案室室藏传统载体档案的批量数字化。办公自动化等业务系统拟办过程中纸质文件材料数字化要求已经在本解读第七章关于本标准 7.1.2 相关说明中提出，不属于本条规定范围。新修订的《中华人民共和国档案法》第三十八条明确“国家鼓励和支持档案馆和机关、团体、企业事业单位以及其他组织推进传统载体档案数字化。已经实现数字化的，应当对档案原件妥善保管。”目前，对省级、设区市级国家综合档案馆，纸质档案与电子档案移交进馆年限分别相差 15 年、5 年，在档案管理双轨制模式下会造成同一年度内只有电子档案及其元数据移交进馆，而另一部分的纸质档案仍在档案室保管，造成国家综合档案馆同一年度馆藏档案的不完整、内容的割裂，不利于馆藏档案的统一管理。各单位在向效能型、服务型机关转型过程中，为提升档案工作为机关履职服务水平，也提出了档案利用数字化、网络化的要求，因此，从档案馆（室）完整、准确地管理档案资源出发，本条标准提出在双轨制模式下应对室藏各门类传统载体档案进行数字化，明确要求在电子档案移交工作中应将同一年度传统载体档案数字副本及其数字化元数据（含目录数据）一并向国家综合档案馆移交，以确保移交年度内档案数字资源的完整性。

为了强调纸质档案数字化的过程管理、精确复制和数字化元数据采集等事关传统载体档案数字副本法律认可性的要求，在 DA/T 31—2005《纸质档案数字化技术规范》还未修订的情况下，本标准同时引用了国际标准 ISO/TR 13028—2010《信息和文献 档案数字化实施指南》。2017 年，国家档案局发布的 DA/T 31—2017《纸质档案数字化规范》已经明确了上述涉及数字副本法律认可性要求，今后纸质档案数字化工作应主要执行 DA/T 31—2017《纸质档案数字化规范》，以及同级国家综合档案馆的相关要求。2017 年 8 月 2 日，国家档案局发布了行业标准 DA/T 62—2017《录音录像档案数字化规范》，该标准于 2018 年 1 月 1 日实施，以模拟信号录音带、录像带为记录载体的录音录像档案的数字化应按照该标准执行。

档案室完成某项目或某批次档案数字化工作后，应将传统载体档案数字副本及其数字化元数据（含目录数据）导入电子档案管理系统并提供利用。开展到期电子档案及其元数据移交工作时，要将相应年度形成的传统载体档案数字副本及其数字化元数据（含目录数据），按照规定的程序和要求向同级国家综合档案馆移交。

10.3.3　电子档案的销毁应参照国家关于档案销毁的有关规定与程序执行。

总体而言，电子档案销毁可参照国家档案局有关传统载体档案销毁的规定和程序执行，即按照本标准 10.1 明确的程序和要求完成电子档案销毁鉴定后，成立销毁小组并负责实施，销毁完成后形成销毁报告、登记表等台账并归档保存。销毁小组应包括销毁操作责任人、销毁监督人与审核责任人。具体实施则按照本标准 10.3.4 至 10.3.7 明确的要求执行。根据术语和有关规定，电子档案销毁后应是不可恢复的，与纸质档案销毁不同的是，电子档案销毁活动需在数据库管理系统、多种存储设备中进行，包括在线存储系统、备份系统、离线存储介质。

10.3.4　应从在线存储设备、异地容灾备份系统中彻底删除应销毁电子档案，电子档案管理系统应在管理过程元数据、日志中自动记录鉴定、销毁活动，将被销毁电子档案的元数据移入销毁数据库。

要基于电子档案管理系统销毁功能、备份系统的删除功能对在线存储设备中应销毁电子档案进行永久删除，这种销毁可称之为软销毁。通常，电子档案管理系统都具备电子档案销毁功能，可以根据销毁鉴定结果自动组织出应销毁电子档案元数据及其链接的电子档案，经过必要的询问、确认等流程后即可自动彻底删除存储于在线存储设备（例如 FC

SAN、NAS 等）中的应销毁电子档案，并在相应的管理过程元数据、系统日志中记录销毁责任信息，包括销毁的操作人、销毁行为和销毁时间，最后将已销毁电子档案的全部元数据（含管理过程元数据）移到电子档案销毁数据库中，以便将其移出电子档案检索利用范围，保存历次电子档案销毁细目。

软销毁是由操作系统将相应的文件存储空间标记为可用，之后，该部分存储空间即被释放并成为可用空间，电子档案管理系统或操作系统仍可将其它数据写入其中。从必要性、可操作性和保护在线存储磁盘阵列投资等多个角度考虑，都不应对在线存储磁盘阵列中应销毁电子档案及其存储载体实施破坏性销毁。为保障数据安全，通常会在磁盘阵列实施容错方案，如 RAID5 等，某件（批）电子档案究竟存储在哪块硬磁盘，技术人员是难以确认的，也就无法有针对性地对存储其中的应销毁电子档案及相应的硬磁盘进行破坏性销毁。软销毁既可以达到销毁电子档案的目的，又可最大限度地保护磁盘阵列采购投资和存储其中的其他数据，降低管理难度和管理成本。尽管这种软销毁方式保留了通过专用工具予以恢复的可能，相关单位通常不会在没有正当理由和需求的情况下恢复已经永久删除的电子档案。

要通过彻底删除或用其他数据覆盖等软销毁方式对近线备份系统、远程备份系统甚至是异地容灾备份系统中的应销毁电子档案及其元数据进行永久删除，包括虚拟带库、物理带库、磁盘阵列等。对于近线备份用的光盘库，则应按照 10. 3. 5 的要求对存储了应销毁电子档案及其元数据的一次性写光盘进行破坏性销毁。

10. 3. 5　应销毁电子档案的离线存储介质，应对其实施破坏性销毁。实施销毁前，应对备份其中的其他电子档案进行离线存储介质的转换。

本条所述销毁方法可称之破坏性销毁，应销毁电子档案的离线存储介质主要指一次性写光盘、移动硬盘。破坏性销毁是采用硬盘消磁机、折弯机或其他物理破坏工具对存储介质进行破坏，达到存储介质消磁、折弯、粉碎等破坏效果，不仅数据不能再还原，介质也无法再使用，可以真正做到电子档案及其元数据的彻底、永久性销毁。各省国家保密行政管理部门一般设有或指定了第三方专门的国家秘密载体销毁机构，涉密和非涉密电子档案及其元数据离线存储介质的破坏性销毁都应送交该类机构执行，按照规定的程序履行手续，形成的销毁报告、交接文据等应归档保存。

如果被销毁的电子档案及其元数据离线存储介质中还存储了不得销毁的电子档案及其元数据，在实施离线存储介质销毁前应首先使用新的介质完成这部分电子档案及其元数据的离线备份。

10.3.6　属于保密范围的电子档案，其销毁应按国家保密规定实施。

对于电子档案管理系统在线存储设备、近线或远程备份设备中存储的应销毁涉密电子档案及其元数据，其销毁程序、销毁操作等应符合国家保密法规和标准的要求。根据《中华人民共和国保守国家秘密法》及其实施条例的规定，涉密电子档案及其元数据的离线存储介质属于国家秘密载体，不得私自销毁。《中华人民共和国保守国家秘密法实施条例》第二十二条规定："销毁国家秘密载体应当符合国家保密规定和标准，确保销毁的国家秘密信息无法还原。销毁国家秘密载体应当履行清点、登记、审批手续，并送交保密行政管理部门设立的销毁工作机构或者保密行政管理部门指定的单位销毁。机关、单位确因工作需要，自行销毁少量国家秘密载体的，应当使用符合国家保密标准的销毁设备和方法。"国家秘密载体销毁机构会根据离线存储介质中电子档案最高密级施以相应等级要求的载体销毁破坏活动，例如，一块或一批待销毁的离线存储介质中存储有秘密和机密级电子档案及其元数据，则应按照机密级国家秘密载体要求进行破坏性销毁活动。

10.3.7　应填写电子档案销毁登记表（见表 A.4）并归档保存。

一个批次电子档案及其元数据销毁活动完成后，要按批次填写《电子档案销毁登记表》（本标准附录 A 的表 A.4），并归档保存。该登记表各栏目名称含义如下：

单位名称：已销毁电子档案形成单位的名称

销毁授权：单位或上级部门批准销毁电子档案的文件名、批准时间及简要说明等

被销毁电子档案情况：已销毁电子档案的门类、形成年度、保管期限、件数、卷数及其件数，档号范围，元数据数量，计算机文件格式，总的大小（MB），等等

在线存储内容销毁说明：对在线存储设备（如磁盘阵列）中应销毁电子档案及其元数据销毁情况的说明，包括：在线存储设备类型与型号，电子档案存储的相对位置，以及销毁方法、销毁时间、销毁责任人、销毁成功与否，元数据移入销毁数据库情况等

异地容灾备份内容销毁说明：对远程备份系统（含容灾备份系统）中应销毁电子档案及其元数据销毁情况的说明，包括：备份设备类型与生产厂商、型号等，销毁方法、销毁时间、销毁责任人、销毁成功与否等。如果未实施远程备份，则无需填写说明内容

离线存储介质销毁说明：被销毁的离线存储介质的类型、生产厂商、型号、数量，销毁机构情况，销毁程序与手续，销毁方法，销毁成功与否等

销毁起止时间：实施本批次电子档案及其元数据销毁活动的开始与结束的年、月、日

操作人：实施销毁的操作人姓名、工作部门等

附录 1　参考示例

1.1　中间数据库归档接口示例

1. 中间数据库归档接口构成。中间数据库归档接口由 3 个数据表构成，表名及用途等如下表所示。

序号	中文表名	英文表名	描　述
1	电子文件实体元数据表	Document	存储归档电子文件实体元数据，即本附录电子文件实体元数据表（Document）所列元数据
2	电子文件原文表	DocumentFile	存储电子文件原文。通过 PID 字段与电子文件实体元数据表的 ID 进行上下级关联。
3	归档信息表	ArchivingInfo	存储批次归档电子文件有关信息

2. 中间数据库表结构。中间数据库各数据表定义、数据要求等描述如下。

（1）电子文件实体元数据表（Document）

序号	字段中文名称	字段名	类型	可否为空	值域
1	统一社会信用代码	UnifiedSocialCreditCode	字符	是	
2	唯一标识符	UniqueID	整型	否	
3	年度	Year	整型	是	
4	件号	ItemID	字符	否	
5	子件号	SubItemID	字符	是	

续表

序号	字段中文名称	字段名	类型	可否为空	值域
6	题名	Title	字符	否	
7	并列题名	OtherTitle	字符	是	
8	副题名	AlternativeTitle	字符	是	
9	文件编号	FileNumber	字符	是	
10	责任者	Agent	字符	否	
11	成文时间	RecordDate	日期	否	
12	附件题名	AttachedFileTitle	字符	是	
13	机构或问题	Agency/Function	字符	是	
14	保管期限	RetentionPeriod	字符	是	永久,30年,10年
15	公开属性	PublishAttribute	字符	否	主动公开,依申请公开,不予公开
16	密级	SecurityClass	字符	否	公开,限制,秘密,机密,绝密
17	紧急程度	UrgencyDegree	字符	是	
18	主送	SubmitTo	字符	是	
19	抄送	CopyTo	字符	是	
20	信息系统描述	InformationSystemDescription	字符	是	

（2）电子文件原文表（DocumentFile）

序号	字段中文名称	字段名	类型	可否为空	值域
1	序号	ID	整型	否	
2	唯一标识符	PID	整型	否	
3	组件名称	ModuleName	字符	否	主文件,附件,被转发件,文件处理单,公文转办单,定稿,修改稿,[其他]
4	格式信息	ExtName	字符	否	

续表

序号	字段中文名称	字段名	类型	可否为空	值域
5	计算机文件名	FileName	字符	否	
6	计算机文件大小	FileVolume	整型	否	
7	电子文件数据	FileData	大字段	否	

（3）归档信息表（FilingInfo）

序号	字段中文名称	字段名	类型	可否为空	值域
1	单位名称	AgentName	字符	否	
2	归档时间	ArchivingTime	日期时间	否	
3	归档电子文件门类	Category	字符	否	
4	件数	Item	整型	否	
5	子件数	SubItem	整型	否	
6	字节数	BitVolume	整型	否	
7	病毒检验	Virus CheckResult	布尔型	否	true,false
8	真实性检验	Plausibility CheckResult	布尔型	否	true,false
9	可靠性检验	Reliability CheckResult	布尔型	否	true,false
10	完整性检验	IntegrityCheckResult	布尔型	否	true,false
11	可用性检验	Accessiblity CheckResult	布尔型	否	true,false

1.2 规范存储结构归档接口示例

1. 规范存储结构归档接口如图附录-1所示。

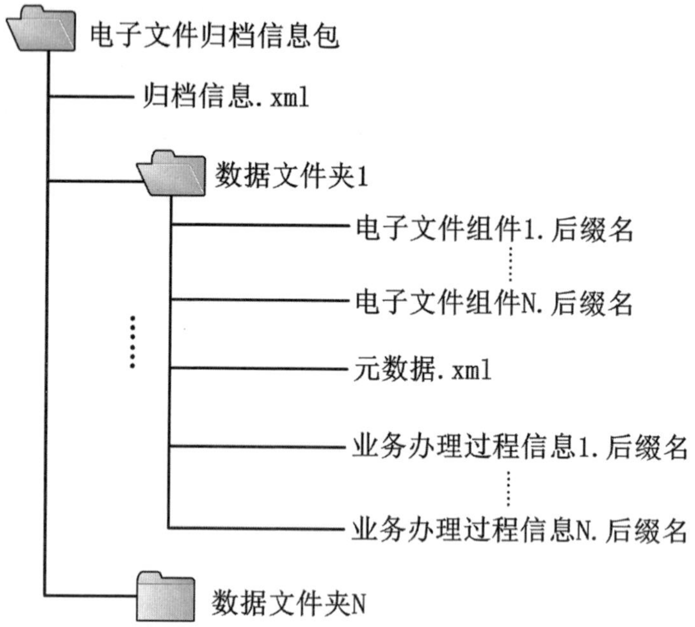

图附录-1 规范存储结构归档接口示意图

（1）归档信息.xml按照附录B的B.2.2的要求制作，采用电子文件的计算机文件名为其命名。电子文件计算机文件名编制规则为“归档信息”+“统一社会信用代码”+“档案门类代码”+“归档年度”+“年度内批次流水号”，例如归档信息.xml的计算机文件名为：归档信息12360000MB059657X6WS201701.xml。

（2）数据文件夹N内存储归档的一件电子文件及其组件、元数据、业务办理过程信息等，N为电子文件归档数据包内归档电子文件流水号，其命名规则为“数据文件夹”+“归档电子文件流水号”。

（3）电子文件组件N为归档电子文件的组件，其命名规则按照7.3.7给出的要求执行，其中，N为电子文件组件流水号。命名规则为

“电子文件计算机文件名” + “D” + “电子文件组件流水号”，例如第 1 个电子文件组件名为：12360000MB059657X6WS201701D01. ofd。

（4）元数据 . xml 为归档电子文件的元数据，一般命名规则为“元数据” + “电子文件计算机文件名”，例如：

元数据 12360000MB059657X6WS201701. xml。

（5）业务办理过程信息N. 后缀名，其中，N 为业务办理过程信息流水号。命名规则为“业务办理过程信息” + “业务办理过程信息流水号” + “-” + “计算机文件名”，例如某业务办理过程信息的计算机文件名为：业务办理过程信息 01-12360000MB059657X6WS201701. xml。

2. 归档信息 . xml 文件的 Scheme

```
<? xml version="1.0" encoding="UTF-8"? >
<xs:schema xmlns:xs="http://www.w3.org/2001/XMLSchema" xmlns="http://www.jxdaj.gov.cn" targetNamespace="http://www.jxdaj.gov.cn" elementFormDefault="qualified">
    <xs:element name="归档信息">
      <xs:complexType>
        <xs:sequence>
          <xs:element name="单位名称" type="xs:string"/>
          <xs:element name="归档时间" type="xs:dateTime"/>
          <xs:element name="归档电子文件门类" type="xs:string"/>
          <xs:element ref="检测结果"/>
          <xs:element ref="归档电子文件数量"/>
        </xs:sequence>
      </xs:complexType>
    </xs:element>
  <xs:element name="检测结果">
    <xs:complexType>
      <xs:sequence>
        <xs:element ref="病毒检验"/>
        <xs:element ref="真实性检验"/>
```

```
            <xs:element ref="可靠性检验"/>
            <xs:element ref="完整性检验"/>
            <xs:element ref="可用性检验"/>
          </xs:sequence>
        </xs:complexType>
      </xs:element>
      <xs:element name="归档电子文件数量">
        <xs:complexType>
          <xs:sequence>
            <xs:element ref="件数"/>
            <xs:element ref="子件数"/>
            <xs:element ref="字节数"/>
          </xs:sequence>
        </xs:complexType>
      </xs:element>
      <xs:element name="件数" type="xs:string"/>
      <xs:element name="子件数" type="xs:string"/>
      <xs:element name="字节数" type="xs:string"/>
      <xs:element name="病毒检验" type="xs:boolean"/>
      <xs:element name="真实性检验" type="xs:boolean"/>
      <xs:element name="可靠性检验" type="xs:boolean"/>
      <xs:element name="完整性检验" type="xs:boolean"/>
      <xs:element name="可用性检验" type="xs:boolean"/>
    </xs:schema>
```

1.3　通用计算机文件格式简介

格式名称	格式描述	常用后缀
版式文档		
PDF	PDF(便携式文件格式,Portable Document Format)是由Adobe Systems在1993年用于文件交换所发展出的文件格式。它的优点在于跨平台、能保留文件原有格式,业界广泛使用。它的标准为ISO 32000—1:2008,阅读软件为Adobe reader/Foxit Reader等	*.pdf
PDF/A	PDF/A标准是美国印刷、出版及纸品加工设备器材供应商协会(NPES)和美国国际图像信息管理协会(AIIM)共同发起的,能作为电子档案长期保存格式以及利用格式,阅读软件为Adobe reader/Foxit Reader等	*.pdf
OFD	OFD是我国自主知识产权,国内逐渐推广使用电子公文交换和存储格式标准。能保障电子公文的真实性、完整性、可用性和安全性,确保公文的长期保存和凭证价值。它的标准为GBT 33190—2016电子文件存储与交换格式,阅读软件为Foxit OFD办公套件等	*.ofd
流式文档		
DOC	Document,是电脑文件常见文件扩展名的一种,亦是Microsoft公司Word 2003以前版本的文本文档。自Word 2007之后为docx。阅读软件为Office、WPS文字	*.doc, *.docx
WPS	Word Processing System,是金山软件公司开发的文字编辑系统生成的文本文档格式,阅读软件为WPS文字	*.wps
RTF	Rich Text Format的缩写,意即多文本格式,是一种方便于不同的设备、系统查看的文本和图形文档格式。RTF使用美国国内标准协会(ANSI)、PC-8、Macintosh(mac苹果)或IBM的PC字符设置控制显示形式和打印形式。是Microsoft公司在不同的操作系统下创建的RTF文档可以在多种操作系统和应用程序之间互相传输、查看。阅读软件为Office、WPS文字	*.rtf
XML	W3C(World Wide Web Consortium)一种存储数据的标准格式,内容以标签规则为结构,有很强的跨平台可移植性,并且数据无需转换,它的标准为ISO 8879—1986、ISO/IEC 10744—1992,阅读软件为记事本,各类文字编辑器、浏览器	*.xml

续表

格式名称	格式描述	常用后缀
二维矢量文件		
SVG	W3C(World Wide Web Consortium)可缩放矢量图形是基于可扩展标记语言(标准通用标记语言的子集),用于描述二维矢量图形的一种图形格式。它由万维网联盟制定,是一个开放标准。阅读软件为 Internet Explorer,火狐,谷歌 Chrome,Opera,Safari 等网页浏览器,Adobe SVG 浏览器	*.svg
SWF	shock wave flash 的简称,是 Macromedia(现已被 ADOBE 公司收购)公司的动画设计软件 Flash 的专用格式,支持矢量和点阵图形,被广泛应用于网页设计、动画制作等领域,swf 文件通常也被称为 Flash 文件。阅读软件为 Adobe Flash Player	*.swf
WMF	WMF(Windows Metafile Format)是 Windows 中常见的一种图元文件格式,属于矢量文件格式。它具有文件短小、图案造型化的特点,整个图形常由各个独立的组成部分拼接而成,其图形往往较粗糙,阅读软件为 Acdscc	*.wmf
EMF	增强型图元文件"增强型图元文件"是 32 位格式,可以同时包含矢量信息和位图信息。此格式是微软公司对"Windows 图元文件格式"的改进,包含了一些扩展功能,例如内置的缩放比例信息 、与文件一起保存的内置说明、调色板和设备独立性方面的改进等。EMF 格式是可扩展的格式,这意味着程序员可以修改原始规范以添加功能或满足特定的需要	*.emf
EPS	Encapsulated PostScript 的缩写,是跨平台的标准格式,专用的打印机描述语言,可以描述矢量信息和位图信息。作为跨平台的标准格式,它类似 COREL DRAW 的 CDR, ILLUSTRATOR 的 AI 等。阅读软件为 Photoshop, Illustrator, Corel Draw, Freehand	*.eps
DWG	通用格式,是欧特克公司(Autodesk)AutoCAD 创立的一种图纸保存格式,已经成为二维 CAD 的标准格式,很多其他 CAD 为了兼容 AutoCAD,也直接使用 dwg 作为默认工作文件。阅读软件为 AutoCAD	*.dwg
DXF	DXF 是欧特克公司(Autodesk)开发的一种开放的矢量数据格式,可以分为两类:ASCII 格式和二进制格式。ASCII 具有可读性好的特点,但占用的空间较大;二进制格式则具有占用空间小、读取速度快的优点,阅读软件为 AutoCAD	*.dxf

续表

格式名称	格式描述	常用后缀
三维矢量文件		
STEP	STP 文件是基于 ASCII 格式符合 STEP 应用协议 ISO 10303-21 标准的正文编码的交换结构的三维图像数据，已经成为国际公认的 CAD 数据文件交换全球统一标准。STP 文件使用 CATIA（计算机辅助三维交互应用）软件打开，它的标准为 ISO 10303-21:2016，阅读软件为 UG、PRO-E、FreeCAD、rhino、alias 等	*.step，*.stp
数据库文件		
ET	et 文件是属于金山办公软件 WPS Office 中的电子表格文件。相当于微软办公软件 Microsoft Office 的 excel 表格，阅读软件为 WPS 表格	*.et
XLS	Microsoft Excel 工作表，常用的电子表格格式。阅读软件为 Excel、WPS 表格	*.xls，*.xlsx
DBF	是 dBase 和 FoxPro 所使用的数据库格式。阅读软件为 Foxbase，Dbase，Visual FoxPro	*.dbf
静态图像文件		
JPEG	全名是 JPEG，是 ISO、国际电话电报咨询委员会图片的一种格式。JPEG 图片以 24 位颜色存储单个位图。JPEG 是与平台无关的格式，支持最高级别的压缩，不过，这种压缩是有损耗的。它的标准为 ISO/IEC 10918-1:1994、ITU-T Rec. T.81，阅读软件为各类图像阅读器	*.jpg，*.jpeg
TIF	标签图像文件格式（Tag Image File Format，简写为 TIFF）是 Aldus 公司、Microsoft 公司一种灵活的位图格式，主要用来存储包括照片和艺术图在内的图像。采用无损压缩方式。阅读软件为各类图像阅读器	*.tif
BMP	BMP（全称 Bitmap）是 Windows 操作系统中的标准图像文件格式，可以分成两类：设备相关位图（DDB）和设备无关位图（DIB），使用非常广。它采用位映射存储格式，除了图像深度可选以外，不采用其他任何压缩，因此，BMP 文件所占用的空间很大。BMP 文件的图像深度可选 1bit、4bit、8bit 及 24bit。BMP 文件存储数据时，图像的扫描方式是按从左到右、从下到上的顺序。由于 BMP 文件格式是 Windows 环境中交换与图有关的数据的一种标准，因此在 Windows 环境中运行的图形图像软件都支持 BMP 图像格式。阅读软件为各类图像阅读器	*.bmp

续表

格式名称	格式描述	常用后缀
音像类文件		
WAV	是微软公司开发的一种声音文件格式,它符合 RIFF(Resource Interchange File Format)文件规范,用于保存 Windows 平台的音频信息资源,被 Windows 平台及其应用程序所广泛支持,该格式也支持 MSADPCM,CCITT A LAW 等多种压缩运算法,支持多种音频数字,取样频率和声道,阅读软件为媒体播放器软件	*.wav
MP3	MP3 是一种音频有损压缩技术,其全称是动态影像专家压缩标准音频层面 3(Moving Picture Experts Group Audio Layer III),简称为 MP3。它被 Fraunhofer-Gesellschaft 设计用来大幅度地降低音频数据量。利用 MPEG Audio Layer 3 的技术,将音乐以 1∶10 甚至 1∶12 的压缩率,压缩成容量较小的文件,而对于大多数用户来说重放的音质与最初的不压缩音频相比没有明显的下降。它是在 1991 年由位于德国埃尔朗根的研究组织 Fraunhofer-Gesellschaft 的一组工程师发明和标准化的。它的标准为 ISO MPEG Audio Layer III,阅读软件为媒体播放器软件,目前已终止 MP3 授权	*.mp3
MPG	MPEG 格式视频的文件扩展名通常是 MPG。MPEG 是运动图像压缩算法的国际标准,现已被几乎所有的计算机平台支持。它包括 MPEG-1,MPEG-2 和 MPEG-4。MPEG-1 被广泛地应用在 VCD(video compact disk)的制作,绝大多数的 VCD 采用 MPEG-1 格式压缩。MPEG-2 应用在 DVD(Digital Video/Versatile Disk)的制作方面、HDTV(高清晰电视广播)和一些高要求的视频编辑、处理方面。它的标准为 ISO/IEC11172、ISO/IEC13818,阅读软件为各类媒体播放器	*.mpg
MP4	是一套用于音频、视频信息的压缩编码标准,MPEG-4 格式的主要用途在于网上流、光盘、语音发送(视频电话),以及电视广播。它的标准为 ISO/IEC 14496 系列,阅读软件为各类媒体播放器	*.mp4
多媒体文件		
EML	EML 格式是微软公司在 Outlook 中所使用的一种遵循 RFC822 及其后续扩展的文件格式,并成为各类电子邮件软件的通用格式。它的标准为 RFC822,阅读软件为 OUTLOOK /Foxmail 等邮件客户端软件	*.eml

续表

格式名称	格式描述	常用后缀
HTML	超级文本标记语言(HyperText Markup Language,缩写:HTML)是W3C(World Wide Web Consortium)标准通用标记语言下的一个应用,也是一种规范,一种标准,它通过标记符号来标记要显示的网页中的各个部分。网页文件本身是一种文本文件,通过在文本文件中添加标记符,可以告诉浏览器如何显示其中的内容(如:文字如何处理,画面如何安排,图片如何显示等)。浏览器按顺序阅读网页文件,然后根据标记符解释和显示其标记的内容,对书写出错的标记将不指出其错误,且不停止其解释执行过程,编制者只能通过显示效果来分析出错原因和出错部位。但需要注意的是,对于不同的浏览器,对同一标记符可能会有不完全相同的解释,因而可能会有不同的显示效果。它的标准为ISO/IEC 15445:2000,阅读软件为IE等各种网页游览器	*.html, *.xhtml, *.htm
WARC	WARC格式是网络资源存档(Web Archiving,WA)中使用的文件格式,全称为Web File Format,是由互联网保存联盟(International Internet Preservation Consortium,IIPC)资助,IA等机构负责开发,于2008年开发完毕并提交ISO ST 40委员会审核,2009年5月成为正式国际标准,标准号为ISO 28500。WARC文件格式是唯一面向网络资源长期保存的资源保存格式,得到了广泛的应用,具有软件生态环境完善、内容丰富、便于管理、易于扩展、支持大容量文件保存等特点,同时适合网络资源和数字资源的长期保存使用。它的标准为ISO 28500:2017	*.warc

附录 2　电子文件归档与电子档案管理规范

前　　言

本标准按照 GB/T 1. 1—2009 给出的规则起草。

本标准代替 GB/T 18894—2002《电子文件归档管理规范》。

本标准与 GB/T 18894—2002 相比主要变化如下：

——将标准名称更改为“电子文件归档与电子档案管理规范”，增加了必要的规范性引用文件和术语或定义；

——根据电子文件、电子档案管理要求，专设第 5 章对业务系统、电子档案管理系统相关功能提出明确要求；

——自第 6 章开始用 5 个章节分别描述电子文件、电子档案主要业务环节管理要求，包括电子文件归档范围、电子文件的收集与整理、电子文件归档与电子档案编目、电子档案的管理、电子档案的处置。

本标准由国家档案局提出并归口。

本标准起草单位：国家档案局。

本部分主要起草人：毛海帆、王岚、丁德胜、侯佳、方昀、黄玉明、刘伟晏、蔡学美、马淑桂、张楠

本标准所替代标准的历次版本发布情况为：

——GB/T 18894—2002。

电子文件归档与电子档案管理规范

1　范围

本标准规定了在公务活动中产生的，具有保存价值的电子文件的收集、整理、归档与电子档案的编目、管理与处置的一般方法。

本标准适用于机关、团体、企事业单位和其他组织在处理公务过程中产生的电子文件归档与电子档案管理，其他活动中产生的电子文件归档与电子档案管理可参照执行。

2　规范性引用文件

下列文件对于本文件的应用是必不可少的。凡是注日期的引用文件，仅注日期的版本适用于本文件。凡是不注日期的引用文件，其最新版本（包括所有的修改单）适用于本文件。

GB/T 2828.1—2012 计数抽样检验程序 第1部分：按接收质量限（AQL）检索的逐批检验抽样计划（ISO 2859—1：1999，IDT）

GB/T 7156—2003 文献保密等级代码与标识

GB/T 9704—2012 党政机关公文格式

GB/T 11821—2002 照片档案整理规范

GB/T 11822—2008 科学技术档案案卷构成的一般要求

GB/T 12628—2008 硬磁盘驱动器通用规范

GB/T 17678—1999 CAD电子文件光盘存储、归档与档案管理要求

GB/T 20988—2007 信息安全技术 信息系统灾难恢复规范

GB/T 26163.1—2010 信息与文献 文件管理过程 文件元数据 第1部分：原则（ISO 23081—1，IDT）

GB/T 29194—2012 电子文件管理系统通用功能要求

DA/T 13—1994 档号编制规则

DA/T 15—1995 磁性载体档案管理与保护规范

DA/T 18—1999 档案著录规则

DA/T 22 归档文件整理规则

DA/T 28—2002 国家重大建设项目文件归档要求与档案整理规范

DA/T 31 纸质档案数字化技术规范

DA/T 32—2005 公务电子邮件归档与管理规则

DA/T 38—2008 电子文件归档光盘技术要求和应用规范

DA/T 46—2009 文书类电子文件元数据方案

DA/T 47—2009 版式电子文件长期保存格式需求

ISO 13008：2012 信息与文献　数字档案转换和迁移过程（Information and documentation — Digital records conversion and migration process）

ISO/TR 13028：2010 信息与文献　档案数字化实施指南（Information and documentation Implementation guidelines for digitization of records）

ISO 16175.2：2011 信息与文献　电子办公环境中档案管理原则和功能要求　第2部分：数字档案管理系统指南与功能要求（Principles and functional requirements for records in electronic office environments — Part 2：Guidelines and functional requirements for digital records management systems）

ISO 16175.3：2010 信息与文献　电子办公环境中档案管理原则和功能要求　第3部分：业务系统中档案管理指南与功能要求（Information and documentation — Principles and functional requirements for records in electronic office environments — Part 3：Guidelines and functional requirements for records in business systems）

3　术语和定义

下列术语和定义适用于本文件。

3.1

电子文件 electronic document

国家机构、社会组织或个人在履行其法定职责或处理事务过程中，通过计算机等电子设备形成、办理、传输和存储的数字格式的各种信息记录。电子文件由内容、结构、背景组成。

3.2

电子档案 electronic records

具有凭证、查考和保存价值并归档保存的电子文件（3.1）。

3.3

元数据 metadata

描述电子文件和电子档案的内容、背景、结构及其管理过程的数据。

注：改写 GB/T 26162.1—2010，定义 3.12。

3.4

组件 component

构成电子文件、电子档案且独立存在的一个比特流。

[ISO 16175.2—2011，3. 术语和定义]

示例：文书类电子档案的组件包括电子公文正文、若干附件、定稿或修改稿、公文处理单等。

3.5

真实性 authenticity

电子文件、电子档案的内容、逻辑结构和形成背景与形成时的原始状况相一致的性质。

3.6

可靠性 reliability

电子文件、电子档案的内容完全和正确地表达其所反映的事务、活动或事实的性质。

3.7

完整性 integrity

电子文件、电子档案的内容、结构和背景信息齐全且没有破坏、变异或丢失的性质。

3.8

可用性 useability

电子文件、电子档案可以被检索、呈现或理解的性质。

3.9

业务系统 business system

形成或管理机构活动数据的计算机信息系统。

示例：办公自动化系统、电子商务系统、财务系统、人力资源系统、产品数据管理系统、网站系统、电子邮件系统等促进机构事务处理的应用系统。

3.10

电子档案管理系统 electronic records management system

对电子档案（3.2）进行采集（3.11）、归档（3.12）、编目、管理和处置的计算机信息系统。

3.11

采集 capture

对电子文件、电子档案及其元数据进行收集和存储的方法与过程。

3.12

归档 archiving

指将具有凭证、查考和保存价值且办理完毕、经系统整理的电子文件（3.1）及其元数据（3.3）管理权限向档案部门提交的过程。

3.13

移交 transfer

按照国家规定将电子档案（3.2）的保管权交给国家档案馆的过程。

3.14

登记 registration

电子档案进入电子档案管理系统（3.10）时赋予电子档案唯一标识符的行为。

注：改写 GB/T 26162.1—2010，3.18。

3.15

转换 conversion

在维护真实性、完整性和可用性前提下，将电子档案从一种载体转换到另一种载体或从一种格式转换成另一种格式的过程。

注：改写 GB/T 26162.1—2010，3.7。

3.16

迁移 migration

在维护真实性、完整性和可用性的前提下，将电子档案从一个系统转移到另一个系统的过程。

注：改写 GB/T 26162.1—2010，3.13。

4　总则

4.1　电子文件归档与电子档案管理应遵循纳入单位信息化建设规划、技术与管理并重、便于利用和安全可靠的原则。

4.2　应对电子文件、电子档案实施全程和集中管理，确保电子档案的真实性、可靠性、完整性与可用性。

4.3　应建立严格的管理制度，明确相关部门电子文件归档和电子档案管理的职责与分工，主要包括以下四类部门的职责与分工：

a）档案部门负责制定电子文件归档与电子档案管理制度，提出业务系统电子文件归档功能要求，负责电子档案管理系统的建设与应用培训；负责指导电子文件形成或办理部门按归档要求管理应归档电子文件；负责电子文件归档和电子档案编目、管理和处置等各项工作；

b）电子文件形成或办理部门负责电子文件的收集、整理、著录和移交归档等工作；

c）信息化部门负责依据标准建设业务系统电子文件归档功能，参与电子档案管理系统建设，为电子档案管理提供信息化支持；

d）保密部门负责监督涉密电子文件归档和电子档案的保密管理。

4.4　应明确各门类电子文件及其元数据的归档范围、时间、程序、接口和格式等要求。

4.5　应执行规范的工作程序，采取必要的技术手段，对电子文件归档和电子档案管理全过程实行监控。

4.6　应基于安全的网络和离线存储介质实施电子文件归档和电子档案管理。

5 业务系统与电子档案管理系统

5.1 业务系统电子文件归档功能

5.1.1 应能按6、7、8.1至8.4给出的相关要求形成、收集、整理、归档电子文件及其元数据。

5.1.2 应内置电子文件分类方案、保管期限表等工具，支持电子文件形成或办理部门完整收集、整理应归档电子文件及其元数据。

5.1.3 应能以单个流式文档集中记录电子文件拟制、办理过程中对其进行的全部修改信息。

5.1.4 能按内置规则自动命名、存储电子文件及其组件，保持电子文件内在的有机联系，建立电子文件与元数据之间的关联关系。

5.1.5 能按标准生成电子文件及其元数据归档数据包，或向归档接口推送电子文件及其元数据。

5.1.6 能对已收集、积累的电子文件的所有操作进行跟踪、审计。

5.1.7 需通过业务系统开展电子档案管理活动时，业务系统电子档案管理功能应参照GB/T29194—2012、ISO 16175—3：2010等标准以及5.2给出的要求执行。

5.2 电子档案管理系统基本功能

5.2.1 电子档案管理系统基本功能和可选功能应参照GB/T 29194—2012、DA/T 31、ISO13028—2010、ISO16175—2：2011等标准以及同级国家综合档案馆的相关要求执行。

5.2.2 应具备电子档案管理配置功能，包括分类方案管理、档号规则管理、保管期限表管理、元数据方案管理、门类定义等功能。

5.2.3 应具备电子档案管理功能，包括电子档案及其元数据的采集、登记、分类、编目、命名、存储、利用、统计、鉴定、销毁、移交、备份、报表管理等功能。

5.2.4 应具备电子档案安全管理功能，包括身份认证、权限管理、跟踪审计、生成固化信息等功能。

5.2.5 应具备系统管理功能，包括系统参数管理、系统用户和资源管理、系统功能配置、操作权限分配、事件报告等功能。

5.2.6　应具备各门类纸质档案管理功能，包括对电子档案和纸质档案同步编目、排序、编制档号等功能。

5.2.7　应具备纸质档案数字化以及纸质档案数字副本管理功能。

5.3　档案信息化基础设施

5.3.1　档案信息化基础设施和信息安全设施应能保障电子档案管理系统的正常运行，满足电子文件归档与电子档案管理活动的实际需求。

5.3.2　应为档案部门配备局域网、政务网和互联网等网络基础设施，网络性能应能适应各门类电子文件、电子档案传输、利用要求。

5.3.3　应配备与电子档案管理系统以及电子档案管理需求相适应的系统硬件、基础软件和存储、备份等设备。

5.3.4　应配备与电子档案管理系统相适应的安全保障设施，包括杀毒软件、防火墙等设备。

5.4　电子档案管理系统安全管理

5.4.1　电子档案管理系统安全管理应参照《档案信息系统安全等级保护定级工作指南》、涉密计算机信息系统分级保护等规定执行。

5.4.2　应建立电子档案管理系统安全管理制度，明确管理职责和要求，规范操作行为。

5.4.3　电子档案管理系统以及档案信息化基础设施、信息安全设施等各种设备的选型、采购应符合国家有关信息安全和知识产权保护等方面的规定。

5.4.4　支撑电子档案管理系统运行的网络应与互联网物理隔离，与互联网设备之间的数据传输应通过一次性写入光盘实施。

5.4.5　严格管理电子档案管理系统的专用离线存储介质及其用户，定期查杀病毒，监控非授权用户的登录与操作行为。

5.4.6　应制定并实施电子档案管理系统应急处置预案，明确职责分工和保障措施，建立预防预警、应急响应和奖惩等应急处置机制。

6　电子文件归档范围

6.1　电子文件归档范围

6.1.1　反映单位职能活动、具有查考和保存价值的各门类电子文件及其元数据应收集、归档。

6.1.2 文书类电子文件归档范围按照《机关文件材料归档范围和文书档案保管期限规定》《企业文件材料归档范围和档案保管期限规定》等执行。

6.1.3 照片、录音、录像等声像类电子文件归档范围参照 GB/T 11821—2002 执行。

6.1.4 科技类电子文件的归档范围按照 GB/T 11822—2008、DA/T 28—2002 等标准执行。

6.1.5 各种专业类电子文件归档范围按照国家相关规定执行。

6.1.6 邮件类电子文件的归档范围按照 DA/T 32—2005 等标准执行。

6.1.7 网页、社交媒体类电子文件归档范围可参照《机关文件材料归档范围和文书档案保管期限规定》执行。

6.2 电子文件元数据归档范围

6.2.1 应归档电子文件元数据应与电子文件一并收集、归档。

6.2.2 文书类电子文件应归档元数据按照 DA/T 46—2009 等标准执行，至少包括：

a）题名、文件编号、责任者、日期、机构或问题、保管期限、密级、格式信息、计算机文件名、计算机文件大小、文档创建程序等文件实体元数据；

b）记录有关电子文件拟制、办理活动的业务行为、行为时间和机构人员名称等元数据，应记录的拟制、办理活动包括：发文的起草、审核、签发、复核、登记、用印、核发等，收文的签收、登记、初审、承办、传阅、催办、答复等。

6.2.3 科技、专业、邮件、网页、社交媒体类电子文件应归档元数据可参照 6.2.2 给出的要求执行。

6.2.4 声像类电子文件应归档元数据包括题名、摄影者、录音者、摄像者、人物、地点、业务活动描述、密级、计算机文件名等。

7 电子文件的收集与整理

7.1 电子文件及其元数据的收集

7.1.1　应在业务系统电子文件拟制、办理过程中完成电子文件的收集，声像类电子文件、在单台计算机中经办公、绘图等应用软件形成的电子文件的收集由电子文件形成部门基于电子档案管理系统或手工完成。

7.1.2　应齐全、完整地收集电子文件及其组件，电子文件内容信息与其形成时保持一致，包括但不限于以下6个方面的要求：

a）同一业务活动形成的电子文件应齐全、完整；

b）电子公文的正本、正文与附件、定稿或修改稿、公文处理单等应齐全、完整，电子公文格式要素符合GB/T 9704—2012的有关要求；

c）在计算机辅助设计和制造过程中形成的产品模型图、装配图、工程图、物料清单、工艺卡片、设计与工艺变更通知等电子文件及其组件应齐全、完整；

d）声像类电子文件应能客观、完整地反映业务活动的主要内容、人物和场景等；

e）邮件、网页、社交媒体类电子文件的文字信息、图像、动画、音视频文件等应齐全、完整，网页版面格式保持不变。需收集、归档完整的网站系统时，应同时收集网站设计文件、维护手册等；

f）以专有格式存储的电子文件不能转换为通用格式时，应同时收集专用软件、技术资料、操作手册等。

7.1.3　以公务电子邮件附件形式传输、交换的电子文件，应下载并收集、归入业务系统或存储文件夹中。

7.1.4　应由业务系统按照6.2.2、6.2.3给出的要求，在电子文件拟制、办理过程中采集文书、科技、专业等类电子文件元数据。

7.1.5　可使用WPS表格或电子档案管理系统按照6.2.2 a）、6.2.4给出的要求著录、采集在单台计算机中经办公、绘图等应用软件形成的各门类电子文件元数据，以及声像类电子文件元数据。

7.2　电子文件的整理

7.2.1　应在电子文件拟制、办理或收集过程中完成保管期限鉴定、分类、排序、命名、存储等整理活动，并同步完成会议记录、涉密文件等纸质文件的整理。

7.2.2 应以件为管理单位整理电子文件，也可根据实际以卷为管理单位进行整理。整理活动应保持电子文件内在的有机联系，建立电子文件与元数据的关联。

7.2.3 应基于业务系统完成电子文件、纸质文件的整理，声像类电子文件的整理由电子文件形成部门基于电子档案管理系统或手工完成。

7.2.4 应归档电子文件保管期限分为永久、定期30年和定期10年等。

7.2.5 电子文件分类按照电子档案分类方案执行，可执行的标准或分类方案有：

a）文书类电子文件的分类整理按照DA/T 22执行；

b）科技类电子文件应按照GB/T 11822—2008、DA/T 28—2002、《企业文件材料归档范围和档案保管期限规定》等进行分类；

c）专业、邮件、网页、社交媒体等类电子文件可参照DA/T 22等要求进行分类。有其他专门规定的，从其规定；

d）声像类电子文件应按照年度—保管期限—业务活动，或保管期限—年度—业务活动等分类方案进行分类。

7.2.6 应在整理过程中基于业务系统电子文件元数据库建立纸质文件目录数据，涉密纸质文件目录数据的录入应符合国家保密管理要求，目录数据项参照6.2.2 a）给出的要求执行。

7.2.7 应在分类方案下按照业务活动、形成时间等关键字，对电子文件元数据、纸质文件目录数据进行同步排序，排序结果应能保持电子文件、纸质文件之间的有机联系。

7.2.8 应按规则命名电子文件，命名规则应能保持电子文件及其组件的内在有机联系与排列顺序，能通过计算机文件名元数据建立电子文件与相应元数据的关联，具体要求如下：

a）应由业务系统按内置命名规则自动、有序地为电子文件及其组件命名；

b）在单台计算机中经办公、绘图等类应用软件形成的电子文件，应采用完整、准确的电子文件题名命名；

c）声像类电子文件可采用数字摄录设备自动赋予的计算机文件名。

7.2.9　可参照分类方案在计算机存储器中建立文件夹集中存储电子文件及其组件，完成整理活动。

8　电子文件归档与电子档案编目

8.1　电子文件归档程序与要求

8.1.1　电子文件形成或办理部门、档案部门可在归档过程中基于业务系统、电子档案管理系统完成电子文件及其元数据的清点、鉴定、登记、填写电子文件归档登记表（见 A.1）等主要归档程序。

8.1.2　应清点、核实电子文件的门类、形成年度、保管期限、件数及其元数据数量等。

8.1.3　应对电子文件的真实性、可靠性、完整性和可用性进行鉴定，鉴定合格率应达到 100%，包括：

a）电子文件及其元数据的形成、收集和归档符合制度要求；

b）电子文件及其元数据能一一对应，数量准确且齐全、完整；

c）电子文件与元数据格式符合 8.3、8.4 给出的要求；

d）以专有格式归档的，其专用软件、技术资料等齐全、完整；

e）加密电子文件已解密；

f）电子文件及其元数据经安全网络或专用离线存储介质传输、移交；

g）电子文件无病毒，电子文件离线存储介质无病毒、无损伤、可正常使用。

8.1.4　档案部门应将清点、鉴定合格的电子文件及其元数据导入电子档案管理系统预归档库，自动采集电子文件结构元数据，通过计算机文件名建立电子文件与元数据的关联，在管理过程元数据中记录登记行为，登记归档电子文件。

8.1.5　应依据清点、鉴定结果，按批次或归档年度填写《电子文件归档登记表》（附录 A 的表 A.1），完成电子文件的归档。

8.2　电子文件归档时间与归档方式

8.2.1　电子文件形成或办理部门应定期将已收集、积累并经过整理的电子文件及其元数据向档案部门提交归档，归档时间最迟不能超过电子文件形成后的第2年6月。

8.2.2　应基于安全的网络环境或专用离线存储介质，采用在线归档或离线归档方式，通过电子档案管理系统客户端或归档接口完成电子文件及其元数据的归档。

8.2.3　应结合业务系统、电子档案管理系统运行网络环境以及本单位实际，确定电子文件及其元数据归档接口并作出书面说明，归档接口通常包括但不限于以下三种：

a）webservice 归档接口；

b）中间数据库归档接口；

c）归档电子文件及其元数据的规范存储结构。

8.3　电子文件归档格式

8.3.1　电子文件归档格式应具备格式开放、不绑定软硬件、显示一致性、可转换、易于利用等性能，能够支持同级国家综合档案馆向长期保存格式转换。

8.3.2　电子文件应以通用格式形成、收集并归档，或在归档前转换为通用格式。版式文件格式应按照 DA/T 47—2009 执行，可采用 PDF、PDF/A 格式。

8.3.3　以文本、位图文件形成的文书、科技、专业类电子文件应按以下要求归档：

a）电子公文正本、定稿、公文处理单应以版式文件格式，其他电子文件、电子文件组件可以版式文件、RTF、WPS、DOCX、JPG、TIF、PNG 等通用格式归档；或

b）电子文件及其组件按顺序合并转换为一个版式文件。

8.3.4　在计算机辅助设计与制造过程中形成的科技类电子文件应按以下要求归档：

a）二维矢量文件以 SVG、SWF、WMF、EMF、EPS、DXF 等格式归档；

b）三维矢量文件，需永久保存的应转换为 STEP 格式归档，其他可根据需要按 8.3.4 a）给出的要求转为二维矢量文件归档；

8.3.5　以数据库文件形成的科技、专业类电子文件，应根据数据库表

结构及电子档案管理要求转换为以下格式归档：

a）以 ET、XLS、DBF、XML 等任一格式归档，或

b）参照纸质表单或电子表单版面格式，将应归档数据库数据转换为版式文件归档。

8.3.6　照片类电子文件以 JPG、TIF 等格式归档；录音类电子文件以 WAV、MP3 等格式归档；录像类电子文件以 MPG、MP4、FLV、AVI 等格式归档，珍贵且需永久保存的可收集、归档一套 MXF 格式文件。

8.3.7　公务电子邮件以 EML 格式，网页、社交媒体类电子文件以 HT-ML 等格式归档。

8.3.8　专用软件生成的电子文件原则上应转换成通用格式归档。

8.4　电子文件元数据归档格式

8.4.1　应根据电子文件归档接口以及元数据形成情况确定电子文件元数据归档格式。

8.4.2　经业务系统形成的各门类电子文件元数据应根据归档接口确定归档格式：

a）选择 8.2.3 a）或 8.2.3 c）所述归档接口时，可以 ET、XLS、DBF、XML 等任一格式归档；

b）选择 8.2.3 b）所述归档接口时，可与电子文件一并由业务系统数据库推送至中间数据库，也可再由中间数据库导出数据库数据文件。

8.4.3　声像类电子文件元数据、在单台计算机中经办公、绘图等应用软件形成的电子文件，可以 ET、XLS、DBF 等格式归档。

8.5　电子档案的编目

8.5.1　应对电子档案与纸质档案进行同步整理审核、编制档号等编目活动。

8.5.2　应对整理阶段划定的电子档案保管期限与分类结果进行审核和确认，对不合理或不准确的应进行修正。

8.5.3　应在整理审核基础上，对电子档案、纸质档案重新排序，并依据排序结果编制文件级档号。

8.5.4　应采用文件级档号或唯一标识符作为要素为电子档案及其组件

重命名，同时更新相应的计算机文件名元数据。

8.5.5　应按照DA/T 18—1999以及6.2.4给出的要求对电子档案、纸质档案做进一步著录，规范、客观、准确地描述主题内容与形式特征。

8.5.6　完成整理编目后，应将电子档案及其元数据、纸质档案目录数据归入电子档案管理系统正式库，并参照7.2.9给出的要求分类、有序地存储电子档案及其组件。

8.6　档号编制要求

8.6.1　应按照DA/T 13—1994等标准以及电子档案全程管理要求确定档号编制规则。

8.6.2　应采用同级国家综合档案馆档号编制规则为室藏电子档案、纸质档案编制档号。

8.6.3　档号应能唯一标识全宗内任一电子档案或纸质档案。

8.6.4　以档号作为电子档案命名要素时，计算机文件名应能在计算机存储器中唯一标识、有序存储全宗内任意一件电子档案及其组件。

9　电子档案的管理

9.1　电子档案的存储

9.1.1　应为电子档案及其元数据的安全存储配置与电子档案管理系统相适应的在线存储设备。

9.1.2　电子档案管理系统应依据档号等标识符构成要素在计算机存储器中逐级建立文件夹，分门别类、集中有序地存储电子档案及其组件，并在元数据中自动记录电子档案在线存储路径。

9.1.3 在线存储系统应实施容错技术方案，定期扫描、诊断硬磁盘，发现问题应及时处置。

9.2　电子档案的备份

9.2.1　应结合单位电子档案管理和信息化建设实际，在确保电子档案的真实、完整、可用和安全基础上，统筹制定电子档案备份方案和策略，实施电子档案及其元数据、电子档案管理系统及其配置数据、日志数据等备份管理。

9.2.2　电子档案的近线备份与灾难备份的基本要求如下：

a）宜采用磁带备份系统进行近线备份，应定期对电子档案及其元数据、电子档案管理系统的配置数据和日志数据等进行全量、增量或差异备份；

b）电子档案数量达到一定量且条件许可时，可实施电子档案管理系统和数据库系统的热备份；

c）本单位建设灾难备份中心时，应将电子档案及其元数据、电子档案管理系统的灾难备份纳入规划之中，进行同步分析、设计和建设。电子档案的灾难备份和灾难恢复应参照 GB/T20988—2007 等标准要求执行。

9.2.3　电子档案离线备份的基本要求如下：

a）应采用一次写光盘、磁带、硬磁盘等离线存储介质，参照 GB/T 2828.1—2012、GB/T 12628—2008、GB/T 17678—1999、DA/T 15—1995、DA/T 38—2008 等标准实施电子档案及其元数据、电子档案管理系统配置数据、日志数据等的离线备份；

b）电子档案离线存储介质至少应制作一套。可根据异地备份、电子档案珍贵程度和日常应用需要等实际情况，制作第二套、第三套离线存储介质，并在装具上标识套别；

c）应对离线存储介质进行规范管理，按规则编制离线存储介质编号，按规范结构存储备份对象和相应的说明文件，标识离线存储介质。禁止在光盘表面粘贴标签；

d）离线存储介质的保管除参照纸质档案保管要求外，还应符合下列条件：

——应作防写处理。避免擦、划、触摸记录涂层；

——应装盒，竖立存放或平放，避免挤压；

——应远离强磁场、强热源，并与有害气体隔离；

——保管环境温度选定范围：光盘 17℃～20℃，磁性载体 15℃～27℃；相对湿度选定范围：光盘 20%～50%，磁性载体 40%～60%。具体要求见 DA/T 15—1995、DA/T 38—2008。

e）电子档案或电子档案离线存储介质自形成起一年内可送同级国家综合档案馆电子档案中心进行备份；

f）应定期对磁性载体进行抽样检测，抽样率不低于10%；抽样检测过程中如果发现永久性误差时应扩大抽检范围或进行100%的检测，并立即对发生永久性误差的磁性存储介质进行复制或更新；

g）对光盘进行定期检测，检测结果超过三级预警线时应立即实施更新；

h）离线存储介质所采用的技术即将淘汰时，应立即将其中存储的电子档案及其元数据等转换至新型且性能可靠的离线存储介质之中；

i）确认离线存储介质的复制、更新和转换等管理活动成功时，再按照相关规定对原离线存储介质实施破坏性销毁。应对离线存储介质管理活动进行登记，登记内容参见表A.2。

9.3 电子档案的利用

9.3.1 电子档案的提供利用应严格遵守国家相关保密规定。

9.3.2 应根据工作岗位、职责等要求在电子档案管理系统为利用者设置相应的电子档案利用权限。

9.3.3 利用者应在权限允许范围内检索、浏览、复制、下载电子档案、电子档案组件及其元数据。

9.3.4 电子档案及其元数据的离线存储介质不得外借，其使用应在档案部门的监控范围内。

9.3.5 对电子档案采用在线方式提供利用时，应遵守国家有关信息安全的相关规定，从技术和管理两方面采取严格的管理措施。

9.4 电子档案的统计

9.4.1 应按照档案统计年报要求及本单位实际需要对各门类电子档案情况进行统计。

9.4.2 可按档案门类、年度、保管期限、密级、卷数、件数、大小、格式、时长、销毁、移交等要素，对室藏电子档案数量等情况进行统计。

9.4.3 可按年度、档案门类、保管期限、卷数、件数、利用人次、利用目的、复制、下载等要素对电子档案利用情况进行统计。

9.5 电子档案元数据的维护

9.5.1 应基于电子档案管理系统在电子档案管理全过程中持续开展电

子档案元数据采集、备份、转换和迁移等管理活动。

9.5.2　实施电子档案管理系统升级或更新、电子档案格式转换等管理活动时，应自动采集新增的电子档案背景、结构元数据，包括信息系统描述、格式信息、音频编码标准、视频编码标准、技术参数等。

9.5.3　应参照 GB/T 26163.1—2010 等标准持续并自动采集电子档案管理过程元数据，应记录的电子档案管理过程包括登记、格式转换、迁移、鉴定、销毁、移交等，具体见 8.1.4、10.2.5、10.3.4 给出的要求。

9.5.4　应通过备份、格式转换、迁移等措施管理电子档案元数据，包括电子文件归档接收的以及归档后形成的电子档案元数据，具体见 9.2、10.2、10.3.4 给出的要求。

9.5.5　应禁止修改电子档案背景、结构和管理过程元数据，对题名、责任者、文件编号、日期、人物、保管期限、密级等元数据的修改应符合管理规定，修改操作应记录于日志文件中。

9.5.6　应确保电子档案与其元数据之间的关联关系得到维护。

10　电子档案的处置

10.1　电子档案的鉴定与审查

10.1.1　应定期对电子档案进行销毁鉴定和解密审查，鉴定、审查程序应符合国家有关规定。

10.1.2　档案部门应根据本单位档案保管期限表进行电子档案销毁鉴定，提出被鉴定对象的续存或销毁意见，必要时可协商相关职能部门。销毁鉴定意见经上级领导或主管部门审核、批准后方可实施。

10.1.3　电子档案的解密审查应由档案部门、保密部门共同实施，必要时可协商相关职能部门。解密审查意见经上级领导或主管部门审核、批准后方可实施。

10.1.4　应根据电子档案所标密级并结合国家有关政策、要求，参照 GB/T 7156—2003 等标准定期对涉密电子档案进行密级审查，实施解密、延长保密期限或提升密级等处置活动。

10.1.5　到期电子档案移交进馆前，应进行解密审查。

10.2 电子档案的转换与迁移

10.2.1 应在确保电子档案的真实、可靠、完整和可用基础上，参照ISO 13008—2012等标准实施电子档案及其元数据的转换或迁移。

10.2.2 出现以下但不限于以下情况时，应实施电子档案及其元数据的转换或迁移：

a）电子档案当前格式将被淘汰或失去技术支持时，应实施电子档案或元数据的格式转换；

b）因技术更新、介质检测不合格等原因需更换离线存储介质时，应实施电子档案或元数据离线存储介质的转换；

c）支撑电子档案管理系统运行的操作系统、数据库管理系统、台式计算机、服务器、磁盘阵列等主要系统硬件、基础软件等设备升级、更新时，应实施电子档案管理系统、电子档案及其元数据的迁移；

d）电子档案管理系统更新时，应实施电子档案及其元数据的迁移。

10.2.3 应按照确认转换或迁移需求、评估转换或迁移风险、制定转换或迁移方案、审批转换或迁移方案、转换或迁移测试、实施转换或迁移、评估转换或迁移结果、报告转换或迁移结果等步骤实施电子档案及/或元数据的转换或迁移。

10.2.4 应在确信转换或迁移活动成功实施之后，根据本单位实际对转换或迁移前的电子档案及其元数据进行销毁或继续留存的处置。

10.2.5 电子档案及其元数据库的转换、迁移活动应记录于电子档案管理过程元数据中，并填写电子档案格式转换与迁移登记表（见表A.3）。

10.2.6 重新对经过格式转换后的电子档案及其元数据进行备份。

10.3 电子档案的移交与销毁

10.3.1 保管期限为永久的电子档案及其元数据自形成之日起5年内应向同级国家综合档案馆移交，移交工作按照《电子档案移交与接收办法》和同级国家综合档案馆的要求执行。

10.3.2 纸质、银盐感光材料等各门类传统载体档案应以数字副本及其目录数据移交进馆，以确保移交年度内档案数字资源的完整性。纸质档案数字化转换应按照 DA/T 31、ISO/TR 13028—2010 以及同级国家综合档案馆的要求执行。

10.3.3　电子档案的销毁应参照国家关于档案销毁的有关规定与程序执行。

10.3.4　应从在线存储设备、异地容灾备份系统中彻底删除应销毁电子档案，电子档案管理系统应在管理过程元数据、日志中自动记录鉴定、销毁活动，将被销毁电子档案的元数据移入销毁数据库。

10.3.5　应销毁电子档案的离线存储介质，应对其实施破坏性销毁。实施销毁前，应对备份其中的其他电子档案进行离线存储介质的转换。

10.3.6　属于保密范围的电子档案，其销毁应按国家保密规定实施。

10.3.7　应填写电子档案销毁登记表（见表 A.4）并归档保存。

附　录　A
（资料性附录）
登记表格式

表 A.1　电子文件归档登记表

<table>
<tr><td>单位名称</td><td colspan="3"></td></tr>
<tr><td>归档时间</td><td></td><td>归档电子文件门类</td><td></td></tr>
<tr><td>归档电子文件数量</td><td colspan="3">卷　　件　　张　　分钟　　字节</td></tr>
<tr><td>归档方式</td><td colspan="3">□在线归档　　　□离线归档</td></tr>
<tr><td>检验项目</td><td colspan="3">检验结果</td></tr>
<tr><td>载体外观检验</td><td colspan="3"></td></tr>
<tr><td>病毒检验</td><td colspan="3"></td></tr>
<tr><td>真实性检验</td><td colspan="3"></td></tr>
<tr><td>可靠性检验</td><td colspan="3"></td></tr>
<tr><td>完整性检验</td><td colspan="3"></td></tr>
<tr><td>可用性检验</td><td colspan="3"></td></tr>
<tr><td>技术方法与相关
软件说明
登记表、软件、说明
资料检验</td><td colspan="3"></td></tr>
<tr><td colspan="2">电子文件形成或办理部门（签章）

年　　月　　日</td><td colspan="2">档案部门（签章）

年　　月　　日</td></tr>
</table>

注：归档电子文件门类包括：：文书，科技，专业，声像，电子邮件，网页，社交媒体，[其他]

表 A.2　电子档案离线存储介质管理登记表

<table>
<tr><td>单位名称</td><td colspan="2"></td></tr>
<tr><td>管理授权</td><td colspan="2"></td></tr>
<tr><td>责任部门</td><td colspan="2"></td></tr>
<tr><td>管理类型</td><td colspan="2">□复制　　□更新　　□转换</td></tr>
<tr><td>源介质描述
(类型、品牌、参数、数量等)</td><td colspan="2"></td></tr>
<tr><td>目标介质描述
(类型、品牌、参数、数量等)</td><td colspan="2"></td></tr>
<tr><td>完成情况
(操作前后电子档案及其元数据内容、数量等一致性情况)</td><td colspan="2"></td></tr>
<tr><td>管理起止时间</td><td colspan="2"></td></tr>
<tr><td>操作者</td><td colspan="2"></td></tr>
<tr><td>填表人(签名)

年　月　日</td><td>审核人(签名)

年　月　日</td><td>单位(签章)

年　月　日</td></tr>
</table>

表 A.3　电子档案格式转换与迁移登记表

单位名称		
管理授权		
责任部门		
管理类型	□格式转换　　□迁移	
源格式或系统描述		
目标格式或系统描述		
完成情况 (操作前后电子档案及其元数据内容、数量一致性情况等)		
操作起止时间		
操作者		
填表人(签名) 年　月　日	审核人(签名) 年　月　日	单位(签章) 年　月　日

表 A. 4　电子档案销毁登记表

单位名称		
销毁授权		
被销毁电子档案情况 （范围、数量、大小等）		
在线存储内容销毁说明		
异地容灾备份内容销毁说明		
离线存储介质销毁说明		
销毁起止时间		
操作者		
填表人（签名） 年　月　日	审核人（签名） 年　月　日	单位（签章） 年　月　日

参考文献

[1] GB/T 26162.1—2010 信息与文献　文件管理　第 1 部分:通则(ISO 15489—1,IDT)

[2] 党政机关公文处理工作条例(中办发〔2012〕14 号)

[3] 机关文件材料归档范围和文书档案保管期限规定(国家档案局令第 8 号)

[4] 企业文件材料归档范围和档案保管期限规定(国家挡案局令第 10 号)

[5] 电子档案移交与接收办法(档发〔2012〕7 号)

[6] 档案信息系统安全等级保护定级工作指南(档办发〔2013〕5 号)